ullstein

Das Buch

In New York lebt die ganze Welt: Es gibt keine Vergleiche für die Anziehungskraft dieser Stadt. Sie ist einzigartig, *unique*, das spürt jeder Besucher oder jeder Zugezogene – auch, weil New York mehr Brüche bietet als jede andere Metropole dieser Welt: Auf der vielleicht wichtigsten Shoppingmeile der Welt, mitten in SoHo an der Ecke Houston Street und Broadway, wird ein Loch in der Straße mit simplen Holzlatten abgedeckt, die ewig bleiben. In New York wird viel repariert, aber stets nur provisorisch. So zahlt man hier 6000 Dollar Miete für Wohnungen, in denen man die schönste Aussicht der Welt genießt, aber auch mit den nervigsten Wasserschäden der Welt zu kämpfen hat, weil wieder nur ein paar Tücher in ein Terrassenrohr gesteckt wurden. Nicht von ungefähr weiß der New Yorker: Handwerker kannst du vergessen.

Und: *The city that never sleeps?* Ein Scherz. New Yorker Bars dürfen ab vier Uhr nachts keinen Alkohol mehr ausschenken und müssen schließen. Wer auf New Yorker Straßen ein Bier trinkt, hat eine braune Papiertüte darumzuwickeln. Außerdem darf man nur einen Kasten Bier pro Auto von Getränkemärkten abtransportieren.

Ulrike von Bülow erzählt in ihrem Buch von einem Jahr in dieser Metropole. Einem Jahr, in dem die Autorin ihre Tochter zur Welt bringt und lernt, dass man das Krankenhaus hier mit seinem Baby nur verlassen darf, wenn man einen Baby-Autositz dabeihat – ein Gesetz des *New York State Law*, das selbst dann gilt, wenn man sein Kind zu Fuß heimbringt.

Die Autorin

Ulrike von Bülow, Jahrgang 1973, war lange Zeit Redakteurin im Bereich Kultur & Unterhaltung des *stern* und arbeitet derzeit als freie Autorin in New York City, von wo sie u. a. für den *stern*, *Brigitte* und die *Süddeutsche Zeitung* berichtet.

Ulrike von Bülow

Good Morning, New York!

Ein Jahr im Big Apple

Ullstein

Besuchen Sie uns im Internet:
www.ullstein-taschenbuch.de

MIX
Papier aus verantwortungsvollen Quellen
FSC® C014496

Originalausgabe im Ullstein Taschenbuch
1. Auflage Januar 2014
2. Auflage 2015

Umschlaggestaltung und Gestaltung
des Vor- und Nachsatzes: Sabine Wimmer, Berlin
Titelabbildung: © Vitali Konstantinov, vermittelt durch
Susanne Koppe – Agentur für Literatur und Illustration.
Satz: LVD GmbH, Berlin
Gesetzt aus der Excelsior und Syntax
Papier: Pamo Super von Arctik Paper
Mochenwangen GmbH
Druck und Bindearbeiten: GGP Media GmbH, Pößneck
Printed in Germany
ISBN 978-3-548-37488-8

Für Lucy –

my little New York girl

Blauer Mond über Manhattan

In der Nacht, als Randy dachte, er müsse mir das Leben retten, war Vollmond. Nicht irgendein Vollmond, sondern ein *blue moon*. So ein blauer Mond ist etwa so häufig zu sehen wie ein Torhüter, der in der Bundesliga ein Tor schießt. »Once in a blue moon« heißt es deshalb auf Englisch, wenn etwas sehr Seltenes geschieht.

Ein blauer Mond bedeutet, dass der Vollmond nicht einmal, sondern zweimal in einem Monat am Himmel steht. Wie in dieser Nacht im August, die gerade von Freitag auf Samstag umsprang, als ich nach Hause kam – von einer Blue-Moon-Party, mit der ein Freund von mir seinen Geburtstag feierte. In einer Bar, in der »Blue Moon« ausgeschenkt wurde, ein amerikanisches Weizenbier, das für Frauen, die ein mondblaues Kleid trugen, umsonst war. Ich trug also ein blaues Kleid, als ich die Treppen zu meinem Apartment hinaufging.

Ich wohne im East Village in Manhattan, in einem der hier üblichen Rotklinkerhäuser mit einer angerosteten braunen Feuertreppe davor. Mein Apartment liegt im vierten Stock, es hat zwei Zimmer, eines nach hinten zu einem kleinen Hof hinaus und eines nach vorne zur Straße. Die Feuerleiter führt an meinem Wohnzimmerfenster vorbei. Normalerweise setzte ich mich im Sommer vor dem Schlafengehen gern noch auf die Leiter und beobachtete das Treiben auf der Straße. Das East Village ist Studentenland, die »New York University« (kurz: NYU) nur ein paar Blocks von meinem Haus entfernt. Hier ist immer etwas los: Die Studenten toben tags und nachts durch die Gegend, euphorisiert von ihrem Glück, in New York City einen Studienplatz bekommen zu haben, und getrieben von ihrer jungen Neugierde.

In dieser Nacht aber war ich mit dem Blick nach oben heimgelaufen: Der Himmel war klar, und der Mond strahlte wie eine 150 000-Watt-Glühbirne. Er schien bläulich zu leuchten, aber vielleicht bildete ich mir das auch nur ein, weil ich das eine oder andere »Blue Moon« getrunken hatte. Die Luft war herrlich, im August gab es hier auch um Mitternacht noch 28 Grad. Und weil es so schön war, schenkte ich mir in meiner Küche einen kleinen Baileys ein – und begab mich mit dem Glas in der Hand auf das Dach meines Hauses, ein typisches East-Village-Schrabbeldach.

Das Dach ist etwa so groß wie ein Tennisplatz und von einem Mäuerchen umgeben, über das sich wirre Kabel hangeln. Bis auf die Kabel ist alles silberfarben angepinselt, und so spiegelt sich da oben tagsüber die Sonne, so dass man sich auf dem Dach prima powerbräunen kann; ein Paradies für Menschen wie Dieter Bohlen. Ich lag oft morgens dort und las die Zeitung, aber nur mit Sonnenschutzfaktor 280. Den ließ ich jetzt weg, als ich den blauen Mond anheulen wollte.

Ich musste durch das Treppenhaus nach oben, eineinhalb Etagen hoch. Im Stockwerk über mir nahm ich einen jungen Mann wahr, der am Ende des Flures an eine Tür klopfte. »Cecily?«, rief er. Offenbar kannte er die Bewohnerin des Apartments. Dann guckte er kurz zu mir und grüßte: »Hi. How are you?« – »Danke, gut«, antwortete ich im Vorbeigehen.

Der junge Mann guckte etwas komisch. Vielleicht lag es an dem Baileys in meiner Hand. Das ist ja nicht jedermanns Getränk, aber ich mag dieses süße Zeug, manchmal jedenfalls, als Geschmackskontrast nach ein paar Bieren. Markus, einer meiner besten Freunde in Hamburg, meiner Heimat, bezeichnet Baileys als »Red Bull für alte Männer«, wegen des Koffeingehalts; er lacht mich immer aus, wenn ich welchen bestelle. Doch der junge Mann hier schien eher besorgt zu sein, als er mich mit dem Glas verschwinden sah.

Draußen auf dem Dach wehte ein leichter Wind. Drum herum gibt es kaum Häuser, die höher sind als meines, nur einen großen sandfarbenen Kasten mit sechzehn Stockwerken, der den Blick nach Westen versperrt. Trotzdem ist die Aussicht eine Eins, sie begeistert mich immer wieder. So war es auch jetzt. Denn ich konnte nach Norden gucken, Richtung Midtown, wo das Empire State Building herausragt. Es leuchtete in dieser Nacht in seiner klassischen Farbe: weiß. Dann schaute ich nach Süden, nach Lower Manhattan, wo ich den Turm sehen konnte, der auf Ground Zero wächst, dort, wo einst die Zwillingstürme standen. »One World Trade Center«, ein Einzelkind, ragte in den dunklen Himmel wie ein Tannenbaum mit Lichterkette: hell gepunktet. Dem Turm fehlte noch seine schlanke Spitze, als ich mich auf eine Mauer legte, die sich in der Mitte des Daches entlangzog, etwa achtzig Zentimeter hoch und vielleicht so breit wie ein Billy-Regal. Ich schaute den Mond an. Der Himmel, die Nacht, das hatte etwas Filmreifes. Es gibt Momente, in denen ist New York City so großartig, dass es unwirklich erscheint. Ich grinste beseelt vor mich hin. Und dachte, ich träume, als ich plötzlich eine Stimme hörte. »Entschuldigung. Kann ich dich etwas fragen?«, sagte jemand. Ich schreckte auf.

Es war der junge Mann, der im fünften Stock an die Tür geklopft hatte. Er stand vor mir und schaute auf mich herab. Er war bestimmt zwei Meter groß und hatte breite Schultern, über denen ein rotes Tanktop hing. Dazu trug er eine blaue Turnhose. Keine Schuhe. Er hatte braune Haare, ziemlich strubbelig, und eng zusammenstehende Augen, die braun waren, vielleicht auch grün; so genau konnte ich das im Licht des Mondes nicht erkennen.

»Woran denkst du gerade?«, wollte der junge Mann wissen. Ich guckte vermutlich ein bisschen komisch. Was ging ihn das an? »An nichts Besonderes«, sagte ich. »Ich sehe mir den Mond an.« Der junge Mann schaute hoch. »Ah so«, sagte er. »Okay. Gute Nacht.« Und dann ging er.

Beinahe hatte ich ihn wieder vergessen, als er zwei Minuten später wieder aufs Dach kam. »Ich glaube, das muss eben ziemlich blöd gewirkt haben«, sagte er, seine Stimme war nett und klar. »Ich schulde dir eine Erklärung.« Fand ich nicht zwingend, aber ich bat ihn, sich zu mir auf die Mauer zu setzen. Der junge Mann nahm Platz. Unten auf der Straße ertönte

Sirenengeheul: *Ühuuuh-ühuuuh-ühuuuh.* Es kam näher, immer lauter, wurde leiser und verschwand. »Ich bin Randy, ich wohne nebenan«, sagte er dann und zeigte auf das Haus östlich von uns, das identisch war mit dem, in dem ich wohnte; die Dächer gingen ineinander über. Dann erzählte Randy, dass seine beste Freundin bei mir im Haus wohne: Cecily. Darum sei er hier. »Ich wollte sie besuchen, aber Cecily ist nicht da. Und als ich dich nach oben gehen sah, um diese Uhrzeit und mit dem Drink ...« Er unterbrach sich, zuckte mit den breiten Schultern. »Ja?«, fragte ich.

Randy zeigte jetzt auf den großen sandfarbenen Kasten westlich von uns. »Hast du mitbekommen, dass sich vor zwei Monaten eine Frau aus dem Gebäude da gestürzt hat?«, fragte er dann.

Das hatte ich. Ich kannte den Kasten ziemlich gut, einen Altbau mit braunen Fensterrahmen und etwa einhundertfünfzig Apartments: In einem davon hatte ich vier Jahre lang gewohnt, ehe ich im vergangenen Sommer um die Ecke gezogen war. Eine ehemalige Nachbarin hatte mir neulich erzählt, dass eine junge Frau aus einem der Fenster weit oben gesprungen war, um sich das Leben zu nehmen. Gesehen hatte ich es nicht. Randy schon. »Ich habe die Frau gefunden«, erzählte er. »Unten auf der Straße.«

*

Randy hatte befürchtet, ich könne mir etwas antun, als ich aufs Dach stieg. Allein in dunkler Nacht. Ich fand es sehr liebenswert, dass er mir gefolgt war, um mich notfalls davon abzuhalten. Doch es wurde noch besser, denn Randy und ich kamen ins Gespräch.

Zu diesem Zeitpunkt lebte ich seit fünf Jahren in New York City. Die Stadt kann sehr hart sein, laut und schnell und kurz angebunden. Hier ist es niemals ruhig, auch in der Nacht nicht: In New York City hört man ein permanentes Grundrauschen. Manhattan, diese lange, schlanke Insel, erinnert mich manchmal an einen Flugzeugträger, auf dem die Motoren vierundzwanzig Stunden durchlaufen. Nur, dass auf diesem Flugzeugträger hier über 1,6 Millionen Menschen leben und die berühmtesten Gebäude der Welt stehen – wie das Empire State Building, dieses Denkmal von einem Wolkenkratzer. Ich würde mich nicht wundern, wenn Manhattan sich eines Tages bewegen und davongleiten würde. Hinaus aufs Meer. Getrieben von der unendlichen Energie, die diesen Ort ausmacht.

Doch diese Stadt kann auch anders. Wenn sie ein Sternzeichen hätte, wäre sie wahrscheinlich Zwilling, denn in New York City stecken verschiedene Persönlichkeiten. Es sind die Menschen hier, die der Stadt ein anderes Gesicht geben, ein warmes, ein herzliches. Menschen, die von überall auf der Welt kommen und hier zu einem Volk verschmelzen – dem der New Yorker. Es stimmt ja, dass das hier ein »Melting Pot« ist. Die Menschen erzählen alle eine andere Geschichte, woher sie stammen und warum sie hier sind, ob Italiener, Vietnamesen oder Mexikaner. Das können schöne Geschichten sein und traurige, auf jeden Fall sind es internationale Geschichten, die man hier zu hören bekommt. Darüber kann man leicht vergessen, dass es auch Amerikaner gibt, die es nach New York zieht. Wie Randy Ray aus St. Louis, Missouri, dem tiefsten *Heartland*, wie man den Mittleren Westen der USA nennt. Mit dem ich jetzt hier auf dem Dach saß, unter einem blauen Mond, und der diese Nacht zu einer ganz besonderen machte. Randy war einer der bemerkenswertesten Menschen, die mir in fünf Jahren New York begegnet waren.

Vielleicht lag es daran, dass sein Erscheinen so überraschend kam. Aber er erzählte mir Dinge, die man nicht unbedingt von einem einundzwanzigjährigen Amerikaner wie ihm erwartet. Es begann damit, dass ich ihn fragte, was er mache. »Ich studiere Anthropologie an der NYU«, sagte Randy. »Aber ich ziehe nächsten Sommer nach Liberia.« Ich nippte gerade an meinem kleinen Süßgetränk, an dem ich mich beinahe verschluckte. Liberia? Ich muss geguckt haben wie ein Ziesel, das aus seinem Erdloch schielt, und plötzlich ist die Welt nicht mehr da – baff. Randy grinste. »Ahnen deine Mitstudenten, wo Liberia ist?«, fragte ich, ganz die geographisch aufgeklärte Tante aus Europa. »Na ja«, sagte Randy und grinste noch breiter, »es hilft, wenn ich Westafrika dazusage. Du weißt ja sicher, wie das mit der Bildung bei uns hier ist.«

Ja, ich hatte eine Vorstellung davon. Natürlich sind nicht alle Amerikaner komplett hinter dem Mond geblieben, aber man erlebt hier schon putzige Sachen. Einmal stand ich morgens am Kennedy-Flughafen beim Check-in und zeigte meinen Reisepass vor. Daraufhin fragte der Herr hinter dem

Schalter sehr freundlich: »Where are you from in Germany – Moscow?« – »Well«, antwortete ich ebenso freundlich, »nicht ganz, aber in der Nähe davon.« Ein anderes Mal, ich war auf Reisen in Arizona, fragte mich ein Kauz mit Cowboyhut, der in einer Bar saß, was denn eigentlich mit diesem »Hitler guy« passiert sei. Ich hätte es ihm gern erzählt, dachte aber: Wenn der das nicht weiß, dann ist jede Erklärung überflüssig.

So gesehen war das Gespräch mit Randy über Liberia sehr erfrischend. Ich verstand nur nicht, wie man in Manhattan leben und dann freiwillig nach Afrika ziehen konnte. »Ich besitze dort ein Stück Land und baue gerade eine Firma für Solarenergie auf«, erzählte Randy. »Das Ziel ist, Liberia mit Solarenergie zu versorgen. Hast du das Paneel dahinten gesehen?«, fragte er dann. »Ein Testmodell.« Ich erinnerte mich, dass mir vor ein paar Tagen hier oben in der Sonne ein rechteckiges Solarmodul aufgefallen war, groß wie ein Schallplattencover, das an einem Mäuerchen lehnte. Mit einem Kabel daran, das irgendwo hinführte. Ich hatte noch gedacht: Seit wann haben wir denn einen *tree hugger* im Haus, wie die Ökos hier heißen? Nun verstand ich. Doch Randy ist keiner, der Bäume umarmt. Er ist auch kein missionarischer Gutmensch. Er ist einfach ein feiner Kerl. Das wurde mir klar, als er mir die hübsche Geschichte erzählte, wie er zu einem Stück Land in Liberia gekommen war.

*

Randy Ray ist der Sohn einer Krankenschwester und eines Feuerwehrmannes. In seiner Familie gibt es viele Ypsilons: Seine Mutter heißt Sandy, sein Vater Randy. Dass seine zwei Jahre ältere Schwester Lauren getauft wurde, sei »ein Unfall« gewesen, wie Randy sagte. »Wir nennen sie Laury. Natürlich! Laury hat mit dreiundzwanzig geheiratet, wie man das so macht in St. Louis, Missouri.«

St. Louis hat ein Wahrzeichen, The Gateway Arch, einen stählernen und 192 Meter hohen Bogen, der sich über das Ufer des Mississippi River spannt. Das nächstberühmte Gebäude ist eine Brauerei: »Anheuser Busch« wurde 1852 in St. Louis von zwei deutschen Einwanderern gegründet, Eberhard Anheuser und Adolphus Busch. Die Brauerei vertreibt des Amerikaners liebstes Bier: »Budweiser«. Und das trinkt man in St. Louis am allerliebsten bei Spielen der Cardinals, dem Baseball-Team der Stadt. Die St. Louis Cardinals sind der Vizerekordmeister der »Major League Baseball«, mit elf Titeln (nur die New York Yankees haben mehr: siebenundzwanzig). Ansonsten gibt es nicht viel zu gucken in St. Louis: »Ich wollte immer nach New York, um dem zu entkommen«, sagte Randy. Sein Ziel war die NYU, seit ihm aufgefallen war, wie weiß das *Heartland* ist: »Mom, wo verstecken sie hier die Schwarzen?«, fragte er seine Mutter, da war Randy zwölf.

Doch drei Jahre später traf er eine Familie aus Liberia, besser gesagt: Teile einer Familie. Bürgerkriegsflüchtlinge, die in den USA Asyl gesucht und es in St. Louis gefunden hatten. Randy ging noch zur Highschool, als er und seine Mitschüler über die

Sommerferien eine Aufgabe bekamen: Sie sollten etwas Wohltätiges tun. Die Amerikaner sind in Sachen »Charity« einfach grandios: Man lernt das hier schon in der Schule.

Randy spazierte zur Lokalzeitung, wo er nach der Liste der »hundred neediest cases« fragte, den einhundert bedürftigsten Fällen in St. Louis. Ganz oben auf der Liste stand ein liberianisches Geschwisterpaar: Victoria, damals sechsundzwanzig, und Nico, neun. Deren Vater war während des Bürgerkriegs getötet, die Mutter verschleppt worden. Ebenso wie Victorias Ehemann. Victoria, die nun ihren kleinen Bruder großzog, wusste, dass die Mutter und der Ehemann in die Elfenbeinküste hatten flüchten können; doch wo genau sie dort waren, das wusste sie nicht.

Randy kaufte Geschenke, dann meldete er sich bei Victoria. Die schilderte ihm ihr Schicksal. »Ich fragte mich, wie ich die Familie wieder zusammenbringen konnte«, erzählte er jetzt hier im Dunkeln auf meinem Dach. »Ich ging online, begann zu forschen. Füllte endlosen Papierkram aus, stellte Anträge, das willst du alles gar nicht wissen. Aber ich war nicht schlecht: Zwei Jahre später kam John, Victorias Mann, an Bord eines UN-Flugzeuges in die USA.« Kleines Problem nur: Victoria war zu dem Zeitpunkt schwanger. Von einem Amerikaner. »Da habe ich mich ein bisschen betrogen gefühlt«, sagte Randy und lachte. »Ich hatte mich so gekümmert! Aber das musste ich lernen, dass mich das eigentlich nichts anging.« Doch es gelang ihm, auch Victorias Mutter nach St. Louis zu holen. »Und heute leben sie alle zusammen in meiner Heimatstadt. Nur, dass John inzwischen Victorias Exmann ist. Sie hat eine süße Tochter, willst du mal sehen?« Er holte sein Smartphone aus der Hosentasche und zeigte mir das Foto eines kleinen schwarzen Grinse-Mädchens, das eine große Brille trug – »meine«, wie Randy erklärte. »Tja«, sagte er dann, »und weil ich sie alle zusammengeführt hatte, schenkte mir die Familie zum Dank ihr Land. In Nemiah, einem Dorf an der Küste in Liberia. Ich fand das viel zu viel, für das, was ich getan habe, aber nun denke ich, ich möchte Liberia etwas zurückgeben.«

Gesunde Energie.

Es sei ganz einfach, so Randy. »Der Bürgerkrieg, der bis 2003 ging, hat dort alles zerstört. Heute geben die Leute 80 Prozent ihres Einkommens für Gas, Licht, Elektrizität aus. Das ist Wahnsinn. Mit Solarenergie wird das alles anders.«

Randy gründete mit seinem Kumpel Steven, den er an der NYU kennengelernt hat, eine Firma, »Sun Giant Energy«. Involviert sind ein Solar-Experte, der in China sitzt, und natürlich ein paar Leute in Liberia, denn Randy war inzwischen dort, um das Geschäft anzuschieben. Als er in Monrovia aus dem Flugzeug stieg, stellte er fest, dass er dort der einzige weiße Mann war. »Es war das Gegenteil von St. Louis«, erzählte er und lachte.

Verwandte seiner liberianischen Freunde nahmen ihn in Empfang und fuhren ihn nach Nemiah. »Es ging vierundzwanzig Stunden über Schotterstraßen. Mein Hintern fühlte sich danach an wie Hackfleisch. Wir wurden ständig von Cops angehalten, die meinen Pass überprüften. Manchmal wollten sie ihn nicht wieder rausrücken, dann musste ich ihnen Geld hinhalten. Doch es war rührend: Auf dem Grundstück in Nemiah hatten sie mir ein Lehmhaus gebaut, mit vier Zimmern. Ständig kamen Familien vorbei und schenkten mir etwas. Hühner. Eine schwangere Ziege. Ich habe inzwischen bestimmt zehn Ziegenbabys!«

Wenn er nächsten Sommer an der NYU graduiert habe, werde er nach Afrika ziehen. »Der Plan ist«, erzählte Randy, »so lange dort zu bleiben, bis Liberia mit Solarenergie versorgt ist. Die haben dort die Ressourcen, aber nicht das Wissen, um es zu verbreiten. Das wollen wir übernehmen.« Kleine Pause, großes Grinsen. »Du denkst jetzt wahrscheinlich, das sind die naiven Gedanken eines Einundzwanzigjährigen«, sagte er dann. »Aber ich glaube, wir schaffen das.«

Ich hielt Randy überhaupt nicht für naiv. Ich hielt ihn für sehr couragiert. Ich ging kurz runter in meine Wohnung, um uns ein Bier zu holen, dann fragte ich ihn, woher er das habe. »Ich glaube«, sagte er, »es liegt an meinen Eltern und ihren Berufen: Als Krankenschwester musst du sehr teilnahmsvoll sein, als Feuerwehrmann ein bisschen verrückt. Ich bin eine Mischung aus beidem.«

Es war inzwischen spät, wir hatten bestimmt zwei, drei Stunden geredet. Der blaue Mond war gewandert und auf dem besten Weg, hinter dem großen sandfarbenen Kasten neben uns zu verschwinden. Ich fragte Randy nach der Frau, die sich dort aus dem Fenster gestürzt hatte. Konnte er etwas tun?

»Ich kam gerade von der Uni nach Hause, als die Frau unten auf der Straße lag«, begann er. »Um sie herum hatte sich eine kleine Menschenmenge gebildet, die vielleicht acht Meter von ihr weg stand. Niemand tat etwas. Alle dachten offenbar, sie sei tot. Aber ich sah, dass ihre Augen weit offen waren, sie nach Luft japste. Ich fragte, ob jemand die 911 angerufen hat.« Den Notruf. »Ja«, kam es aus der kleinen Menge.

Randy hatte sich über die Frau gebeugt. »In ihren Ohren steckten Knopfkopfhörer, ihre Füße waren schmutzig«, erinnerte er sich. »Sie spuckte Blut.« Er leistete Erste Hilfe. Machte Mund-zu-Mund-Beatmung. Nicht lange, dann kam der Notarztwagen. »Die Frau wurde abtransportiert und starb später im Krankenhaus.« Wie alt war sie? Randy überlegte. »Nicht alt. Vielleicht so wie du ...« Ich unterbrach ihn: »Du weißt doch gar nicht, wie alt ich bin.« Das Licht des Mondes muss fabelhaft gewesen sein, denn Randy sagte: »Ich schätze, achtundzwanzig.«

Ich rutschte vor Lachen fast von der Mauer. Ich war neununddreißig und Randy ein Schatz.

Wir bleiben in Kontakt. Es war eine dieser Begegnungen, die das Leben hier ausmachten: Die Stadt, die Menschen, ich wusste wieder, warum ich noch immer in New York City war.

New Yorker Studientage

Als ich nach New York City zog, war es, als begänne ich hier zu studieren wie Randy. Mein Fach: »Der New Yorker Alltag«. So vieles war hier anders, so vieles gab es zu lernen.

Ich war oft im Urlaub oder auf Dienstreise hier gewesen – doch nie länger als eine Woche. Ich liebte die Stadt, trotzdem fühlte es sich ein bisschen komisch an, als ich auf dem Flughafen in Newark landete: Sonst war ich immer als Tourist eingereist, nun zeigte ich bei der »Immigration« einen Pass vor, in dem plötzlich ein Visum steckte.

Der Plan war, zunächst drei Jahre hierzubleiben. Es war nicht ganz mein Plan, ich betrachtete mich eher wie das Plus-eins auf einer Gästeliste: Mein damaliger Lebensgefährte war versetzt worden, er hatte einen Job in New York City bekommen. Ich war Redakteurin des *stern*, der mich – und dafür werde ich ihm ewig dankbar sein – mitgehen und als Freie in seinem New Yorker Büro arbeiten ließ.

Ich weiß noch, es war Sonntag, der 2. September 2007, als ich mit Sack und Pack vom Flughafen kommend auf der Second Avenue aus dem Taxi fiel, in meinem New Yorker Leben landete – und mich fragte: Wie schwül kann es in einer Stadt sein? Es waren über 30 Grad, und die Luftfeuchtigkeit betrug gefühlte 300 Prozent. In New York City ist alles ein bisschen extremer als anderswo, angefangen beim Wetter. Ich schwitzte wie ein Boxer in der zwölften Runde, als ich vor dem sandfarbenen Kasten im East Village stand, in dem wir ein Apartment gemietet hatten. Oben, im sechzehnten Stock. Ich war noch allein, mein damaliger Lebensgefährte kam etwas später nach, ebenso wie unsere Möbel, die noch in einem Container auf dem Atlantik unterwegs waren.

Das Haus hatte einen *doorman*, bei dem ich mich vorstellte. An jenem Sonntag war José im Dienst, ein gemütlicher Dominikaner mit netten Grübchen, der wie alle *doormen* eine Uniform trug: eine Mütze und einen dunkelgrauen Anzug mit einem kleinen Aufnäher auf der Brust, in dem mit goldenem Faden unsere Hausnummer eingestickt war. Insgesamt gab es sechs Herren, die sich auf dem Posten abwechselten. Sie hielten alten Damen die Türen auf, nahmen jungen Frauen die Einkaufstaschen ab, vor allem aber sorgten sie dafür, dass niemand unangemeldet in eines der Apartments kam. José trug mein Gepäck zum Fahrstuhl und wünschte mir »einen schönen Einzug«. Doch lange hielt es mich nicht in der neuen Wohnung.

Die Firma meines Lebensgefährten hatte sich netterweise darum gekümmert, dass Telefon und Internet eingerichtet waren. Und sie hatte uns einen Fernseher ins Wohnzimmer gestellt, der amerikanische Ausmaße hatte, also etwa so groß war wie eine Tischtennisplatte. Er erschlug den leeren Raum, während mich die Aussicht umhaute. Das Apartment hatte eine kleine Terrasse nach Süden, und von der guckte man über das East Village hinweg. Sah den East River und seine Brücken, bis hin zur Brooklyn Bridge. Dazu die Skyline Lower Manhattans, der im Westen etwas fehlte; zu diesem Zeitpunkt war noch nichts von dem Turm zu erkennen, der auf Ground Zero entstehen sollte.

Ich ging in die Küche und schaute in den leeren Kühlschrank. Fragte mich, wie ich den jemals vollbekommen sollte, denn auch er: supersize. Es war Zeit für einen XXL-Einkauf. Ich zog mich um: Raus aus den Hamburger September-Klamotten (Jeans, Sweatshirt, Turnschuhe), rein in ein kleines Sommerkleidchen, mit dem ich durch die New Yorker Hitze kam, ohne zu zerlaufen. Als ich unten vor die Haustür trat, kam ich mir vor wie Carrie aus »Sex and the City«: Ich blickte nach links, wo sich die Autos auf der Second Avenue stauten, hupend. Nach rechts, wo ich das Chrysler Building entdeckte, in meinen Augen das schönste aller schönen New Yorker Gebäude. Seine Spitze lugte in der Ferne hinter Häusern hervor, wie ein Dartpfeil, der in den Himmel zielte. Wow, dachte ich, ich lebe jetzt hier – wie Carrie und ihre Freundinnen! Doch mein »Sex and the City«-Gefühl war schnell vorbei, denn ich hatte Carrie & Co. nie bei K-Mart gesehen – und schon gar nicht bibbernd.

K-Mart ist ein 1-a-Billigmarkt, in dem es alles gibt: Lebensmittel, Elektrogeräte, Handtücher, Schmuck. K-Mart lag von der Qualität etwas über »Woolworth« in Hamburg-Niendorf, wo ich als Kind nie gesehen werden wollte, wenn ich dort meine Schulhefte kaufte, weil es uncool war. K-Mart aber fand ich jetzt supercool. Der Laden liegt am Astor

Place, nur zwei Blocks von meinem neuen Zuhause entfernt.

K-Mart besteht aus drei Etagen, die jeweils der Fläche eines Fußballfeldes entsprechen, mit Flutlicht, grellen Neonleisten, die in jeder Etage an der Decke flimmern. Ich glaubte, dort alles unter einem Dach zu finden, was ich brauchte. Erst mal aber brauchte ich eine Heizung, denn bei K-Mart war es eisiger als in unserem Riesenkühlschrank. Minus zehn Grad, schätzte ich, als ich den Laden betrat und sich auf meinen Armen Gänsehaut bildete. Ich hätte einen Schal mitnehmen sollen, doch daran hatte ich nicht gedacht: Ist es in New York draußen heiß, wird es drinnen kalt, denn dann schalten die New Yorker die Air Condition auf »Gefrierpunkt«. Im Winter ist es andersherum, also draußen kalt und drinnen heiß. Dann wiederum kann man bei K-Mart ein rohes Ei in die Luft halten, und zehn Sekunden später ist es hartgekocht.

Eier gibt es bei K-Mart natürlich im Einhunderterpack, denn anders als im Grocery Store bei mir an der Ecke, der klein und eng und zugestellt ist, haben sie hier Platz und orientieren sich bei der Rationierung an der Think-big-Mentalität der Vereinigten Staaten von Amerika. Wer mal in einem Supermarkt in Texas oder in Florida war, wo die Leute mit ihren Riesen-SUVs vorfahren, die sie auf riesigen SUV-Parkplätzen abstellen, der weiß: In diesem Land gleicht ein Paket Cornflakes schon mal einem Wandschrank. Auch gibt es hier Ketchupflaschen, die die Türme des Kölner Doms winzig erscheinen lassen. Und natürlich war der Einkaufswagen bei K-Mart

jetzt so breit, dass eine Bärenfamilie darin hätte übernachten können. Ich mühte mich, das Ding durch den Laden zu schieben, auf der Suche nach einem Verlängerungskabel, das ich meinte zu brauchen, weil sie hier ja andere Netzstecker und Steckdosen haben als wir, mit flachen, schmalen Schlitzen.
Ich fand einen Verkäufer, der ganz dem K-Mart-Muster entsprach, also etwa so schlank war wie Reiner Calmund. »Excuse me«, sprach ich, »I'm looking for a … for a … äähhhh …« Wie hieß denn bloß Verlängerungskabel auf Englisch? Ich versuchte zu erklären, was ich meinte. Brabbelte irgendwas von »to make things longer« oder so. »An extension cord?«, fragte der K-Mart-Calmund. Na klar! Verlängerung heißt *extension*! Wie bei Victoria Beckham, wenn die eine »Hair Extension« bekam. Schade, dass ich da nicht drauf gekommen war. Speicherte ich aber gleich ab als Eselsbrücke für verlängern: Vickys Haare. Der Verkäufer zeigte mir, wo ich ein Verlängerungskabel fand. Ich kaufte gleich fünf davon, angefixt vom amerikanischen Übertreibungswahn, packte noch allerlei Zeug in meinen Bärenfamilien-Wagen und ging zur Kasse, wo ich das nächste Missverständnis zu bewältigen hatte.

Die Kassiererin fragte mich etwas, aber sie hatte einen Akzent, der sich für mich nach hinterstem Alabama anhörte. »Y'ant csch back?«, oder so ähnlich. Ich fragte dreimal nach: Was? Ein Mann hinter mir in der Schlange half, der ganz langsam und in ausgesprochen geraden Worten sagte: »Do? You? Want? Cash? Back?« Ah, klingelte es bei mir, Geld zurück. Nur zu, dachte ich, immer her damit! Aber ich wusste, was das bedeutet: Ich konnte mit meiner Kreditkarte mehr bezahlen als die 43,28 Dollar, die an der Kasse angezeigt waren. 100 Dollar zum Beispiel – und dann bekäme ich die Differenz von 56,72 Dollar in bar zurück. Typisch amerikanisches Leben auf Pump: Erst mal das Kreditkarteninstitut auslegen lassen, was man später in der Sportsbar an Scheinen unter die Leute brachte. Außerdem spart man sich so den Weg zum Geldautomaten. Das können sie gut hier: Bloß nicht zu viel bewegen!

Die Kassiererin griff sich meine Verlängerungskabel und steckte jedes davon in eine einzelne Plastiktüte, was ich total absurd fand. Aber die Amerikaner sind Weltklasse im Plastikverschwenden. Sie packen alles, besser: lassen alles in eine Plastiktüte packen, auch wenn es nur ein winzig kleines Kaugummi ist. Ich ärgerte mich, dass die Jutebeutel, mit denen ich im politisch korrekten Deutschland einkaufen ging, noch im Container auf dem Weg hierher waren. Doch kaum waren sie angekommen, begann ich dazwischenzugrätschen, wenn ein Verkäufer zur Plastiktüte griff: Danke, ich habe eine Tasche, sprach ich und hielt meinen Jutebeutel hoch. Die meisten Verkäufer guckten dann wie der kleine Elliot, als er E. T. in seinem Schuppen entdeckte, aber das war mir egal. Auch war mir egal, dass mein Nachbar Jeff mich den »shopping-bag-Nazi« rief, wenn er mich mit meinem Jutebeutel sah. Es war ihm gegönnt, sich einen Spaß mit den Germans zu machen, die neben ihm eingezogen waren. Denn die Germans machten auch ihre Späße über ihn, einen echten Amerikaner. Auch wenn Jeff sagte: »Ich bin ein echter New Yorker.« Was stimmte: Geboren und aufgewachsen in Queens, lebte er seit Anfang der neunziger Jahre in dem großen sandfarbenen Kasten im East Village. Wo es nun im sechzehnten Stock zu einem kleinen Clash der Kulturen kam.

*

Ich begegnete Jeff noch an meinem ersten Abend. Unsere Terrasse grenzte an sein Apartment, genauer: an sein Badezimmer, das ein kleines Fenster hat. In Kopfhöhe. Ich sah zunächst nur sein Gesicht und seine grauen Locken. Er guckte aus dem Fenster. »Hi, I'm Jeff«, stellte er sich vor. »Hi, I'm Ulli«, sagte ich, nur meinen Spitznamen benutzend, denn mit Ulrike, das wusste ich aus Erfahrung, taten sie sich hier schwer. »Ahlrigg« oder »Ohlrigg« sagten sie, aber das musste ja nicht sein. Mir ging es wie vermutlich allen Ulrikes und auch allen Ulrichs: Ich war es gewohnt, dass man mich Ulli nannte. So wie Jeff von allen nur Jeff gerufen wurde, wie ich bald feststellte. Und nicht Jeffrey, wie er eigentlich hieß. Wir kamen ins Plaudern. Über das Übliche: Wo man so herkommt, was man so macht.

Jeff ist Musikproduzent, er besitzt eine Firma für »Audio Post Production«, wie er mir erzählte. Er kam rüber auf die Terrasse und brachte ein »Begrüßungsbier« mit, Marke: Miller Lite. »Das ist kein Bier«, sagte ich, denn amerikanisches Light-Bier kam für mich einem Glas Leitungswasser gleich. Es schmeckte nach nichts, trieb aber stärker als jedes normale Bier, so dass man es am besten gleich auf der Toilette trank – wie ich Jeff erklärte. Er lachte. »Ihr Deutschen und euer Bier!« Ich mochte ihn. Er war damals Anfang fünfzig, ein Mann mit hoher Stirn, blauen Augen und fröhlichen Fältchen. Wir bewegten uns zunächst auf Small-Talk-Ebene, aber das sollte sich mit der Zeit ändern.

Jeff wurde so etwas wie mein New-York-Berater: Wenn ich etwas in dieser Stadt nicht verstand, konnte er es mir erklären. Er hatte etwas von den Westberlinern mit ihrer »Kenn' ick, wees ick, ha' ick och zu Haus«-Art, nur dass die meist grummelten, während Jeff stets vergnügt war. Man konnte ihm einen Worthappen hinwerfen, er hatte einen Vortrag dazu parat. Manchmal unterbrach er sich dabei selber und sagte: »Jeff, komm zum Punkt!« – aber dann lachte er und holte noch weiter aus.

Es wurde irgendwann Usus, dass er mich zum American-Football-Gucken einlud. Wenn ein spannendes Spiel mit New Yorker Beteiligung anstand, hatte Jeff immer einen Haufen Kerle zu Gast. Als ich das erste Mal dabei war, fühlte ich mich wie zu Hause: Es ging zu wie in meiner langjährigen Fußballrunde in Hamburg. Die Kerle brüllten und tranken Bier (wenn auch light), auf dem Tisch standen Chips und Würstchen (wenn auch in pappigen Hot-Dog-Brötchen). Doch dann gab Jeff den Regisseur, und daran musste ich mich erst gewöhnen: Er zeichnete das Spiel parallel auf, so dass er es jederzeit anhalten konnte – was er auch tat, um Spielzüge, Schiedsrichterentscheidungen und Fangesichter zu analysieren: »Der guckt ja wie ein abgesoffenes Auto. Junge, dein Mann ist gerade 90 Yards gelaufen und hat dein Team …«, so ging das. Einmal riefen die Kerle: »Jeff, komm zum Punkt!« – aber dann lachten sie und ließen ihn weiterreden. War er fertig, drückte er »Play«, und wir konnten das Spiel weitergucken. In der nächsten Werbepause spulte er dann vor, um uns wieder »live« draufzubringen.

Für mich war das seltsam. Ich gucke Sport gern richtig live, also jede Sekunde in Echtzeit. Ich mochte nicht hören, wie irgendwo im Haus gejubelt wurde, was nach einem Touchdown für New York klang, den wir aber noch nicht sehen konnten, weil wir gerade drei Minuten hinterherhingen. Aber bei Jeff war das immer so.

Vielleicht lag es daran, aber das musste ich erst noch verstehen, dass die Amerikaner es gern hielten wie Pippi Langstrumpf: Ich mach mir die Welt, widewide wie sie mir gefällt. Sie können sich alles zurechtbasteln. Ob Massenvernichtungswaffen im Irak, alterslose Gesichter in Hollywood – oder Liveübertragungen im Fernsehen.

Was Jeff und seinen Pausenknopf anging, arrangierte ich mich damit. Dafür wurde er ein bisschen zappelig, als wir mal bei mir ein French-Open-Finale guckten, eines der epischen mit Rafael Nadal: Ich ließ es gnadenlos durchlaufen, ich hätte nicht mal gewusst, wie ich es live aufnehmen und anhalten könnte. Jeff meinte, unsere Glotze habe diese Funktion auch, »gib mir mal die Fernbedienung«. Aber ich schüttelte den Kopf und sagte: »Das machen wir schön bei dir mit dem *tapen.*« Er lachte. Stand auf und holte sich noch ein Bier aus unserem Riesenkühlschrank, den ich inzwischen gefüllt hatte.

Mit Milchgallonen, weil die so gut hineinpassten: Eine Gallone sind 3,79 Liter, damit war schon fast ein viertel Fach voll. Daneben sah das Jever sehr putzig aus, das mir im Deli unten an der Ecke begegnet war. Mein Lieblingsbier, ein herbes friesisches Pilsner, das sie hier in den uns bekannten 0,3-Liter-Flaschen verkauften (die in den Augen der Amerikaner so etwas wie Flachmänner waren). Jeff mochte mein Bier. Mal was anderes. »Wow, that's strooong!«, sagte er, als er es zum ersten Mal trank, da hatte ich ein Sixpack zum Footballgucken mitgebracht.

Ich war gern in seiner Wohnung, die sehr maskulin ist, mit viel braunem Leder und Fotos an den Wänden, die Jeff mit lässigen Sportwagen zeigen. Früher, in den Siebzigern, da hatte er noch braune Haare und sah aus wie der Zwilling von Paul Breitner – mit breitem Schnauzer und dickem Afro. Herrlich, als sei er auf dem Weg ins berühmte Trainingslager in Malente!

Manchmal traf ich junge Damen bei Jeff, aber die wechselten häufig. Nur ihr Aussehen schien immer gleich: Er stand offensichtlich auf Brünette mit langen Haaren. Jeff war das, was ich mir unter einem typischen New Yorker Junggesellen vorgestellt hatte: supercharmant, superaufmerksam; nie ließ er das Glas einer Frau ungefüllt, immer hatte er ein kleines Kraulen parat, saß eine auf seinem Sofa, die ihm gefiel.

Ein Freund von ihm machte sich gern darüber lustig, dass Jeff »alle haben« könne – wegen seines »panty dropper roof«, seines Daches, auf dem jede Frau ihr Höschen fallen lassen würde. Denn auch

Jeff hat eine kleine Terrasse: Sie zieht sich wie ein L um sein Apartment. Und anders als wir guckt er nicht nur nach Süden, sondern auch nach Norden – auf das Empire State Building. Jeff hat eine Aussicht, für die er Eintritt nehmen könnte, so sexy ist sie. Doch keine Frau blieb lange, denn wurde es kompliziert, fiel bei ihm schnell eine Tür zu. Wie bei den Männern in »Sex and the City«, über die Carrie und ihre Freundinnen sich abendfüllend aufregen konnten. Einmal saß ich mit Jeff auf seinem Dach, die Hosen an, als wir über ihn und die Mädels redeten. Er klagte, dass amerikanische Frauen immer so schreckliche Erwartungen hätten.

Ich hatte gerade erst begonnen, das Verhalten amerikanischer Frauen und Männer zu studieren, aber ich ahnte, was er meinte. Es war seltsam: Ich sah in dieser Stadt Damen, die auf 1,20 Meter hohen Absätzen zur Arbeit stolzierten und dabei einen Blick draufhatten wie Michael Corleone – sehr bedrohlich. Sie verschwanden in den Hochhäusern Midtown Manhattans, wo die Investmentfirmen saßen und sie es den Herren Investmentbankern vermutlich so richtig besorgten – geschäftlich natürlich. Mir schien das eine sehr emanzipierte Welt zu sein. Doch kaum war Feierabend, führten die Damen sich hier plötzlich auf wie meine Großmutter in den fünfziger Jahren.

Ziemlich bald nach unserem Umzug ging ich abends essen. Mit Giuseppe, einem Italiener, der in Deutschland aufgewachsen und schon in Hamburg mein Freund gewesen war; wir hatten beide zur gleichen Zeit beim *stern* angefangen, und es war ein schöner Zufall, dass er jetzt nach New York zog, um hier als Korrespondent zu arbeiten. Ein gemeinsamer Bekannter aus Hamburg war zu Besuch in der Stadt, und zu dritt saßen wir in einer Pizzeria, die Jeff empfohlen hatte: »Lil' Frankie's« bei uns im East Village. Ein Laden mit roten Backsteinwänden, kleinen Holztischen und einem großen Holzofen für neapolitanische Pizza, die hier serviert wurde. Sie war ganz lecker, wir tranken ein paar Bier dazu und einen Espresso hinterher. Wir drei waren zu Hause oft zusammen ausgegangen; zwischen uns war es normal, dass einer für alle zahlte; das ging reihum, ohne dass man groß drüber reden musste, wer gerade dran war. Für mein Gefühl war diesmal ich an der Reihe. Als ich der Kellnerin signalisieren wollte, dass ich gern die Rechnung hätte, war sie nirgends zu sehen. Ich drehte mich ein paarmal um, bekam sie aber nie zu Gesicht. Und so stand ich auf und ging an die Bar: Da stand sie. »Can I get the check, please?«, fragte ich. Aber sie sagte: »No.« Und schüttelte sehr überzeugt den Kopf.

Ich war überrascht. Wollte die uns einladen? Oder war das ein Scherz? Ich guckte kurz, ob ich irgendwo eine versteckte Kamera entdeckte. Dann fragte ich: »Warum kann ich die Rechnung nicht haben?« – »Weil du da mit zwei Typen sitzt«, antwortete sie. »Ja, und?«, wunderte ich mich. »Du bist eine Frau. Typen müssen für Frauen bezahlen«, klärte sie mich auf. Ich verklickerte ihr, dass ich das ein wenig anders sah, und bat, nein: befahl, dass ich jetzt bitte die Rechnung bekam. Die Kellnerin tippte etwas in die Kasse, ein weißer Bon kam heraus, den sie in einen schwarzen Lederumschlag steckte; so machen sie das hier immer, wenn sie einem die Rechnung reichen. Manchmal lag die auch auf einem kleinen Silberteller, jedenfalls kam sie nie »pur« als ein Stück Papier auf den Tisch. Und auf den Tisch kam die Rechnung jetzt eh nicht: Die Kellnerin drückte mir den Lederumschlag in die Hand und verdrehte dabei allen Ernstes die Augen. Als hätte ich gerade einen Lottogewinn ausgeschlagen: Wie dumm ist die denn?

Ich war ziemlich sprachlos. Aber fortan achtete ich darauf: Wann immer ich mit einem Mann in einem Restaurant saß, ging die Rechnung automatisch an den armen Kerl. Auf eine Art war das ja sympathisch, weil es eine Geste war aus Zeiten, als Männer noch Gentlemen waren und Frauen die Tür aufhielten. Ich dachte nur, so etwas sei längst Geschichte; aus Deutschland jedenfalls kannte ich das nicht mehr zwingend. Hier aber schien das noch anders zu sein, wie mir bald bei uns im Fahrstuhl auffiel. Da stieg kein Mann vor mir aus, alle streckten sie den Arm aus und signalisierten: »Nach Ihnen, junge Frau!« Das fand ich sehr nett. Die Sache mit der Rechnung aber blieb für mich schwierig. Ich merkte auch bald, warum: Ob Kellner oder Kellnerin – wann immer ich den »Check« übernahm oder meinen Anteil hinlegte, wurde ich komisch angeguckt. Die Blicke lagen zwischen »Verräterin« und »arme Sau«. Und bald ertappte ich mich dabei, dass ich mein Geld heimlich auf den Tisch mogelte, versteckt unter meinem Arm. Albern! Aber ich wollte mich doch lieber anpassen. Und bei anderen Dingen gelang mir das auch ganz gut. Auch wenn ich das nicht merkte. Dafür brauchte es die Außenansicht.

*

Nach ein paar Wochen in New York war ich hier offiziell registriert – mit einer »Social Security Number«, einer Art Meldenummer, die ich überall angeben musste: beim Eröffnen eines Bankkontos oder beim Abschluss eines Handyvertrages. Wobei: Handys benutzten nur noch Hinterwäldler, hier waren längst Smartphones angesagt. Es gehörte zum Straßenbild, dass die New Yorker mit gesenkten Köpfen durch die Gegend liefen, die Blicke auf BlackBerrys und iPhones gerichtet, die sie in der Hand hielten. Darauf wurden E-Mails, Facebook-Messages oder SMS getippt; irgendwas ging immer. Es war die Zeit, in der die Leute aufhörten, mündlich miteinander zu kommunizieren. »Text me«, hieß es hier, wenn es galt, etwas zu verabreden. Auch unterhielt man sich in der Mittagspause nicht mehr, weil das Smartphone ja wie ein Büro war, das man zum Lunch ausführte: Die E-Mails kamen mit und ließen sich prima zwischen zwei Bissen ins Sandwich beantworten.

Es war aber auch zu praktisch: War morgens das Klopapier alle, flitzte ich schnell zur nächstgelegenen Drogerie und mailte währenddessen mit meinem Chef in Hamburg hin und her. Allerdings war das ziemlich gefährlich: Es gab den einen oder anderen Moment, wo ich beinahe in ein Auto rumste, weil ich so mit dem Job beschäftigt war.

Wenigstens merkte ich dadurch, dass ich kaum

noch nach oben guckte. Was eine Schande war, denn wenn es sich irgendwo lohnte, nach oben zu sehen, dann hier. Irgendwo guckte immer ein »Landmark« hervor, eines der New Yorker Gebäude, die an den Wolken kratzten. Und überall waren die Brüche zu sehen, die diese Stadt ausmachen: Runzelige Feuerleitern neben Hochglanzfassaden, wie hier auf der Bowery im East Village, wo das alte New York neben dem neuen stand. Oder die leuchtend scharfen LCD-Videoleinwände, die den Times Square erhellten – mit seinem Asphalt, der so eben war wie der Stamm eines Mammutbaumes. Wer mit dem Fahrrad darüberfuhr, dem ging es wie Randy auf der Schotterpiste in Liberia: Er bekam einen Hackfleischhintern. Auch waren beinahe alle Leitungen hier äußerst marode und wackelig.

Bei schlechtem Wetter rauschte es in der Festnetzleitung, als hätte ich in Timbuktu zum Hörer gegriffen. Der Fernseher fiel ganz aus, denn Time Warner Cable meldete: »No Signal«. Unsere Toilette verstopfte etwa dreimal im Monat: Es reichte, wenn jemand ein deutsches Taschentuch hineinwarf – zu dick. Die Dusche lief, besser gesagt, sie tropfte, denn der Wasserdruck im sechzehnten Stock war ein Scherz. Dafür lief jetzt ich, anstatt zu gehen, wie ein Freund aus Hamburg bemerkte, der uns nach ein paar Wochen besuchte: »Was rennst du denn so?«, rief er mir zu, als wir an seinem ersten Morgen hier zum Frühstücken gingen. »Ich renne doch gar nicht«, rief ich zurück, aber dann drehte ich mich um und sah, dass mein Freund acht Meter hinter mir zurückgeblieben war. Keuchend.

Offenbar hatte das New Yorker Tempo aus mir einen Spazier-Zombie gemacht: Ich konnte nicht mehr normal gehen. Denn hier ging ja keiner normal. Hier sind immer alle in Eile mit ihren Supertelefonen. Man geht hier nicht bei Grün über die Straße, man geht, wenn kein Auto kommt. Stillstand? In dieser Stadt nicht vorgesehen. Die Taxifahrer kennen nur Vollgas und Vollbremsung. Und ständig heult irgendwo eine Sirene. New York ist schnell, New York ist laut: ein Formel-1-Rennen, das rund um die Uhr stattfindet. Ich musste lachen, denn mein keuchender Freund rief jetzt über die Second Avenue: »Hilfe! Kann mal jemand die Irre da vorn anhalten?« Nicht dass jemand Zeit hatte, ihm zuzuhören, außerdem sprach er Deutsch. Aber ich verstand ihn sehr gut. Es war Zeit, ein bisschen vom Gas zu gehen.

Ich meldete mich für eine Veranstaltung mit dem Dalai Lama an.

Plätze der Freude

Ich hatte natürlich ein wahnsinniges Glück, weil es mein Job war, hübsche Veranstaltungen zu besuchen und darüber zu schreiben. Und hier ist ja immer was los!

An einem Mittag im Oktober – draußen waren noch 23 Grad – stand ich plötzlich im Büro von Richard Gere. Es befand sich in einem Altbau mit hohen Decken nahe der NYU im Greenwich Village. Die Wände waren sonnengelb, daran hingen mannshohe Poster des Dalai Lama. Mr Gere ist Buddhist, er betreibt eine Tibet-Stiftung, die nun den großen Dalai Lama nach New York City geladen hatte: Seine Heiligkeit sollte in der Radio City Music Hall sprechen. Ein netter *stern*-Kollege, der kürzlich ein Interview mit Richard Gere geführt hatte, bei dem es um die böse Bush-Regierung gegangen war, hatte mich mit seinem Büro in Kontakt gebracht. Wo ein Ticket für mich hinterlegt war, das ich nun abholte, um »His Holiness the XIV Dalai Lama« lauschen zu können.

Vom schönen Mr Gere war in seinem Büro leider nichts zu sehen, dafür erspähte ich ihn am nächsten Tag in der Radio City Music Hall, einem Klassiker von einem Konzertsaal, der zum Rockefeller Center gehört. Ich hatte auf dem Weg ein bisschen was über Richard Gere und den Dalai Lama gelesen: »Wir haben viele Ebenen von Beziehungen«, sagte da Mr

Gere, »als Schüler und Lehrer, aber auch als gemeinsame Streiter für Tibet. Und als Freunde.«

An diesem Tag war er offenbar auf der Schüler-Ebene unterwegs: Der Dalai Lama war gekommen, um zu lehren.

Auf der Bühne stand ein mächtiger Thron, behangen mit tibetanischen Teppichen. Links und rechts davon lagen lilafarbene Kissen, auf denen tibetanische Mönche und Nonnen Platz nahmen. Alle trugen bordeauxrote Gewänder wie der Dalai Lama, nur Richard Gere nicht: Der steckte in einem sehr, sehr gutsitzenden schwarzen Nadelstreifenanzug, als er mit Seiner Heiligkeit die Bühne betrat. Er hielt dem Dalai Lama die Hand, als der auf den Thron stieg. Der Dalai Lama ließ sich in den Schneidersitz fallen, Mr Gere gesellte sich zu den Mönchen und Nonnen. Er faltete die Hände, ging auf die Knie, beugte sich vor, als küsse er den Teppich. Dann setzte er sich auf die Kissen, Beine über Kreuz.

Zum Glück erschien ein Übersetzer auf der Bühne. Denn der Dalai Lama, ein kleines Mikro vor dem bebrillten Gesicht, sprach tibetisch. Seine Stimme war ein bisschen knarzig, und was er sagte, klang so: *Dschindsidi dadingdiwa gumwülülünbschism.*

Seine Heiligkeit erläuterte unter anderem die »Seventy Verses on Emptiness«, eine in Versform verfasste Lehre der Leere von Nagarjuna, einem buddhistischen Philosophen, der im 2. Jahrhundert lebte und als einer der bedeutendsten Denker des Buddhismus gilt: Leere bedeutet das Loslassen sämtlicher festgefügter Ideen über uns und die Welt. Nichts ist dauerhaft, alles ändert sich ständig.

Wenn der Dalai Lama sprach, schaute Richard Gere zu ihm auf und wenn der Übersetzer dann übersetzte, schrieb er auf einem Notizblock mit. Manchmal gähnte er. Ich auch. Denn es hatte etwas zauberhaft Einlullendes. Der Saal fasste 6000 Zuschauer, doch alle waren so andächtig ruhig, dass ich vergaß, wo ich war: im lauten Midtown Manhattan, in der Radio City Music Hall, wo sonst die »Rockettes« tanzen, jene Damen, die wenig anhaben und ihre Beinchen in die Höh' strecken. Jetzt aber blickten alle ehrfürchtig auf den heiligen Mann, und als aus Versehen ein Smartphone bimmelte, gab es aus allen Richtungen böse Blicke für den Smartphone-Besitzer.

Etwas strahlte von der Bühne, das mich angenehm entschleunigen ließ. Ein paar Stunden mit dem Dalai Lama fühlten sich an wie zwei Wochen Urlaub auf Sandy Island im Karibischen Meer. Ich lauschte seinen monotonen Ausführungen, ohne ihm die ganze Zeit zuzuhören. Aber ich beobachtete ihn: Manchmal lächelte er. Hin und wieder kratzte er sich am Hals. Immer sah er drollig aus. Am Ende fasste der Dalai Lama in etwas holprigem Englisch zusammen: Wer etwas gelernt habe, künftig vielleicht sogar meditieren wolle, möge gut auf sich aufpassen. »Stehen Sie früher auf«, sprach Seine Heiligkeit, »gehen Sie früher ins Bett. Diese Nachtclubs …« Für die müsse sich niemand opfern.

Dann sagte der Dalai Lama noch, dass wir alle auf einem Pferd reiten sollen von einem Platz der Freude an einen anderen, und dafür dankte ihm Richard Gere, der abschließend ans Mikrophon trat: »Was für eine großartige Zeit wir hatten! Ich hoffe, New York hat sich jetzt in einen Tempel verwandelt.«

Ich fragte mich, ob draußen ein Pferd auf mich wartete. Doch stattdessen sah ich, wie die Mönche und Nonnen, die eben noch mit Mr Gere auf der Bühne gesessen hatten, aus einem Seiteneingang der Radio City Music Hall kamen. Sie blieben stehen und holten Handys unter ihren bordeauxroten Gewändern hervor, die sie einschalteten. Dann telefonierten sie, schrieben SMS. Es war ein seltsames Bild. Aber vielleicht war die Welt längst überall so schnell wie hier. Und es ging nur darum, zu wissen, wie man sie wegschaltet. Und wann.

Ich machte mein Smartphone künftig aus, wenn ich abends mit Freunden beim Essen saß. Damit ich gar nicht in Versuchung geriet, zu schauen, ob irgendeine sinnlose E-Mail darauf eingegangen war. Was sollte schon kommen, fragte ich mich an einem Freitagabend, als ich auf dem Weg zum Dinner war. Bis ich dann jemanden sah, den ich gern fotografiert hätte. Allerdings taugt die Kamera meines BlackBerrys im Dunkeln nicht viel. Und so entging Kiefer Sutherland einem Bild.

Der Schauspieler stand vor der »Grano Trattoria«, einem Italiener im West Village. Er rauchte eine Zigarette und blickte grimmig auf den Bürgersteig. Wie Jack Bauer, der Agent, den er in »24« spielte, einer meiner Lieblingsserien. Da holte er gern die Waffe raus und bellte: »Get down!« Ich hätte mich nicht gewundert, wenn er mich jetzt auch gleich eingenordet hätte. So, wie der aussah. Vermutlich musste Kiefer Sutherland sich nicht sehr verstellen, wenn er Jack Bauer mimte. Ich schrieb meinem Freund Martin eine SMS, bei dem wir in Hamburg immer »24«-Fernsehmarathons veranstaltet hatten, die jetzt leider ohne mich stattfinden mussten. »Du glaubst nicht, in wen ich gerade reingelaufen bin. Jack Bauer, voll in Action!«, schrieb ich, schön übertrieben. Hatte ich schon das amerikanische Pippi-Langstrumpf-Muster adaptiert? Ich mach mir die Welt ...

Aber es war schon schick, wem man hier alles begegnete: Ein paar Tage später wartete ich mittags am Broadway in SoHo an einer Ampel, als vor mir eine Frau stand, die einen komischen bräunlichen Überwurf trug, der aussah wie ein Kartoffelsack. Ich dachte noch: Wer geht denn in einem Kartoffelsack auf die Straße?, als ich neben die Dame trat, sie von der Seite anguckte – und feststellte: Es war Whoopi Goldberg. Die Farbe Lila stand ihr besser, aber vielleicht war das ihr Inkognito-Look. Niemand schien sie zu bemerken. Wahrscheinlich rechneten die Leute auch nicht mit einem Star an einer ordinären Ampel. Doch man musste nur gut aufpassen: Sie konnten überall sein, die Schönen und Berühmten. Wohnten ja alle hier. Robert De Niro. Madonna. Al Pacino. Gisele Bündchen. Sting. Susan Sarandon. Oder David Bowie und Iman, die hier in SoHo auf der Lafayette Street zu Hause sind.

Mir gefiel allerdings die Begegnung mit einem Zugereisten am besten – Simon Le Bon, dem Sänger von Duran Duran und Traum meiner schlaflosen Teenagernächte. Der war aus London gekommen, weil man ihn zur »New York Fashion Week« geladen hatte. Auch ich hatte eine kleine Invitation, allerdings nicht mit V. I. P.-Rundumbetreuung wie er. Ich musste arbeiten, als G-Star, die italienische Jeans-Firma, ihre neueste Mode zeigte. Doch dann brachte Simon Le Bon mich völlig aus dem Dienstkonzept.

Er saß etwa zehn Reihen vor mir, als die Show in der »Gotham Hall« begann, einem prächtigen Saal mit goldener Kuppel und romanischen Säulen. Models liefen über den Laufsteg, junge Herren in Hochwasserhosen und mit reizenden Hinterteilen, die ich mir gern angeguckt hätte – doch ich hatte nur Augen für einen Mann, der von hinten nicht mehr ganz so frisch aussah wie vor gut zwanzig Jahren, als ich ihn am Hamburger Flughafen ansprang.

*

Duran Duran waren Anfang der Achtziger zu Mega-Popstars geworden: fünf Engländer, die daherkamen wie von einer Kosmetikschule mit Synthesizer-Kurs. Sie trugen Kajal und Lippenstift, produzierten Plastikmusik – und das machte sie zu den perfekten Hochglanz-Poppern der damaligen Zeit. Sie hatten Hits wie »The Reflex« und »The Wild Boys« und mit Prinzessin Diana genau einen bekennenden Fan über zwanzig. Ich war bis zur Grenzdebilität in Simon Le Bon verknallt, während meine beste Freundin John Taylor anbetete, den Bassisten. Vielleicht kann man das, was dann am Hamburger Flughafen passierte, damit entschuldigen, dass wir etwa dreizehn waren. Und weibliche Teenager sich hysterisch benahmen, wo immer die Band auftauchte. Da wollten wir wohl nicht aus der Rolle fallen.

Die Herren schwebten für ein Konzert ein, und meine beste Freundin und ich warteten in einem Pulk völlig überdrehter Mädchen auf sie. Ich entdeckte Simon Le Bon, rannte los und klammerte mich an seiner braunen Lederjacke fest wie ein Affe an einem Ast. Er grinste, wahrscheinlich, weil er schon den heraneilenden Security-Typen entdeckte, der mich entfernte und zu den anderen Mädchen zurückschleifte. Wo meine beste Freundin das Mikrofon eines Radioreporters nass machte. »Ich liebe ihn soooo!«, heulte sie und sprach von John Taylor.

»Echt?«, fragte dieser John Taylor zwei Jahrzehnte später. Ich war inzwischen beim *stern* – und für den hatte es einen Interview-Termin mit Duran Duran in Berlin gegeben. Da blätterte Taylor in ihrem alten Tagebuch, vollgemalt mit Herzchen und butterweichen Liebeserklärungen: »John ist wie ein Ring um mein Herz.« Er lachte. »Gut, dass es auf Deutsch ist.«

Ich hatte um diesen Termin gebettelt und darum, dass meine beste Freundin mitkommen konnte, aus nostalgischen Gründen. Der Anlass für das Interview war die Wiedervereinigung von Duran Duran: Irgendwann in den Neunzigern war die Band auseinandergedriftet und hatte nur noch aus Sänger und Keyboarder bestanden, nun aber trat sie wieder in ihrer Originalbesetzung auf – zu fünft. Uns reichten natürlich Simon Le Bon und John Taylor zum Interview. »Look at her, she's beaming!«, sprach John Taylor, die Haare schwarzblond gesträhnt, und zeigte auf meine beste Freundin, die ihn total verstrahlt anguckte. Mein Blick hatte auch etwa 500 Watt: Ich erlebte meinen zweiten Fan-Frühling, als Simon Le

Bon erschien, das Gesicht ein wenig hamsterbackig. Jünger war er nicht geworden – aber offener für Berührungen.

Wir erzählten ihm, warum wir vor zwanzig Jahren beste Freundinnen geworden waren: Weil unsere Mütter, Lehrerinnen an derselben Schule, festgestellt hatten, dass sie beide Töchter haben, deren Kinderzimmer aussahen wie eine Gummizelle – bis unter die Decke mit Duran Duran tapeziert. Und dass die Töchter sich mal treffen sollten, zwecks Austauschs doppelter Poster. Das fand Simon Le Bon offenbar sehr rührend. »Ohh«, seufzte er und nahm uns in den Arm. Meine beste Freundin rechts, mich links. Für ein Foto. »Das machen wir für eure Mütter«, sagte er und lächelte väterlich.

*

Drei Jahre später hing das Foto, das damals entstanden war, bei uns in New York in der Küche: Es war mit mir umgezogen. Und nun saß ich bei meiner ersten »Fashion Week« – und wer war da? Und nicht nur das!

Nach der Show schmiss G-Star eine Party. Ich war noch nicht ganz angekommen, da steuerte Simon Le Bon auf mich zu, zeigte mit dem Finger auf mich und sagte: »I know you.« Wenn mir das mit dreizehn passiert wäre, wäre ich vermutlich sofort in Ohnmacht gefallen. Jetzt aber bekam ich nur noch weiche Knie und begann zu hyperventilieren. »Ich weiß noch, es war in Berlin. Ich weiß nicht mehr, in welchem Hotel, aber da waren du und deine beste Freundin, und ihr hattet dieses niedliche Tagebuch dabei.« Er lachte. Ich hyperventilierte stärker.

Was hatte der Dalai Lama noch gesagt? Dass wir alle auf einem Pferd reiten sollen, von einem Platz der Freude an einen anderen? Hier war ich, am ultimativen Platz der Freude! »Was machst du hier?«, fragte Simon Le Bon. Meine Knie gaben nach. Ich sackte langsam vor ihm zusammen, konnte aber noch sagen: »Ich wohne jetzt hier.« Er fragte weiter: »Wo ist deine beste Freundin?« – »In Ha-Ha-Haaaamburg«, stotterte ich. Dann war Feierabend. Das Nächste, woran ich mich erinnere, ist, dass Simon Le Bon ein paar Worte für meine beste Freundin auf meinen Notizblock schrieben, der mir vermutlich aus der Hand gefallen war: »For Suze. Oh boy, me & Ulrike missing you bad here in N. Y. C. – come sooon!!! Simon«, stand da in schwungvoller Handschrift.

Es sollte nicht unsere letzte Begegnung sein. Denn in New York, das musste ich noch lernen, konnte man zehnmal denken: Schöner geht's nicht mehr – da hat diese Stadt immer noch eine kleine Zugabe parat.

*

Bald darauf kam meine beste Freundin zu Besuch. Wir tranken ein Bier auf Simon Le Bon. Es war, welch entzückender Zufall, der 27. Oktober. Sein Geburtstag. Doch Ende Oktober gibt es noch einen weiteren besonderen Tag: Halloween.

Als Hamburger Karnevalsignorantin stand ich eigentlich nicht so auf Zwangsverkleiden. Aber die vielen kleinen Spidermänner – Kinder in Spinnenkostümen –, die ich hier jetzt in der U-Bahn sah und unten bei uns im Haus, wo sie den Doorman nach Süßigkeiten fragten (»Trick or treat?«), fand ich doch sehr niedlich.

Alles in Manhattan war kürbisverziert: die Schaufenster, die Vorgärten, die Treppenaufgänge der Brownstones. Meine beste Freundin war im Himmel, denn sie liebte Halloween, seit sie mit sechzehn ein Jahr in Dallas gelebt und ihr erstes amerikanisches Gruselfest gefeiert hatte. Zur Tradition von Halloween gehört der Besuch eines sogenannten »haunted house«. Das ist so etwas wie eine Geisterbahn für Erwachsene. Und da musste ich nun auch durch: Meine beste Freundin spielte die »Du hast Simon getroffen, ich will jetzt auch was erleben«-Karte aus. Also fuhren wir zu »Blood Manor«, einem »haunted house«, besser gesagt: einer haunted Fabriketage in Chelsea, denn in New York City konnte es sich niemand leisten, ein ganzes Haus für den Spuk zu buchen; dafür waren die Mieten zu hoch.

Der Eintritt kostete 25 Dollar, doch meine beste Freundin hatte vorab im Internet »R. I. P.«-Tickets für 45 Dollar erworben; R. I. P. steht für »Rest In Peace«, »Ruhe in Frieden«, und mit diesen Tickets mussten wir nicht anstehen in der Schlange, die sich Nacht für Nacht vor Blood Manor bildete, sondern durften direkt mit dem Fahrstuhl in die Hölle fahren.

Ich dachte noch: Haha, Geisterbahn, kenn ich ja vom Hamburger Dom! Aber dann guckte ich doch ziemlich sparsam, als wir durch Blood Manor irrten. Ständig sprangen aus dunklen Ecken leibhaftige Figuren hervor, geschminkt, verkleidet, mit blutigen Gesichtern und Glupschaugen, groß wie Pfirsiche. Und mit Messern in der Hand, von denen ich eines – o Schreck! – plötzlich an der Kehle spürte. Kaum hatte ich das abgeschüttelt, stand ein Typ vor mir, der eine entsetzlich laute Kettensäge umherschwang, von der Blut heruntertropfte. »Ah! Frischfleisch! Komm nur, kleines Mädchen, ich zerlege dich«, keifte der Typ. Ich klammerte mich an meine beste Freundin, die einen Raum weiter rannte. Dort hingen Leichensäcke von der Decke wie Schweinehälften in der Schlachterei, an denen wir uns kaum vorbeitrauten, weil sich bestimmt gleich einer der Säcke bewegen würde – aber welcher?

Wir robbten unter den Säcken hindurch. Kreischten, als uns etwas berührte. Gelangten zu einem Operationstisch, auf dem ein Mann mit offener Bauchdecke lag, der schrie: »Meine Innereien, meine Innereien!« Da hatte ich längst vergessen, dass die Bauchdecke aus dem Kostümfundus kam und das Blut Theaterschminke war: Ich gruselte mich furchtbar.

Ich weiß nicht mehr genau, wo wir nach Blood Manor hingingen, aber ich weiß noch, dass wir viel tranken. Ich musste mein erstes Halloween erst mal verdauen. Doch es hörte nicht auf: Die Kürbisse blieben, auch über den 31. Oktober hinaus. Denn Kürbisse passen ja auch zu Thanksgiving, dem Erntedankfest, zu dem Truthähne verspeist werden.

Thanksgiving findet stets am letzten Donnerstag im November statt, und die New Yorker fahren für ein langes Wochenende zu ihren Familien. Am Mittwoch davor schien deshalb »Nationaler Mitbringsel-Einkaufstag« zu sein. So kam es mir vor, als ich am Nachmittag bei »Trader Joe's« vorbeikam – doch irgendwie konnte ich »Trader Joe's« nicht sehen. Ich sah nur haufenweise Menschen davor.

»Trader Joe's« ist ein großartiger Bio-Supermarkt: günstig, frisch, übersichtlich. Alles abgepackt, aber tipptopp. Die Studenten in unserer Gegend lieben »Trader Joe's«, von dem es zu dem Zeitpunkt in New York nur einen gab: diesen hier, auf der 14th Street im East Village. Jeff erzählte mir, wer sich hinter »Trader Joe's« verbirgt – Aldi. Das war sozusagen ein deutscher Exportschlager! Ich fragte mich nur, warum es bei Aldi in der Paul-Roosen-Straße auf St. Pauli so angeranzt zugehen musste, dass ich dort nur im Notfall einkaufte – wenn ich den billigen Champagner brauchte. Warum sah es dort nicht aus wie hier bei Händler Joe, nämlich aufgeräumt?

Dennoch, ich ging nicht sehr häufig zu »Trader Joe's«, denn die Schlange in dem Laden war immer absurd lang: Sie reichte vom Bereich der Kassen zurück durch den ganzen Laden – bis hin zum Eingang, wo ein Mitarbeiter stand, der ein Schild hochhielt: »End of the line.« Ich drehte stets wieder ab, wenn mir das Schild gleich beim Reinkommen entgegensprang. Ich war zu zappelig, um zwei Stunden anzustehen; in der Zeit machte ich lieber etwas anderes. Einen Supermarkt weiter gehen und nicht anstehen zum Beispiel, auch wenn es dort ein bisschen teurer war. Nun aber dachte ich: Zu Thanksgiving fahren alle weg, da kauft doch keiner mehr ein – laufe ich mal zu »Trader Joe's« und mache ein Schnäppchen. Aber dann wurde ich von einer

Schlange erschlagen, die eine menschliche Boa constrictor war, so riesig. Sie führte aus dem Laden heraus über die 14th Street in östlicher Richtung und dann um den Block auf die 3rd Avenue. Irre. Ich schlich beeindruckt daran vorbei und fragte mich, ob es bei »Trader Joe's« etwas umsonst gab – vielleicht Autogramme von Brad Pitt?

Doch »Trader Joe's« hat wie Aldi auch Weine, bei denen das Preis-Leistungs-Verhältnis eine Wucht ist. Und nun stand die halbe NYU, ach was: halb New York an, um ein edles Tröpfchen für kleines Geld zu erwerben, das sich gut als Thanksgiving-Präsent für die Mutti machte, die irgendwo in Iowa schon den Turkey stopfte. Ich beschloss, nie wieder am Tag vor Thanksgiving einzukaufen. War aber fasziniert von der Geduld der Leute, die sich mit minus 15 km/h auf »Trader Joe's« zubewegten. Sonst rennen sie hier alle, als halte jemand die »Fast Forward«-Taste gedrückt, nun war plötzlich Zeitlupe angesagt.

Aber die New Yorker sind wie ihre Stadt – widersprüchlich. Sie mögen es nicht, wenn sie etwas bremst, gleichzeitig können sie stundenlang stillstehen. Niemand drängelt sich hier vor. Ich hatte es kürzlich bei der Post mal versucht, mich ganz beiläufig in eine Schlange zu mogeln, natürlich weit vorn, aber da bellten gleich dreizehn Leute, die ich überholt hatte: Hinten anstellen! Und zwar so laut, dass ich mir schwor: Mache ich nie wieder.

Vielleicht war es die Strafe dafür, dass ich mich nun hübsch blamierte?

Auf dem Heimweg sprach mich ein älterer Herr an: »I like your haircut«, sagte er. Das hörte ich öfter, ich fand das sehr nett; ich glaube, das liegt daran, dass meine Frisur für eine weiße Frau hier ungewöhnlich ist: Ich habe ziemlich kurze blonde Haare. Während Amerikanerinnen mit weißer Hautfarbe auf dem Kopf aussehen wie die drei Engel für Charlie: langhaarig und föhnwellig. Der ältere Herr sprach mich also an. Er fragte, wo ich herkäme. Germany, sagte ich, und dann wünschte der Herr mir »happy holidays«. Für mich mit meinem Schulenglisch klang das wie »Schönen Urlaub!«. Der dachte bestimmt, ich sei Touristin. »Nicht doch«, sagte ich deshalb, »Ich lebe hier!«

Der Herr lächelte sanft. Als sei er mein Opa und die Enkelin habe gerade ihre ersten Worte gesprochen – niedlich, aber falsch. Dann klärte er mich auf.

Holiday heißt Feiertag. Und man wünscht sich »happy holidays«, also schöne Feiertage, da hier so viele verschiedene Menschen aus verschiedenen Kulturen leben, die verschiedene Feste feiern – an verschiedenen Tagen. »Happy holidays« passte um diese Zeit für alles. Das jüdische Chanukka-Fest, das afrikanische Kwaanza oder unser Weihnachten. Christmas. Nur dass es hier keinen »Christmas tree« gibt, sondern einen »holiday tree«. Froh, das zu wissen, strich ich »Merry Christmas« aus meinem Schulenglisch-Sprachschatz und prägte mir die schönen Feiertage ein.

Eine vietnamesische Wienerin in New York

Ich verbrachte mein erstes Thanksgiving hier bei Freunden, die natürlich einen Truthahn auftischten. Den hatte ich kaum verdaut – da begann schon die Weihnachtszeit. Denn kaum sind die Kürbisse aus den dekorierten Fenstern verschwunden, wird kampfgeschmückt für Santa Claus. Da mussten alle durch, egal welcher Glaubensrichtung sie waren und in welcher Sprache sie sich »happy holidays« wünschten.

Als Hamburgerin, die zwar nicht besonders christlich, aber doch mit einer Mutter aufgewachsen ist, die das Haus zum ersten Advent mit Tannenkränzen, Papiersternen und einer Engel-Pyramide verzierte, die sich bis zum 6. Januar durch drehte, war ich einiges gewöhnt; da ich aber nicht halb so weihnachtlich veranlagt war wie meine Mutter, haute mich das, was dann in Manhattan passierte, doch ein bisschen um.

Ich war noch nie im Dezember in New York City gewesen. Und hätte es gut gefunden, wenn man mich gewarnt hätte. In diesem Land gibt es ja überall diese Hinweise: »Achtung, heißer Kaffee, Sie können sich verbrühen!«, »Achtung, elektrischer Föhn, Sie können sterben, wenn Sie ihn in der Badewanne benutzen!« Und so hätten in diesen Tagen eigentlich Schilder in der Stadt hängen müssen: »Achtung, heftiger

Weihnachtsalarm, der Sie verrückt machen kann!« Denn plötzlich gab es in jedem Schaufenster bunte Lichter und Tannenbäumchen, hatten die Verkäufer bei »Starbucks« Nikolausmützen auf und priesen Caffè Latte in den Geschmacksrichtungen Lebkuchen oder Eierpunsch an. Und überall waren Weihnachtslieder zu hören: In jedem Laden, jeder Bürolobby oder jedem Fahrstuhl lief »Have Yourself A Merry Little Christmas« oder »White Christmas«, beides am liebsten in der Version von Bing Crosby; dessen Erben brauchten vermutlich das ganze Jahr nicht zu arbeiten, weil sie sich im Dezember am amerikanischen Äquivalent der GEMA-Gebühren dumm und dösig verdienten.

Vor dem Rockefeller Center leuchtete der legendäre XXXL-Weihnachtsbaum, den, wie alle Zeitungen aufgeregt schrieben, in diesem Jahr erstmals keine Glühbirnen zierten, sondern energiesparende Leuchtdioden – ein Hoch auf Mr Klimaschutz Al Gore! Dafür wurde auf den Straßen mächtig Energie verballert, wo unendlich viele Weihnachtssterne funkelten und an jedem Baum etwa fünfzehn Lichterketten hingen. Ich kam mir vor wie ein alberner Rockstar, der bei Regen mit Sonnenbrille durch die Gegend lief, aber ich brauchte abends einen Augenschutz, sonst wäre ich weihnachtserblindet. Manhattan sah mehr als festlich aus – in Festtagslaune zu kommen war für mich aber nicht ganz einfach.

Vermutlich war hier vor Weihnachten ewig nicht so viel los gewesen wie in dem Jahr: Es waren allein eine Million Europäer, die in jenem Dezember zum

Christmas-Shopping nach New York reisten; verständlich, für einen Euro gab es damals 1,44 Dollar – ein schönes Geschenk, auch für mich, die in Euro bezahlt wurde und nun in Dollar Weihnachtspräsente kaufen ging. Gefühlt aber waren es zwölf Millionen Menschen, die mit ihren Einkaufstüten die Gehwege verstopften und Spanisch sprachen oder Deutsch oder Holländisch: Auf weiten Teilen des Broadways bekam ich Platzangst, nicht anders war es auf der Fifth Avenue in Midtown, wo die Guccis und Puccis ihre Shops haben und der große Apple-Store zu Hause ist, der durchgehend geöffnet hat. Den betrat ich nachts um halb eins, als die Touristen Jetlag-gebeutelt in ihren Hotelbetten lagen. Ich suchte einen iPod für meine Schwester, denn meine Familie sollte über Weihnachten kommen, und das war bei all dem Trubel dann doch ein schöner Gedanke: Meine weihnachtsverrückte Mutter in dieser weihnachtsverrückten Stadt!

Heimweh hatte ich noch keines gehabt, keine Sekunde; wir hatten ständig Besuch, seit wir hier waren: All unsere Freunde kamen vorbei, und so fühlte ich mich in New York City schnell wie zu Hause. Ich war froh, dass ich nicht nach Timbuktu gezogen war, denn das Gute an Manhattan war: Jeder mochte hierherkommen! Und so entdeckte ich mit alten Bekannten meine neue Nachbarschaft, die vielen Restaurants, die es allein im East Village gab. Man hatte hier die Qual der kulinarischen Wahl, denn es gab alles, und zwar im Umkreis von drei Blocks. Japanisch, italienisch, amerikanisch, koreanisch, französisch, mexikanisch, afghanisch, ukrainisch oder argentinisch. Trotzdem freute ich mich, als ich in der »New York Times« eine Geschichte las, in der ich ein vertrautes Wort entdeckte: *Wurst.*

Die Geschichte drehte sich um ein österreichisches Restaurant auf der Lower East Side: Es hieß Café Katja, hatte in diesem Herbst eröffnet und gehörte einem Amerikaner und einem Österreicher, nach dessen Tochter der Laden benannt war. Die kleine Katja hatte es vermutlich sehr gut, denn in der Geschichte hieß es, ihr Vater könne ganz hervorragende »Berner Würstel« zubereiten, mit einem Hauch Käse darin und hauchdünnem Speck umhüllt. Die musste ich probieren. Und so ging ich eines Abends auf die Lower East Side, die sonst wenig auf Schick bedacht ist, nun aber auch in einem Weihnachtsglanz erstrahlte, dass mir schwindelig wurde. Ich taumelte, als ich das Café Katja betrat, das aber so zauberhaft normal erschien, dass ich mich schnell wieder fing.

Das Café Katja war etwa so groß wie ein U-Bahn-Waggon. Es hatte sieben Tische, die kaum breiter waren als ein Monopoly-Brett. Die Wände bestanden aus typischem New Yorker Backstein. Auf der rechten Seite hing ein Spiegel, so dass man die linke Seite quasi doppelt sah. Das Licht war warm und gemütlich, wie in einer Skihütte, in der ein Kamin loderte. Am Ende des Ladens gab es einen Tresen, an den ich mich setzte, denn die Tische waren alle besetzt. Hinter dem Tresen arbeitete eine Frau, klein und zart, mit kurzen schwarzen Haaren und einem hübschen asiatischen Gesicht. Ich schätzte, sie kam aus Südkorea oder Vietnam, doch dann lächelte sie mich freundlich an. »What can I get ya'?«, fragte sie

-mit einem Akzent, den ich nicht sofort einordnen konnte; aber asiatisch klang der nicht.

Ich stellte erfreut fest, dass das Café Katja mein Lieblingsbier ausschenkte, Jever nämlich, also bestellte ich eins. Mein Akzent war dabei vermutlich deutlicher als ihrer, jedenfalls sprach die Barfrau plötzlich deutsch mit mir. »Wo bist denn du her?«, fragte sie – und da ahnte ich dann auch, woher sie kam: Ich hörte einen leichten Wiener Schmäh heraus. »Hamburg«, sagte ich und stellte der guten Ordnung halber die Gegenfrage: »Und du?« – »Ich bin die Naomi aus Wien«, sagte sie. »Aber geboren wurde ich in Saigon, und eigentlich heiß' ich Thi Nu Ha Le, aber so nennt's mich hier gar niemand, das kann ja kein Mensch aussprechen. Darum Naomi: Da können's mit umgehen, die Amerikaner.«

Sie hatte eine bunte Biographie, wie so viele Menschen in dieser Stadt: In New York City gibt es latino-kanadische Marokkaner mit Häusern in Süditalien. Und Palästinenser taiwanischer Herkunft, die britischer klingen als die Queen. Wo, wenn nicht hier, sollte ich eine vietnamesische Österreicherin mit Wiener Dialekt treffen, die sich Naomi nannte? Sie schien ein forsch-fröhliches Persönchen zu sein. Wie gemacht für einen Tresen, an dem die Fähigkeit des gepflegten Small Talks gefragt war. Ich mochte sie, wir kamen ins Gespräch. Naomi gab mir ein »Trankl«, wie sie sagte, und dann noch eins. Dann tauchte mein Freund auf, mit dem ich zum Essen verabredet war. Ein Tisch wurde frei, den Naomi für uns klarmachte: »Der ist für die Ulli aus Hamburg hier!«

Ich bestellte die »Berner Würstel«, die tatsächlich köstlich waren; sie wurden gebraten und mit Kartoffel-Gurken-Salat serviert. Eine gute Portion für acht Dollar. Für meinen Geschmack stimmte hier alles: Ich fühlte mich im Café Katja sehr wohl. Erwin stellte sich vor, einer der beiden Besitzer und Vater von Katja. Sie war seine Älteste, außerdem hatten er und seine Frau noch Zwillingsmädchen, wie Erwin erzählte, ein großer Typ mit grauen Locken, der sich gern seinen Bleistift hinter das Ohr klemmte, wenn er eine Bestellung aufgenommen hatte. Er führte den Laden auf gemütlich-lockere Art. Später lernte ich Andrew kennen, Erwins Kompagnon, einen schmalen Kerl mit kurzen dunklen Haaren und einem spitzbübischen Gesicht: Wenn Andrew grinste, sah er aus wie fünfzehn und wie ein Keks. Und Andrew grinste viel. Ich glaubte ihm kein Wort, als er mir erzählte, dass er schon fast ein halbes Jahrhundert alt war. Aber es stimmte. Vielleicht hielt ihn jung, dass er fast jeden Morgen fischen ging. In aller Herrgottsfrühe fuhr er mit seinem Boot durch die Jamaica Bay, die vor Brooklyn und Queens liegt, und sah zu, was er an die Angel bekam. Ich fand das sehr erfrischend. Wer erzählte einem denn heute noch so etwas? Andrew schwärmte: »Es ist herrlich ruhig da draußen.« Und bald schwärmte ich von seinem »Striped Bass«, dem Felsenbarsch, den er gefangen hatte – und den ich im Café Katja verspeiste. Mit Spinat und Petersilienkartoffeln. Wie bei Muttern.

Das Café Katja wurde so etwas wie mein deutsches Wohnzimmer. Eine schöne Konstante in meinem New Yorker Leben. Und das war wichtig in dieser Stadt, das sollte ich noch lernen: dass es Konstanten gab, Dinge, auf die man sich verlassen konnte. Die immer da waren und immer gleich. Sonst konnte es einen davontragen. Bei dem Tempo hier und dem Angebot. Wenn mir nach einer Wurst war und nach einem Jever, überlegte ich deshalb nicht lange: Gehe ich jetzt in dieses deutsche Restaurant oder jenes? Sondern marschierte gleich ins Café Katja. Und ich empfahl es weiter: Es dauerte nicht lange, da war jeder dort, den ich hier kannte – außer meinem Nachbarn Jeff. Den konnte ich nie ins Café Katja bewegen. Ich glaube, es war ihm zu weit weg. Jeff ging gern in unserem Block aus. Aß Dinge, die er kannte – und nicht »your weird sausages«, wie er sagte, »eure komischen Würste«. Amerikaner sind Steak-Menschen.

Vietnamesische Österreicherinnen sind da anders. Naomi ließ sich überall hinbewegen, die probierte alles, wie ich bald feststellte, denn wir freundeten uns an: Es wurde normal, dass ich etwas früher ins Café Katja ging, wenn ich dort verabredet war, um noch ein bisschen mit ihr am Tresen zu plaudern. Irgendwann tauschten wir unsere Handynummern aus, und an ihrem nächsten freien Tag bekam ich eine SMS: »Dinner? Die Naomi vom Katja«. Und so kam es, dass ich eines Abends ihre Geschichte hörte: Wie Thi Nu Ha Le aus Wien nach Amerika kam und die Naomi wurde. Es war keine schöne Geschichte. Naomi bestellte erst mal ein »Trankl«, einen Negroni, ihren Lieblingscocktail, der aus Gin, rotem Wermut und Campari besteht. Dann begann sie zu erzählen.

*

Naomi kam im Januar 1975 in Saigon zur Welt. Der Süden Vietnams war damals Kriegsgebiet, auch wenn die Amerikaner zwei Jahre zuvor abgezogen waren: Der Kampf zwischen Nord- und Südvietnam dauerte an. Drei Monate nach Naomis Geburt wurde Saigon von nordvietnamesischen Truppen eingenommen, der Krieg erst dann für beendet erklärt. Das Land wurde wiedervereinigt, aber das bedeutete nicht, dass es für die Menschen im Süden besser wurde. In Saigon gab es nichts, keine Arbeit und keine Zukunft. Naomi war vier Jahre alt, als ihre Familie deshalb nach Malaysia flüchtete. Mutter, Vater, Naomi und ihre vier Geschwister, zwei älter, zwei jünger als sie – alle versteckten sie sich auf einem alten und ziemlich klapperigen Fischkutter, mit dem sie sich von der Heimat entfernten. Doch an Bord gab es nichts. Nicht einmal Wasser und Brot. »Wir haben uns von unserer Pisse ernährt«, erzählte Naomi.

Sie ist sehr direkt und sehr deutlich, sie redet nicht um den heißen Brei herum, eine Eigenschaft, die ich an ihr sehr schätze. Ich weiß immer, was sie denkt. Findet Naomi etwas scheiße, sagt sie es genau so. Hält sie jemanden für einen Arsch, sagt sie auch das genau so. Ähnlich war es jetzt: Ihr wäre sicher ein anderes Wort für Pisse eingefallen, aber das hätte nicht getroffen, was sie ausdrücken wollte. »Ulli«, berichtete Naomi, »das werde ich nie vergessen: wie Pisse schmeckt. Widerlich.«

Sie verzog ihr hübsches Gesicht, dann erzählte sie weiter. Von ihrem Vater, der auf der Flucht ums Leben kam: Er sprang von Bord, als er in der Ferne einen Leuchtturm sah. Er hoffte, dort etwas zu trinken, etwas zu essen für seine Familie finden zu können. Er glaubte, der Fischkutter würde ihn wieder aufnehmen, wenn er von Bord gesprungen und an Land geschwommen war. Aber das war ein Irrtum. »Er kam nie wieder zurück«, sagte Naomi und nahm einen Schluck von ihrem Negroni. Wir saßen in einer Bar, wo sie die Jungs hinter dem Tresen gut kannte; die mischten ihren Cocktail sehr großzügig. Als ich mir auch einen bestellte, rutschte ich nach einem Schluck fast vom Hocker, so stark war der Drink. Naomi lachte. »Der hat's in sich, was?«, fragte sie. Dann wandte sie sich wieder ihrer Flucht zu.

In Malaysia angekommen, wurden sie und der Rest ihrer Familie in einem Flüchtlingslager am Strand untergebracht, wo sie ein paar Monate blieben. Ihre Mutter, die als junge Frau für ihren Mann aus dem Mekong-Delta nach Saigon gezogen war, »wurde verrückt vor Trauer um meinen Vater«, so Naomi weiter. Eine Tante Naomis, die mitgeflohen war, kümmerte sich um die Kinder. »Sie rettete uns das Leben. Lernte Leute kennen, hatte einen Verehrer, der uns Essen brachte.« Die Familie kam in ein SOS-Kinderdorf, von wo aus sie nach Österreich adoptiert wurde – »ins schöne Burgenland«, wie Naomi es nennt.

Zwischen Mutter und Tante entwickelte sich eine gewisse Feindseligkeit, weil die Mutter es nicht gewohnt war, zu arbeiten, schon gar nicht in einem fremden Land, in dem die Tante aber recht gut Fuß fasste: Sie bekam eine Tochter mit einem Österreicher. Naomi hat bis heute einen besseren Draht zu

Tante und Cousine als zu Mutter und Geschwistern. Auch, weil in ihrer Familie ständig um Geld gestritten wurde. Kaum waren die Kinder alt genug, gingen sie arbeiten. Um die Mutter zu unterstützen. Doch wer gab etwas? Und wie viel? Naomi entdeckte früh, dass die Gastronomie ein gutes Feld war, um zu jobben. »Mir hat man nie etwas g'schenkt, ich war schon immer a Workaholic«, erzählte sie.

Zu Hause hielt Naomi es nicht mehr lange aus. Ihre Mutter lernte einen Mann kennen, dem sie näherkam. Zunächst erfreute das alle, aber dann schlug der Mann die Kinder und missbrauchte Naomi sexuell. »Ich glaube, meine Mutter ahnte das, aber ich konnte mit ihr nicht darüber reden.« In ihrer Familie wurde wenig geredet; die Flucht, der tote Vater – ein Tabuthema. Naomi verschwand für eine Weile auf ein Internat. Erst nach dem Abitur erzählte sie ihrer Mutter von dem Missbrauch. »Sie hätte eh nix daran geändert. Meine Mutter ist so 'ne Gesellschaftstussi, die über Probleme nicht spricht. Eine Therapie, wie sie uns allen gutgetan hätte, hält sie für ein Unding.« Naomi sagt heute, sie habe ihrer Mutter verziehen, ihren »Seelenfrieden« gemacht, aber trotzdem: »So etwas vergisst man nicht.«

Wie auch, es kommen immer wieder Anrufe, die ihrer Seele Unfrieden bringen. Ich saß jedenfalls oft neben Naomi, wenn ihr Smartphone klingelte, sie darauf guckte und es augenverdrehend beiseiteschob. »Meine Mutter«, hieß es dann. Oder: »Mein Bruder. Der will eh nur wieder Kohle.«

Die Mutter und der Bruder hatten ihr einmal mit Geld ausgeholfen. Denn als Naomi Anfang zwanzig war, lernte sie einen Typen kennen, der eine Firma gründen wollte, um ein Getränk zu vertreiben, das eine Art alkoholfreier Champagner war. Ihre Mutter nahm einen Kredit auf, damit Naomi in die Firma einsteigen konnte; ein später Dank dafür, dass die Kinder sie so unterstützt hatten. Die Firma lief ganz passabel, bis Naomis Co-Besitzer einen Scheckbetrug beging und ins Gefängnis wanderte. Sie blieb auf einem Haufen Schulden sitzen, die ihr Bruder zu tilgen half. Er verkaufte das Haus, in dem die Mutter lebte. »Und seither will sie Kohle von mir. Genauso wie mein Bruder. Ich hab ihnen aber schon alles zurückgezahlt, was ich zurückzuzahlen hatte«, erzählte Naomi. Kleine Pause, kurzes Grübeln, dann fragte sie: »Kannst du verstehen, dass ich immer wegwollte? Ich bin eigentlich von einer Scheiße in die andere getreten.«

In New York sollte das anders werden. Von New York hatte Naomi immer schon geträumt. Die Stadt erschien ihr ein guter Ort, um Abstand zu bekommen. Sie wusste nur noch nicht, wie sie es anstellen sollte, dorthin zu kommen. Naomi studierte ein Weilchen Betriebswissenschaften, dann ging sie während der Semesterferien in die Schweiz, wo sie in »so einem Resort für Reiche« als Kellnerin anheuerte. Da traf sie – wie bestellt – einen Chiropraktiker, der in New York lebte. »Ich ließ sofort alles stehen und liegen und ging mit ihm hierher«, erzählte sie und lachte. Der Chiropraktiker war schnell Geschichte, aber Naomi blieb. Schlug sich mit diversen Jobs durch, flog zwischendurch heim nach Wien, weil sie kein Visum hatte und immer wieder aus- und neu einreisen musste; die klassische New Yorker Immigrantenkarriere. Doch dann traf es sich, dass Naomi über eine »österreichische Connection« davon hörte, dass das Café Katja auf der Lower East Side eröffnen sollte. Sie stellte sich vor – und wurde genommen. Das Café Katja »sponserte« Naomi, wie man hier sagt, und versorgte sie mit einem Arbeitsvisum. Seither lebt sie hier ohne Druck, jedenfalls, was die Aufenthaltsgenehmigung angeht.

Naomi scheint mir hier ziemlich glücklich, weil sie Menschen um sich herum hat, die es gut mit ihr meinen. Natürlich. Sie besitzt die schöne Gabe, alles mit einer Prise Humor und Selbstironie zu nehmen, trotz oder gerade wegen des Elends, das sie erlebt hat. Mit ihrem Wesen nimmt sie Leute schnell für sich ein. Trotzdem, Naomi fehlt etwas: Sie wünscht sich ein Kind, und »dafür brauche ich halt einen anständigen Kerl!«, sagte sie. Ich versprach ihr, ein bisschen mit Ausschau zu halten.

Kleine Regelkunde

Naomi und ich würden noch viel Spaß haben, wenn wir abends ausgingen und nach einem Kerl für sie guckten. Doch Frauen und Männer in Manhattan, das war eine Geschichte für sich, wie mir wieder klarwurde, als ich mich mit einer Fernsehserie beschäftigte, die um das Beziehungsverhalten der New Yorker kreiste und nun ins Kino kommen sollte: In der Stadt entstand »Sex and the City – der Film«. Und ich durfte netterweise am Set vorbeischauen. Für eine Reportage, die ich über die Dreharbeiten schreiben sollte.

Ich glaube, meine Freundinnen in Hamburg hassten mich dafür. So häufig wie in den Tagen zuvor hatte ich jedenfalls noch nie das Wort »Neid« lesen müssen. Es kam mir in jeder zweiten E-Mail aus der Heimat entgegen: »Echt, Sex and the City? Neid!« – »Was, du darfst da zum Set? Neid!!« – »Du triffst Carrie Bradshaw? Ist nicht dein Ernst. Neeeiiid!!!«

Die Serie war drei Jahre zuvor zu Ende gegangen, doch nun drehte man eine Fortsetzung für die Leinwand. Und es wurde ein unglaubliches Theater darum gemacht. Kaum dass irgendwo auf der Straße gefilmt wurde, waren Hunderte von Fans da – und Hunderte von Paparazzi. Die große Frage war, wie es mit Carrie und ihren drei Freundinnen weitergehen würde, die am Ende der Serie alle ihren

»Mr Right« gefunden hatten. Und so wurde nun in jeden Drehort, in jede Bewegung etwas hineininterpretiert – bis der Filmtross ins Studio verschwand. Für Innenaufnahmen, denen sich keine ungewünschten Fotografen nähern konnten und keine orakelnden Bloggerinnen. Denn vor den »Steiner-Studios« in Brooklyn gab es eine dicke Mauer und eine Einfahrt mit einer Schranke und einem Pförtner, der guckte, als beschütze er das Pentagon. Er ließ niemanden vorbei, der nicht geladen war. Ich musste meinen Pass vorzeigen, als ich an der Schranke stand und der Herr eine Liste mit Besuchernamen durchging. Dann winkte er mich durch.

Die Leute von »Sex and the City« drehten an jenem Tag eine Szene, die bei der New Yorker »Fashion Week« spielte, mit Laufsteg, Models und Zuschauern. Ich wünschte, ich würde Simon Le Bon entdecken, meinen Fashion-Freund von Duran Duran, aber das Publikum bestand nur aus Statisten, die aufgeregt in ihre Smartphones tippten, wo sie waren: »Bin am Set von Sex and the City!«

Vorn in der Mitte entdeckte ich die vier Hauptdarstellerinnen: Kristin Davis, die ja die etwas biedere und überaus gutgläubige Charlotte spielte. Sie streichelte Sarah Jessica Parker über den Rücken, als Carrie die Hauptdarstellerin, die leicht vorgebeugt dasaß und auf ihrem Smartphone herumtippte; ob auch sie schrieb, bei welch berühmten Dreharbeiten sie sich gerade befand? Neben ihr die rothaarige Cynthia Nixon, die aus ihrer Handtasche eine Tupperdose mit Nüsschen fischte. Sie mimte die sehr rationale und unromantische Anwältin Miranda

Hobbs. Aber erst einmal bot sie Kim Cattrall ein paar Nüsschen an, die als männervernaschende Samantha eigentlich immer gern nach Nüssen griff.

Bevor gedreht werden konnte, betrat der Juniorchef der »Steiner-Studios« den Laufsteg. »Meine Damen und Herren, ich bitte kurz um Ihre Aufmerksamkeit«, sprach er. Die Zuschauer, die vier Berühmtheiten, alle schauten sie zu ihm hoch. Der Junior erzählte, er habe seine Freundin Rachel als Statistin hier untergebracht, sie sitze da drüben in Reihe zwei, und darauf sei er sehr stolz, denn Rachel habe schon ewig davon geträumt, einmal bei »Sex and the City« dabei zu sein. Und dann – Überraschung! – ging er vor seiner Rachel in die Knie und fragte: »Do you want to marry me?«

Es war ein filmreifer Heiratsantrag. Rachel schlug die Hände vor dem Mund zusammen, japste nach Luft, und als sie sich wieder gefangen hatte, nickte sie sprachlos; Tränen liefen ihre Wangen hinunter. Ähnlich gerührt waren Kristin Davis und Sarah Jessica Parker, die entzückt klatschten und auf und ab hüpften, als würde sie jemand durchkitzeln.

Ich konnte es nicht genau erkennen, aber etwas blinkte in seiner Hand, als der Juniorchef vor seiner Rachel kniete. Ein Verlobungsring, vermutete ich und hoffte, dass der Preis auch stimmte. Denn Naomi hatte mir erzählt, wie das hier in den USA mit den Verlobungen funktioniert. Es gibt da eine Regel, an die der Mann sich besser hält, sonst wird es schwierig für ihn: Der Ring, den er präsentiert, muss doppelt so viel wert sein wie sein Monatsgehalt. Ist er das nicht, kann es passieren, dass die Beziehung beendet ist. Wie bei einer Freundin Naomis, deren Verlobung gelöst worden war: Nachdem sie einen Antrag bekommen hatte, war sie überglücklich zu ihren Eltern gefahren, um ihren Ring vorzuzeigen. Doch dann bemerkte die Mutter: Kind, der sieht ja aus, als stamme er aus einem Kaugummiautomaten. Billig! Und das war es dann. Ihr Auserwählter war ein Anwalt, der sich ein bisschen mehr Mühe hätte geben müssen. So aber glaubte ihm niemand, dass er es ernst meinte.

Die Männer hier konnten einem leidtun: Sie mussten sich andauernd ordnungsgemäß verhalten, denn schon beim »Dating« gibt es sehr klare Regeln. Ruft ein Mann nach dem ersten Date nicht binnen drei Tagen wieder an, ist er nicht interessiert. Ist er interessiert, hat er binnen des ersten Jahres der Beziehung einen Heiratsantrag zu machen. Mit dem entsprechenden Ring. Als ein guter Freund aus Hamburg zu Besuch kam und ich ihm davon erzählte, war er entsetzt: »Was für ein Stress! Wie soll ich denn die Frauen hier jetzt sexy finden?« – »Gar nicht«, sagte ich, »genieß die Stadt und vergiss den Rest!«

Ich war total verknallt in New York City. Alles hier war so groß, so aufregend. Gleichzeitig kam ich mir vor wie ein kleines Lichtlein, das dankbar sein konnte, hier sein zu dürfen. So fühlte es sich jedenfalls oft für mich an, wenn ich durch die Straßenschluchten Manhattans lief. Ich mochte, was Sarah Jessica Parker am Set von »Sex and the City« sagte. Nämlich, dass diese Stadt demütig mache.

Es war in einer Drehpause, sie saß im Schneidersitz auf dem Boden, trug ein graues Jackett und schwarze Jeans und erzählte, dass der Film eine »wundervolle Bürde« sei. Bei ihr war alles »wonderful«, wahlweise »gorgeous« (hinreißend) oder »a lot of fun« (viel Spaß). Parker ist ein nettes *All American Girl*, das mit »Sex and the City« zum Star wurde. Doch sie sagte jetzt, dass der Star des Films die Stadt New York sei, die ja größer sei als jeder und alles andere. Sie wohnt im West Village, »und es gibt so viele Menschen hier, die um ihr Überleben kämpfen und denen es egal ist, was für eine Aufregung um unseren Film gemacht wird«. Auf der Straße schaue sie »meistens auf den Boden, weil es schwierig ist, wenn man sich umsieht, und alle drehen durch«, sagte Sarah Jessica Parker.

*

Später sollte ich mich noch einmal an ihre Worte erinnern: Da stand ich im »Ladies Room« eines Restaurants nahe des Madison Square Park, und Parker kam aus einem der WCs heraus. Wir wuschen uns nebeneinander die Hände, sie lächelte mich freundlich an, dann guckte sie in den Spiegel, wuschelte durch ihre blonden Locken und ging zurück in das Restaurant. Auf dem Weg zu ihrem Tisch, wo sie mit ihrem Gatten Matthew Broderick saß, blickte sie nach unten, wissend, dass ihr der halbe, nein: der ganze Laden hinterherguckte. Ihr schien das unangenehm zu sein. Ich fand es interessant, Parker zu beobachten, hatte sie aber auch schnell wieder vergessen, als ich das Restaurant verließ, auf der Fifth Avenue nach einem Taxi Ausschau hielt – und fünf

Blocks entfernt das Empire State Building erblickte. Gigantisch schön.

Zu dem Zeitpunkt war ich der Stadt längst verfallen. Aus meinem anfänglichen Verknalltsein war schnell mehr geworden. Manchmal hatte ich ein schlechtes Gewissen, denn es war, als würde ich Hamburg betrügen, meine Heimatstadt, von der ich eigentlich dachte, sie sei die Liebe meines Lebens. Aber inzwischen war ich mir da nicht so sicher, so glücklich war ich hier. Was mir New York bedeutete, merkte ich daran, wie offen die Stadt mich gemacht hatte. Für alles, was sie mir bot. Es wäre dumm gewesen, hier etwas auszulassen: Man konnte so viel lernen. Ein israelischer Fotograf, der seit sechs Jahren in Manhattan lebte und den ich bei einer Recherche kennenlernte, sagte beim Feierabendbier: »New York ist eine Klasse für sich. Die Stadt zieht die Besten der Besten an. Egal, wo du hier hingehst, du hast es immer mit grandiosen Leuten zu tun.« Das klang ein bisschen pathetisch, aber irgendwie hatte er recht.

Als ich nach New York City kam, hatte ich mit Opern ungefähr so viel am Hut wie Angela Merkel mit Bushido. Als mich der israelische Fotograf dann aber in die »Metropolitan Opera« einlud, war es keine Frage, dass ich mitging. Auf dem Programm stand »Romeo and Juliet«. Mit Placido Domingo, der sogar mir als Oper-Analphabetin bekannt war. Und mit Anna Netrebko, die ich ein paarmal bei »Wetten, dass ...?« gesehen hatte, wo die Netrebko immer gefeiert wurde, weil sie mit ihrem sehr hübschen Gesicht und ihrer wenig voluminösen Figur so gar nicht daherkam, wie man sich weibliche Opernstars vorstellte. Doch eine Stimme hatte sie auch, sonst würde sie nicht in der »Met« auftreten, wie man hier nur sagte. Und die Netrebko hatte noch nicht einmal angefangen zu singen, da war ich schon begeistert: Die Met ist nicht nur das berühmteste, sondern auch das prächtigste Opernhaus der Welt, das fand ich schon, als ich nur auf sie zulief.

Die Metropolitan Opera steht groß und mächtig auf der Upper West Side, am Lincoln Center zwischen Columbus und Amsterdam Avenue. Ein eckiger Bau, beigefarben, mit fünf Rundbögen an der Fassade, durch die man in die Oper hineingucken kann wie in eine Puppenstube. Von oben bis unten. Ich sah das hohe Foyer mit seinem roten Teppich und der goldenen Decke, die Kristallleuchter, die von weitem erscheinen wie Diskokugeln, in die jemand Wunderkerzen gesteckt hat; spitzfunkelnd.

Wir gingen hinein, und es kam mir vor, als betrete ich eine andere Welt. Eine, in der es noch hübsch altmodisch zuging. Die Kartenabreißer trugen einen Smoking mit rotem Revers und sahen aus, als hätten sie ihr Leben der Met versprochen: grau gescheitelt, ernst blickend. Die Zuschauer waren auch nicht mehr die Jüngsten, denn hier treffen sich weniger die Studenten aus dem East Village, sondern mehr die Anwohner des Central Park, um den herum es recht gediegen zugeht: An der East Side ist das alte Geld zu Hause (die Vanderbilts, die Kennedys), an der West Side das neue (Yoko Ono, Steven Spielberg, Donna Karan). Die Damen trugen Abendkleider und die Herren Anzug und Krawatte, als ich meine Met-

Premiere feierte. Ich fühlte mich ein wenig *underdressed*, in einem kleinen schwarzen Fummel, doch dann entdeckte ich in der Reihe hinter uns einen Mann, der ein altes Hawaii-Hemd von Thomas Magnum aufzutragen schien. Ich beschloss, mir um mein Outfit keine weiteren Gedanken zu machen.

Wir saßen im untersten der fünf Ränge, dem »Orchestra«. Kurz vor 20 Uhr wurde der riesige Kronleuchter über uns hochgezogen, ein Zeichen, dass es gleich losgehen würde. Der Fotograf drückte meine Hand, als seien wir gläubige Katholiken und warteten auf den Papst: ehrfürchtig. Doch ich verstand bald, warum er so angefasst war.

Anfangs dachte ich noch kurz: Na, der Domingo ist aber nicht der knusprigste Romeo aller Zeiten. Doch dann erschien seine Julia, und ich versank in ihrem und seinem Gesang, in einer Darbietung, die so anmutig war, so leicht, dass ich dachte, ich schwebe auf meinem Sitz davon. Gleichzeitig waren da diese starken Stimmen, die das riesige Haus hier füllten, ihm ein Gewicht gaben. Beides zusammen hatte etwas so Magisches, dass ich mich fragte, warum ich Mitte dreißig werden musste, um meine erste Oper zu genießen. Ich verstand, was für eine kulturelle Macht das war, die drei Stunden lang das Tempo aus dieser Stadt nehmen und uns in ihrem Bann halten konnte. Und dafür brauchte es nicht die Netrebko und ihre Wespentaille. Mit der sie am Ende darniedersank. Julia, dem Freitod ergeben.

Doch kaum war »Romeo and Juliet« vorbei, geschah etwas Seltsames: Die Zuschauer klatschten kurz, dann standen sie auf und eilten hinaus. Keine drei Vorhänge, kein immer wieder aufbrandender Applaus. Ich muss irritiert geguckt haben, jedenfalls erklärte der israelische Fotograf: »Das ist New York. Keine Zeit für gar nichts. Man könnte ja draußen etwas verpassen. Ein Taxi zum Beispiel.«

Ich fand das den Künstlern gegenüber ziemlich respektlos. Aber wahrscheinlich war das immer schon so gewesen, und ich würde es nicht ändern, auch wenn ich allein weiterklatschte: Die New Yorker konnten schrecklich unflexibel sein, wenn sie wollten. Dass ich sie trotzdem mochte, zeigte auch, wie gern ich hier war. Nichts in dieser Stadt ging mir auf die Nerven. Auch nicht, dass man mir ständig vorschrieb, wie ich mich zu verhalten hatte. Denn es gab hier nicht nur beim Dating Regeln – es gab überall Regeln. So viele, dass es schon wieder lustig war. Ich fand es zum Beispiel herrlich absurd, was man hier so im gastronomischen Bereich erlebte. Wie an diesem Abend nach der Met, als der Fotograf und ich noch etwas essen gingen.

Wir fuhren nach SoHo, ins »Mercer Kitchen«, ein Restaurant, das gern von schönen Menschen frequentiert wurde. Es gehörte zum Mercer Hotel, in dem Models abstiegen und Rapper wie Kanye West sich einnisteten, um Songs einzuspielen (und um Models anzuschauen, wie es hieß). Es war kurz nach 23 Uhr und im »Mercer Kitchen« nicht mehr besonders viel los. Der Fotograf stand noch draußen und telefonierte, als ich die Hostess um »einen Tisch für zwei« bat. »Sind Sie vollzählig?«, fragte sie, eine Blondine mit Heidi-Klum-Maßen und messerscharfen Absätzen. Nein, sagte ich, aber mein Freund sei jede Sekunde hier. »Sagen Sie Bescheid, ich gebe Ihnen einen Tisch, wenn Sie beide da sind«, sprach die Dame. Es seien aber doch etwa zwölf Tische frei, bemerkte ich, warum könne ich mich nicht schon setz… – »Das ist hier so die Regel«, fuhr die Hostess dazwischen. *That's our policy.*

Die Regel lautet nämlich: Wer nicht vollzählig ist, könnte einer Gruppe einen Tisch wegnehmen, die vollzählig ist. Ich entschloss mich zur gepflegten Lüge: »Ich hätte gern einen Tisch für eine Person.« Die Hostess verdrehte die Augen, als sei ihr ein Zacken aus dem Absatz gebrochen, dann griff sie nach einer Speisekarte – und führte mich an einen Tisch. An dem erst ich und zwei Minuten später der Fotograf Platz nahm.

Ich weiß nicht, wie viele New Yorker Hostessen ich seither angelogen habe. Aber auch nach sechs Jahren hier denke ich noch: Wie albern, dass ich auf einen leeren Tisch starren soll, an dem ich sitzen könnte. Und dass man hier mit niemandem über so etwas diskutieren kann. Immer heißt es: *That's our policy.* Ende der Durchsage. Kein Mensch weiß, in welchem Gesetzbuch die Tischregel geschrieben steht – es gibt sie einfach. Ähnlich wie die Regel, nein, die Pflicht, dass man Kellner mit mindestens 18 Prozent Trinkgeld zu belohnen hat; »double the tax«, so lautet die Ansage: Zu jeder Rechnung wird eine Verzehrsteuer addiert, und wer die mal zwei nimmt, landet bei 18 Prozent. Nun weiß das aber nicht jeder Zugereiste. Und es kam vor, dass mich Freunde besuchten, die ihr Dinner bezahlten und natürlich ein paar Dollar auf dem Tisch liegen ließen (deutsch gedachte zehn Prozent), dann aber vom Kellner eingefangen wurden, mit den Worten: »Die paar Dollar reichen nicht.«

Dazu muss man wissen, dass Kellner hier etwa einen Dollar fünfzig die Stunde verdienen und von ihrem »tip« leben, also von der Allgemeinheit bezahlt werden; aber seltsam wirkt es schon, dem Gast hinterherzurennen und auf mehr Trinkgeld zu bestehen, was den Gast ja auch ein wenig trottelig aussehen lässt. Ein Kollege, der aus Hamburg hier war, regte sich einmal so darüber auf, dass er nach dem Restaurantbesuch meinte: »Ich brauche auf dem Heimweg noch ein Bier!« Also ging er in den nächsten Deli und holte sich eine Dose »Beck's« aus dem Kühlschrank, die er an der Kasse bezahlte. Doch dann stülpte der Verkäufer eine kleine braune Papiertüte über die Dose – was bei meinem eh schon geladenen Kollegen das Fass zum Überlaufen brachte. »Ihr habt sie doch nicht alle!«, raunzte er den Verkäufer an, zum Glück auf Deutsch. »Kann man denn hier gar nicht mehr machen, was man will?«, grummelte er noch, dann rauschte er mit seiner verkleideten Dose von dannen.

Ich konnte ihn verstehen. Eine braune Papiertüte über einem Bier ist ja etwa so sexy, als würde jemand Brad Pitt eine Mülltüte über den Kopf ziehen. Doch in New York ist es verboten, in der Öffentlichkeit Alkohol zu trinken. Womit wir bei der nächsten absurden Regel sind, denn mit der so berüchtigten wie blödsinnigen Papiertüte um die Dose ist das völlig okay. Und da jeder Mensch weiß, was sich in so einer Tüte verbirgt – der böse Alkohol –, könnte man den auch gleich offen zeigen. Doch das wiederum käme hier dem Benehmen eines Rockstars gleich, der ein Hotelzimmer zerlegt: Die Polizei rückt an. Denn für das Trinken von Alkohol auf der Straße gibt es ein Ticket und 100 Dollar Strafe.

Amerika – das Land der unbegrenzten Möglichkeiten? Ein Scherz! *The city that never sleeps?* Nicht doch! New Yorker Bars dürfen ab vier Uhr nachts keinen Alkohol mehr ausschenken und müssen schließen. Auch dürfen New Yorker Restaurants keinen Schnaps verkaufen, wenn sie sich im Umkreis von 60 Metern einer Kirche befinden. Weiß Gott, warum! Überhaupt, alles ist hier limitiert. Ob bei einem Konzert im Madison Square Garden oder beim American Football im Stadion der New York Giants – man darf pro Person immer nur zwei Bier kaufen, also niemals eine Runde für sich und seine fünf Freunde holen. Wobei, fünf Freunde bekam ich sowieso nicht zusammen, wenn ich zu den Giants ging. Die Deutschen, die ich hier kannte, interessierten sich nicht für Football, sie hörten online die Fußball-Bundesliga-Konferenz. Mein Nachbar Jeff, für den Fußball ein Fremdsport war, interessierte sich sehr für Football, verfolgte den Sport aber im Fernsehen – im Stadion konnte er ihn ja nicht anhalten. Außerdem war er ein Fan der New York Jets.

In New York gibt es zwei Football-Teams, die Giants und die Jets, und mit den Giants und den Jets verhält es sich etwa so wie mit dem FC Bayern und dem TSV 1860 München: Die beiden Klubs teilen sich ein Stadion und respektieren einander höflich, viel mehr haben sie nicht gemeinsam. Von den

Giants wird erwartet, dass sie um die Meisterschaft spielen, von den Jets wird erwartet, dass sie nicht um die Meisterschaft spielen. Die Erwartungen erfüllen meistens nur die Jets. Aber in der ersten Saison, die ich hier miterlebte, schien das ein bisschen anders zu sein.

Im Canyon der Helden

Nun wurde ich als Fan beim FC St. Pauli sozialisiert. Mein Vater schleppte mich schon als kleines Kind ins Stadion am Hamburger Millerntor, als dort noch einfach Fußball gespielt und kein Totenkopf-Theater gemacht wurde; das kam erst später. Der FC St. Pauli krebste damals in der Oberliga-Nord herum, und ich weiß nicht mehr genau, ob ich mich in den Verein verliebte oder in die Fußball-Ausflüge mit meinem Vater – aber dem FC St. Pauli gehört seither mein Herz. Ich war es also gewohnt, für einen Underdog zu sein. Und der größtmögliche Underdog, den ich in jener Saison in New York entdeckte, spielte bei den Giants – Eli Manning, ihr Quarterback. Der wurde belächelt wie ein Hündchen, das in einer Horde von Pitbull-Terriern herumtollte.

Die New Yorker hielten Eli (gesprochen: Ih-Lei) Manning für weich. Es verging kaum ein Tag, an dem nicht irgendwo zu lesen war, er sei ein Muttersöhnchen. Ein Milchbubi, den man auf YouTube dabei zusehen konnte, wie er von den eigenen Kameraden niedergerannt wurde. Der arme Kerl tat mir schrecklich leid. Mir schien es, als könne dieser Eli Manning einen Fan brauchen, jemanden, der sich nicht über ihn lustig machte. Und es dauerte nicht lange, da war ich ganz vernarrt in ihn.

Eli Manning, ein junger Mann mit braunen Augen,

dunkelblonden Haaren und einem Seitenscheitel wie Roy Black, hatte ein Problem – und das war sein älterer Bruder: Peyton Manning, ein begnadeter, ein getriebener Quarterback, der im Jahr zuvor mit den Indianapolis Colts die »Super Bowl« gewonnen hatte, den Titel der National Football League (NFL). An ihm wurde Eli gemessen, und verglichen mit Peyton war er nun einmal der kleine Manning – und langsam verloren sie hier die Geduld mit ihm. Denn in dieser Stadt, die sich für die allerbeste, die stärkste und tollste unter all den guten, starken, tollen Metropolen dieser Welt hält, sind die Ansprüche natürlich höher als das Empire State Building.

Die New Yorker erwarten von ihren Teams in jeder Saison mindestens die Meisterschaft – was in den USA natürlich bedeutet: die Weltmeisterschaft. In diesem Land, das ein ähnliches Selbstverständnis von sich hat wie New York, denkt man gern groß. Sehr groß. Wer im Finale der Major League Baseball (MLB) steht, spielt um die »World Series«. Wer das Finale der National Basketball League (NBA) gewinnt, schreibt sich »World Champion« auf die Siegermütze. Spanischer Basketball? Japanischer Baseball? Zählt nicht.

Auch zählte nicht, dass Eli Manning sich in den vergangenen drei Jahren, die er nun schon hier in New York als Quarterback der Giants angestellt war, durchaus bemüht hatte. Trotzdem hieß es: »Aus dem wird nichts mehr«, weil Eli Manning in diesen drei Jahren mal gewann und öfter verlor, mal einen zauberhaften Touchdown-Pass fabrizierte und dann doch wieder nur eine absurde Interception, einen dieser Fehlpässe, die zum direkten Gegenangriff der Gegner führten. Wenn es je ein ewiges Talent gab in der NFL, dann war er es, da waren sich die New Yorker einig.

Eli ertrug ihr Genörgel mit einer stoischen Miene, die er von seinem Vater haben musste, Archie Manning, einst ebenfalls ein Quarterback. In den siebziger Jahren war das, Archie dirigierte die New Orleans Saints, deren Fans sich damals braune Papiertüten über den Kopf stülpten, aus Scham, weil ihre Saints ständig verloren. Archie Manning zählt zu den erfolglosesten Quarterbacks in der Geschichte der NFL, aber auch zu den beliebtesten, weil er seinen Saints all die sieglosen Spielzeiten über die Treue hielt, ohne das Gesicht zu verziehen. Vielleicht bimste er nun seinem Eli ein: Junge, halt durch, bleib dir treu. Jedenfalls hielt der Sohn sich wacker, als es nun wieder nur mittelmäßig lief und John Mara, Präsident der Giants, seinen Quarterback schon in Frage stellte: Wenn der Manning uns diesmal nicht zum Titel führt, das sagte Mr Mara sinngemäß, wann denn dann?

Eli sagte dazu nichts, er ist eher von der ruhigen Sorte. Das war es vermutlich auch, was die New Yorker am meisten an ihm irritierte – er hatte so gar nichts von ihrem Lautsprecher-Dasein. Er passte nicht hierher. Er passte besser nach Oxford, Mississippi, wo er an der University of Mississippi College Football gespielt hatte. Beklatscht von seiner Mutter Olivia, die ihrem Jüngsten sehr nahe war.

Sie gebar Archie Manning drei Söhne: Cooper, Peyton und Eli. Der Vater nahm die Jungs mit in den

Superdome, die Arena der New Orleans Saints, sie war ihr Spielzimmer. Cooper und Peyton waren Rabauken. »Wenn wir zu Hause beim Essen saßen, redeten sie und Dad die ganze Zeit«, erzählte Eli einmal. »Meine Mutter und ich waren ruhiger.« In der Schule stellte sich heraus, dass Eli Probleme mit dem Lesen hatte, und so verbrachten er und die Mutter viel Zeit miteinander. »Sie arbeitete mit mir, sie hatte viel Geduld, sie sagte immer: Alles wird gut – und das wurde es dann auch.« Beim Intelligenztest der NFL machte er mehr Punkte als Peyton. Als die Giants ihn 2004 nach New York holten, brachte er Abby mit, seine Freundin, die er an der Uni kennengelernt hatte.

Und anstatt in ein schickes Penthouse in Manhattan zu ziehen, wie New Yorker Sportstars es gern taten, mieteten Eli und Abby ein Apartment in Hoboken, New Jersey. Drüben, auf der anderen Seite des Hudson River – bei den »bridge and tunnel people«. So nennen die New Yorker die Menschen aus New Jersey, die jenseits des Flusses leben und an den Wochenenden über die Brücke oder durch die Tunnel nach Manhattan kommen. Wo sie gut zu erkennen sind, da sie modisch nicht ganz auf einer Höhe mit den »big city people« liegen: Die Brücken-und-Tunnel-Leute tragen glänzende Plastik-High-Heels und ausgebeulte Karottenjeans. Und eine Gürteltasche aus Tigerfell vor dem Bauch, wie die Sängerin Dionne Warwick, die ich eines Morgens im Frühstücksfernsehen sah: Dionne Warwick, Tante von Whitney Houston, die früher in großer Robe auf der Bühne stand, saß da, eine weiße Schirmmütze auf dem Kopf und eine Brille mit violetten Gläsern auf der Nase. Sie kommt aus East Orange, New Jersey, wo sie bis heute lebt. Wenn sie sich nicht ihr Tigerfelltäschchen umschnallt, durch den Holland Tunnel nach New York City fährt und in einer Morning Show auftritt. Wo die coolen Menschen Manhattans dann denken, die Warwick sei ziemlich »yesterday«.

Klar also, dass die sich auch mit dem uncoolen Eli Manning aus Hoboken schwertaten – der ihnen in jenem Winter aber eine kleine Lektion erteilte: Urteile nicht über deinen Quarterback, bevor seine Karriere beendet ist.

Eli und seine Giants, deren Teamfarbe ein schönes Knallblau ist (giants blue, wie man hier sagt), qualifizierten sich zwar nur mit einer Wild Card für die Play-offs, doch dann kamen sie ins Rollen. Sie hatten ja nichts zu verlieren, mit ihnen rechnete niemand – außer ihnen selber. Es war, als ob der FC St. Pauli durch den DFB-Pokal marschieren würde und von Spiel zu Spiel einen schwereren Gegner hinter sich ließ. In Runde eins schlugen die Giants die leicht favorisierten Tampa Bay Buccaneers, auswärts, und in Runde zwei die schwer favorisierten Dallas Cowboys, auch auswärts. Dann ging es gegen die Green Bay Packers mit Brett Favre, damals 38 und längst einer der besten Quarterbacks aller Zeiten. Eli Manning spielte, als habe er dessen Namen niemals gehört: ehrfurchtslos. Als es am Ende der regulären Spielzeit 20:20 stand, ging es in die Verlängerung. In der NFL wird Sudden Death gespielt, was bedeutet, dass die Mannschaft gewinnt, die den ersten Punkt der Verlängerung erzielt. Und als dann

Brett Favre eine Interception warf, kam Eli Manning in Ballbesitz, führte seine Mannschaft mit vielen kurzen Pässen dicht an die Endzone heran, und dann verwandelte einer seiner Kicker ein Field Goal – und die New York Giants standen im Finale.

Ich trug mittlerweile ein weißes T-Shirt mit einem blauen »Giants«-Schriftzug auf der Brust, was bei meiner Oberweite ein Scherz war, den außer mir aber niemand lustig fand. Die Amerikaner haben es nicht so mit Ironie. Dafür hatten sie es nun plötzlich mit Eli »The Manning«, wie »Sports Illustrated« ihn plötzlich nannte. Während er für die New Yorker nur noch »our hero« war. Man hielt ihn nun für einen Kerl, einen echten Helden, und ich fragte mich: Was würde Eli erst sein, wenn er die Giants zur Meisterschaft führte?

Denn dann hieß es – Super Bowl XLII. Die Amerikaner zählen ihre Footballfinals durch, in schicken römischen Zahlen. Es war also die 42. Austragung der Super Bowl. Und die New York Giants trafen auf die New England Patriots, die damals spielten wie der FC Bayern München in der vergangenen Champions-League-Saison: galaktisch. Die Patriots waren in jener Spielzeit ungeschlagen, sie hatten alle Rekorde gebrochen, die man brechen konnte. Ihr Quarterback Tom Brady war das Gegenmodell zu Eli Manning, ein smarter Schönling mit Meisterhand, der die Patriots schon zu drei Titeln geworfen hatte – und sich auch in den Klatschspalten prima machte: Brady war mit Gisele Bündchen liiert, dem superhübschen Supermodel. Ihretwegen hatte er die Schauspielerin Bridget Moynahan verlassen, die auch nicht ganz hässlich war und ein Kind von ihm erwartete. Doch nun kam der kleine Eli Manning daher – und ließ den großen Tom Brady aussehen wie Lothar Matthäus neben seiner vierten Ehefrau.

Das Finale fand in Glendale, Arizona, statt, und es war herrlich. Ich stand in einer Bar auf der Second Avenue im East Village, in der eine riesige Leinwand hing. Ganz New York übertrug Elis Heldentaten. Denn was soll ich sagen? Er spielte in einer Art, dass das Wort »lässig« neu definiert werden musste. Es war 22.04 Uhr Ortszeit, da hatten Eli und die Giants die 42. Super Bowl gewonnen – mit 17:14. In der Bar erklang Frank Sinatra: »New York, New York«.

Start spreading the news …

Die Leute tanzten Walzer, gleichzeitig schrien sie in ihre Smartphones: »They did it! They diiiiiid it!!«, sie haben es geschafft. Ein Mann küsste mich, der nicht meiner war. Ich guckte auf die Leinwand: Da war Plaxico Burress, ein schwarzer Schrank von einem Mann, der 35 Sekunden vor Schluss den alles entscheidenden Pass von Eli »The Manning« zum Touchdown verwandelt hatte und nun eine Schirmmütze trug, auf der »Super Bowl XLII NY Champions« stand. Burress weinte vor Rührung. Und selbstverständlich weinte ich mit. Ich war überwältigt: Dreißig Jahre mit dem FC St. Pauli und ein großer Titel nicht einmal ansatzweise in Sichtweite; ein halbes Jahr mit Eli Manning und schon die Super Bowl gewonnen! In dieser Stadt ging tatsächlich alles ein bisschen schneller als anderswo!

Die Kommentatoren sprachen natürlich von einem historischen Sieg. Sie sind immer sehr rasant in Amerika, wenn es darum geht, etwas für »historisch« zu erklären, aber es gab tatsächlich selten eine Sensation wie diese im Football, denn selten oder noch nie hatte es ein Team gegeben, das so dominant war wie die New England Patriots in dieser Saison. Doch nun schlich Tom Brady mit gesenktem Kopf vom Feld – wissend, dass nicht er der überragende Mann des Abends war. Sondern unser Eli, der die »Vince Lombardi Trophy« entgegennahm, den riesigen Siegerpokal, und sich freute, wie nur er sich freuen konnte: mit einem hübsch bescheidenen Lachen. »Eliiiiiii!«, riefen die Leute in der Bar. »Our hero«, wie ich mir nun auch erlaubte zu sagen. Ich werde diese Nacht nie vergessen, denn es war das erste Mal, dass ich so etwas wie Zugehörigkeit in dieser Stadt spürte.

Ich ging hinaus, um Luft zu holen. New Yorker Luft. Auf der Second Avenue rollten hupende Trucks vorbei, Menschen jubelten, wedelten mit amerikanischen Flaggen. Was sonst, *Stars and Stripes* durften bei so einem Ereignis nicht fehlen, man ist bekanntlich schrecklich patriotisch hier. Auch in dieser Stadt, von der man häufig den Eindruck hat, sie habe mit dem Rest des Landes so viel zu tun wie Wanne-Eickel. »New York ist wie ein großes Schiff, das vor Amerika vor Anker gegangen ist, aber niemand geht wirklich von Bord«, hat die Schriftstellerin Susan Sonntag einmal gesagt, so anders empfand sie es hier. Doch es gab Tage, da war auch New York nur eine Stadt in Amerika, in der man stolz darauf war, die US-Flagge zu schwenken: Am 4th of July natürlich, dem Unabhängigkeitstag. Im Stadion der Giants, wenn in der Halbzeitpause eine Reihe von Kriegsveteranen geehrt werden, Männer, die fünfzehn Jahre jünger sind als ich und ein Bein im Irak verloren haben. Und an einem Tag wie diesem, an dem New York Football-Weltmeister geworden war – da konnte man auch mal stolz darauf sein, was in diesem Land alles möglich war.

Die Stadt befand sich in einem giantsblauen Partyrausch. Auch mein Nachbar Jeff feierte mit, obwohl er ein Fan der Jets und nicht der Giants war. »Hauptsache, New York gewinnt«, sagte er großzügig, als ich nach Hause kam und bei ihm noch Partygeräusche hörte. Seine Wohnungstür war nie verschlossen, man brauchte nur den Knauf zu drehen, dann ging sie auf. Er hatte das Spiel mit Freunden verfolgt, die jetzt noch fröhlich tranken; in seinem Wohnzimmer lag ein leichter Geruch von Whiskey. Ich war auch eingeladen gewesen, hatte mich aber nicht getraut, hinzugehen, weil ich Eli-Bashing erwartete. Stattdessen streckten sich mir nun lauter Hände entgegen und gaben mir High Five.

Ich kann mich nicht erinnern, dass ich einen HSV-Fan abgeklatscht habe, als die Rothosen 1982 den Europapokal der Landesmeister gewannen. Ich glaube auch nicht, dass ein HSV-Fan mich geherzt hätte, wenn der FC St. Pauli deutscher Pokalsieger geworden wäre. Wir waren uns in inniger Feindschaft verbunden. Bei Jets- und Giants-Anhängern war das anscheinend anders, und ich fand das sehr sympathisch. Weltoffen. Ich beschloss, meine Haltung gegenüber dem HSV zu ändern: Sollten die Männer aus dem Volkspark jemals wieder etwas gewinnen – ich würde mich für Hamburg freuen. So wie die Jets-Leute sich freuten, als Jeff mich vorstellte: »Das ist Ulli, Elis Glücksbringer.« Aber dann lachten sie mich doch noch aus – als ich ihnen erzählte: »Dienstag mache ich frei, Dienstag gehe ich zur Parade.«

Denn wenn ein New Yorker Team einen Titel gewinnt, dann gibt es eine Parade der Champions, die durch den »Canyon of Heroes« führt. Das ist ein Stück vom Broadway in Lower Manhattan, den man aus naheliegenden Gründen so getauft hat: Die Helden fahren dort in offenen Wagen und auf offenen Doppeldeckerbussen entlang, ihre Fans säumen die Straße, und aus den hohen Bürohäusern, die sich links und rechts des Broadways befinden, regnet es Konfetti, weshalb die Parade auch »ticker tape parade« genannt wird. Konfetti-Parade.

Der Canyon of Heroes ist so etwas wie der Walk of Fame von New York City, nur dass hier keine Hollywood-Sterne in den Gehweg eingraviert sind, sondern dunkle Marmorstreifen, in denen mit silbernen Buchstaben verewigt wurde, wen man hier wann gefeiert hat: »October 20, 1969, New York Mets, World Series Champions« stand da. Und: »June 17, 1994, New York Rangers, Stanley Cup Champions«. Oder: »February 10, 1959, Willy Brandt, Mayor of West Berlin«. Früher wurde auch mal ein Staatsmann geehrt, aber der letzte, dem das widerfuhr, war 1990 der große Nelson Mandela. Nun waren die Giants dran. Und die Leute bei Jeff grinsten mich an: »Na, dann schnapp dir einen Schlafsack und geh schon mal los.« Denn natürlich war es an

Paradentagen so, dass Lower Manhattan wegen Überfüllung geschlossen werden musste. Ich bildete mir aber ein: Wird schon nicht so schlimm sein, und verabredete mich mit einem Kollegen, mit dem ich mich am Dienstag auf den Weg machte – eine naive halbe Stunde vor Beginn der Konfetti-Sause.

Der Canyon of Heroes zieht sich von Bowling Green, einem kleinen Park zu Beginn des Broadways, zehn Blocks nach Norden zum City Hall Park auf Höhe des Rathauses. Im City Hall Park ist eine Bühne aufgebaut, auf der die Helden vom Bürgermeister empfangen werden und den Schlüssel zur Stadt überreicht bekommen. Das wollte ich sehen. Leider war ich noch immer so Giants-verstrahlt, dass ich meinen Presseausweis nicht eingesteckt hatte, der mir vielleicht die eine oder andere Absperrung geöffnet hätte. So aber guckte ich schön blöd, als wir aus der U-Bahn-Station »Brooklyn Bridge/City Hall« herauskamen und gegen eine giantsblaue Wand liefen. Eine Menschenwand, auf die eine weitere gestapelt war: Kinder, die auf den Schultern ihrer Väter saßen, in blauen Trikots, mit blauen Schirmmützen und blauen Fähnchen. Drumherum Polizisten, die Straßen und Gehwege mit Absperrgittern versehen hatten. Es roch nach Marihuana, das irgendwo geraucht und von den Cops toleriert wurde. Keiner von ihnen unternahm etwas. Auch nicht gegen die Bierflaschen, die ich in den Händen einiger Fans entdeckte – ohne Papierkondom drüber. Wow, dachte ich, Anarchie! Es nieselte, ein ungemütlicher Tag, aber was machte das, wenn man New York einmal fröhlich und frei erlebte? Und stillstehend. Nicht ein Mensch rannte. Es war einfach kein Platz.

Ich streckte mich und versuchte, mehr zu sehen. Keine Chance. Dann wurde ich auch noch beiseitegedrängelt, von einem Mann, der nicht viel größer war als eine Parkuhr.

»Excuse us«, sprach er, eine Blondine hinter sich herziehend. Ich dachte noch, dass ich die Stimme schon mal gehört hatte, als mir klarwurde, wer mich da weggeschoben hatte: Es war der Schauspieler Ethan Hawke. Mit seiner Gattin an der Hand, die einmal die Nanny seiner Kinder war; ihretwegen hatte er deren Mutter verlassen, die schöne Uma Thurman. Ethan Hawke trug einen schwarzen Mantel und eine schwarze Schiebermütze, er schob sich und seine Frau an uns vorbei zu einer Absperrung und tippte einem Cop auf die Schulter. »Hi, ich bin Ethan Hawke«, sagte er dann, »und ich muss da rüber.« Zur etwa 80 Meter entfernten Bühne, auf der die Giants gleich ankommen sollten. Ich war ziemlich neidisch auf Ethan Hawke, der noch murmelte: »Verrückt, was hier los ist« – und dann durchgelassen wurde zu den Helden.

Mein Kollege schlug vor, dass wir dem Polizisten erzählen, wir seien die Queen und Prinz Philip, aber von denen hatte hier wahrscheinlich noch nie jemand etwas gehört, insofern war es egal. Außerdem brandete Jubel auf, der aus der Richtung von Ethan Hawke kam – ein Zeichen, dass die ersten Giganten auf der Bühne erschienen. Ich stellte mich auf die Zehenspitzen, aber es nützte alles nichts. Ich habe Fotos, die mein Kollege gemacht hat: Er hielt seine

Kamera einfach hoch und drückte drauf, aber auf diesen Fotos sind nur ein paar winzig kleine blaue Punkte zu sehen, die vermutlich Eli und seine Kollegen waren.

Doch egal! Wir nahmen es olympisch – dabei sein ist alles – und gingen ein Bier trinken. Ich war ohnehin glücklich. Es war einer dieser Tage, an denen ich dachte: Besser geht es heute nicht mehr. Doch ich musste noch arbeiten: Es war wieder Fashion Week – und wieder hatte die Firma G-Star zur Fashion Show geladen. Es war unglaublich, aber nach meiner entfernten Begegnung mit Eli Manning, meinem neuen New Yorker Helden, traf ich am Abend den alten Helden meiner Jugend: Simon Le Bon war wieder da, der Sänger von Duran Duran. Und diesmal kamen wir uns sehr nah. »Wie geht's?«, wollte er wissen. »Wie ist das Leben in New York?« Und: »Was macht deine Freundin in Hamburg?« Ohne meine Antwort abzuwarten, fragte er weiter: »Hast du eine Kamera? Dann machen wir ein Foto von uns und schicken es ihr!« Ich hatte diesmal tatsächlich eine Kamera in der Tasche, dienstlich, und so entstand eine ganz zauberhafte Aufnahme für meine beste Freundin in Hamburg, die heute sowohl in ihrer Küche als auch in meiner hängt: Simon Le Bon, der seinen Kopf an meinen schmiegt (kein Witz!) und breit grinst. Daneben ich, noch breiter grinsend. Aber war das ein Wunder, an diesem Super-Giants-und-Super-Simon-Tag?

Die Vereinten Klischee-Nationen

Es wurde Frühling. Ich machte meinen ersten Urlaub von New York. Flog nach Miami, wo ich einen Freund aus Hamburg traf, der auf Dienstreise dort war und ein paar Ferientage dranhängte. Wir lagen am South Beach und hatten viel Spaß, weil das *people watching* eine ausgesprochen unterhaltsame Angelegenheit war. Mein Freund zählte Dekolletés, die so prächtig waren, dass er mich fragte: »Weißt du, ob die hier inzwischen Basketbälle als Brustimplantate benutzen?«

Miami Beach erinnert da an New York City: Dort ist alles ein bisschen größer als anderswo, jedenfalls im Silikonbereich. Im Fernsehen in Florida läuft dauernd Werbung für Ärzte und ihre Schönheitskliniken; dort werden »ganz natürliche« Körperveränderungen versprochen, von denen wir hier aber nicht viele entdeckten: Die Damen am Strand sahen doch sehr künstlich aus. Die Männer auch, die sich im Gym und mit Hilfe irgendwelcher Protein-Shakes sagenhafte Muskelberge antrainiert hatten: Ihre Oberkörper waren so überproportional breit, dass der Hals darüber und die Beine darunter seltsam kurz und klein erschienen.

Zwei, drei Tage fand ich das alles ganz amüsant, dann hatte ich – Heimweh. Es fiel mir schwer, runterzukommen: Das gemütliche Strand-Tempo, mit dem man hier flanierte, war irgendwie nicht meins. Mein deutscher Freund sagte etwa stündlich: Zappel doch nicht so! Das hörte erst nach einer Woche auf, begann aber drei Tage später wieder, als der Rückflug nach New York nahte und ich mit den Hufen scharrte wie ein alter Gaul, der von Paul Schockemöhle gebarrt worden war.

Ich war froh, als es endlich nach Hause ging und ich auf dem John F. Kennedy Airport in Queens landete. Der Flughafen, hier nur »JFK« oder »Kennedy Airport« genannt, ist der perfekte Ort, um in New York anzukommen, denn er ist ein Mikrokosmos der Stadt. Mit allen Airlines der Welt, die hier ihre Flugzeuge parken. Ob Air China, Uzbekistan, Caribean, Egyptair, Lan Chile, Pakistan International, Finnair, Allitalia, Virgin America oder Fly Jamaica, die ich jetzt im Vorbeirollen entdeckte. Mit ihrer Aufschrift in jamaikanischem Grün-Schwarz-Gelb, bei der ich an Bob Marley denken musste. *Sun is shining, the weather is sweet.*

Es gibt hier viel zu gucken, wenn man auf dem Runway steht und nichts vorangeht: Der Kennedy Airport ist bekannt für seine Verspätungen. Mal kommt man nicht weg, weil es einen kleinen Abflugstau gibt und man »number forty for departure« ist, wie der Pilot durchgibt: »Die Maschinen starten alle neunzig Sekunden, da können Sie selber ausrechnen, wann wir hier weg sein werden.« Mal kommt man auch nicht an. Wie jetzt. Denn nach der Landung sprach der Pilot zu uns: »Hi Folks ...« Hallo, Leute, das sagen amerikanische Piloten gern; es ist ja alles sehr kumpelhaft hier. Ich fragte mich, wie es wäre, wenn bei der Lufthansa jemand sagen würde: »Ey, Leute, das dauert hier noch ein bisschen« – aber irgendwie konnte ich mir das nicht vorstellen. Aber das war es, was ich jetzt hörte: »Das dauert hier noch ein bisschen, unser Gate ist leider noch belegt. Ich melde mich wieder, sobald sich etwas tut.«

Es tat sich zwanzig Minuten lang nichts, dann sprach der Herr Kapitän: »Hi Folks, hier noch mal das Cockpit, ich bin zuversichtlich, dass wir in fünf Minuten parken können.« Ende der Durchsage, zehn Minuten später rollte die Maschine ans Gate. In der Zwischenzeit hatte ich siebzig E-Mails beantwortet und die Startseite der New York Times und von Spiegel Online gelesen, denn das Einschalten von Smartphones ist ab Bodenberührung gestattet; die Maschine hatte also kaum aufgesetzt, da fingerten schon alle an ihren iPhones und BlackBerrys herum. Wie auf der Fifth Avenue in Midtown Manhattan.

Leider ging es am Kennedy Airport nicht ganz so schick zu, denn kaum hatte ich das Flugzeug verlassen, lief ich durch einen breiten Gang in Richtung Ausgang – über einen schmutzigen Teppich mit undefinierbarem Muster, neben dem die Auslegeware im Haus meiner Großmutter in Hamburg-Volksdorf modern wirkte. Aber auch das ist New York: manchmal ziemlich alt und stehengeblieben. Da muss man sich nur das U-Bahn-System ansehen – mit seinen quietschenden Zügen, die einen Lärm machen, dass man den Ratten, die auf den Gleisen umherflitzen und sich im Dreck suhlen, Kopfhörer wünscht. Wie an der Station Union Square, meiner Anlaufstation: Die befindet sich ganz in der Nähe meiner Wohnung und muss zuletzt renoviert worden sein, als meine Oma noch eine junge Frau war. Überall Rohre und Kabelgewirr und eine Luft, die nur schwer zu ertragen ist. Sobald es draußen milder wird, herrschen da unten 45 Grad, denn der einsame Ventilator, der irgendwo über dem Gleis der Linie 4 hängt, schafft es nicht, die Station zu erfrischen. Da ist es gut, wenn es regnet, denn an der Station Union Square schifft es rein, als sei die Decke aus Schweizer Käse. An heißen Tagen kann das durchaus erfrischend sein.

Es gehört zu den Brüchen dieser Stadt, dass man in Stationen wie dieser in U-Bahnen steigt, die aus dem Blech einer 120 Jahre alten Konservendose gemacht zu sein scheinen, aber den Luxus bieten, dass man fabelhafte Weltreisen darin unternehmen kann – für 2,20 Dollar, die ein *single ride* kostet. So eine Weltreise beginnt schon beim Blick durch den Waggon, denn da geht es ethnisch bunt zu. Da sitzen Weiße und Schwarze und Asiaten, viele zugereist, die wenigsten von hier. Manche lesen Zeitung, andere spielen auf ihrem Handy. Ich gucke meistens nur. Denn New York, so hat es der britische Verhaltensforscher Desmond Morris einmal treffend formuliert, »ist kein Betondschungel, sondern ein menschlicher Zoo«.

In New York lebt die ganze Welt – und das kann man kaum schöner beobachten, als wenn man in die U-Bahn steigt. Und zum Beispiel nach Queens fährt. Mit der Linie 7, die vom Times Square nach Flushing führt. Unter dem East River hindurch und drüben auf der anderen Seite aus dem Tunnel hinaus. Für ein kleines Stück hat man dann einen prächtigen Blick über den Fluss nach Manhattan – zu dem blaugrünen Kasten, der dort drüben am Ufer steht. Vor dem sich gern die Korrespondenten von ARD und ZDF postieren, wenn sie etwas Weltpolitisches aus New York zu berichten haben: In dem Kasten sind die Vereinten Nationen zu Hause. Und wo, wenn nicht in dieser Stadt, sollte das UN-Gebäude sonst stehen?

Die Linie 7 geht oberirdisch weiter, sie rumpelt über eine Hochbahntrasse, die in den zwanziger Jahren von irischen Einwanderern erbaut wurde, auf alten Stahlstelzen. Es geht den Queens Boulevard und dann die Roosevelt Avenue hinauf. Eine internationale Strecke: Entlang der Linie 7 sind jede Menge fremde Länder zu Hause, Italien, China, Argentinien, Korea, Ecuador, Indien, Mexiko, Irland, Afghanistan, es riecht nach Sojasauce, Bolognese, Curry und Guinness, man trifft dort Hispanics, Europäer und Fernostler – die ganze Welt eben, konzentriert auf neun Meilen. Das ist eine nahgelegene Fernreise, die ein deutscher Freund mit mir machte, der schon sechs Jahre in New York lebte. Ich gab diese Erfahrung weiter, indem ich den Trip Besuchern empfahl, die dann sagten: »Cool, machen wir« – aber am Ende blieben sie doch immer in Manhattan stecken. Weil es ja dort schon so irrsinnig viel zu gucken gab. Und jetzt im Sommer mochte niemand in der U-Bahn sitzen, wo es draußen so schön war. Denn in New York war es im Sommer eigentlich immer schön.

Die warme Zeit beginnt hier in der Regel im Mai.

Ab dann kann man in Flip-Flops leben. Socken braucht man frühestens im Oktober wieder, denn New York liegt etwa auf dem gleichen Breitengrad wie Neapel, das merkt man an den Temperaturen. Sobald es einmal warm ist, bleibt es auch so; anders als in Hamburg, wo es, wie ich im Juni hörte, von 14 Grad auf 28 Grad sprang und dann wieder zurück auf 14 Grad; mit sechs Tagen Nieselregen.

Nieselregen ist hier selten, wenn, dann schüttet es meist richtig. *Thunderstorms* sind im Sommer normal, aber sie kommen und gehen, so schnell kann man gar nicht gucken: Auf einmal ist der Himmel schwarz, dann ergießt sich ein Regen über der Stadt, mit dem man ganz Afrika bewässern könnte. Dieser Regen prasselt nicht, er donnert auf die Straßen und Gehwege, so dass er wieder hochspritzt und man schnell das Gefühl hat, es regnet von oben und von unten. Eine Viertelstunde später ist alles vorbei, und es scheint wieder die Sonne.

Daran musste ich mich erst gewöhnen. Und auch daran, dass eine weitere Viertelstunde später die Decke in unserer Wohnung feucht wurde. Denn auf dem Dach über uns gab es eine undichte Stelle, die mit keinem Sommergewitter besser wurde. Ich rief jedes Mal den Hausmeister, der dann seine mexikanischen Arbeiter vorbeischickte, die erst eine komische und angeblich wasserdichte Paste über die feuchte Stelle spachtelten – und dann weiße Farbe darüberstrichen. So, sagten sie dann, jetzt sei es wieder gut. Das war natürlich Quatsch, wie ich dem Hausmeister immer wieder versicherte: Ihr müsst das Problem von außen beheben! Aber die New Yorker, das lernte ich schnell, sind die Weltmeister in der provisorischen Behebung von Problemen. Schnell etwas drüberdecken – erledigt. Das machen sie im Straßenverkehr nicht anders als bei uns in der Wohnung.

An der Kreuzung Broadway und Houston Street etwa, einer Riesenkreuzung in SoHo, der zentralen Shopping-Anlaufstelle für Touristen, gab es ein böses Schlagloch. Das Schlagloch war so groß, dass ein Löwe darin hätte wohnen können. Es war schon da, als ich nach New York zog. Doch anstatt es zu stopfen und den Asphalt zu reparieren, legte man breite Holzlatten darüber und befestigte sie, so dass die Autofahrer darüberkacheln konnten. Die Latten lagen auch nach drei Jahren noch da. Sie wurden eine Touristenattraktion, jedenfalls für meine Freunde, die zu Besuch kamen. Ich führte sie dort vorbei und sagte: Guckt mal, so sind sie, die Amis – immer schön oberflächlich!

Dann kicherten meine Freunde und schüttelten den Kopf.

Das entsprach natürlich genau der Klischeevorstellung, die man von Amerikanern hatte. Aber New York war auch ein Ort, an dem man feststellen konnte: In jedem Klischee findet sich auch ein Stückchen Wahrheit. Manchmal erschrak ich, weil es oft auch mehr als nur ein Stückchen war. Die Deutschen, die ich hier kennenlernte, waren so, wie ich das von zu Hause kannte: sehr pünktlich, sehr korrekt und immer am Entschuldigen, dass es ihnen gutging. Wir sind ja nicht unbedingt ein Volk von Genießern, die laut sagen: Heute hab ich hart gearbeitet und gutes Geld verdient, jetzt lass ich's mal krachen. Einmal saß ich mit einer Münchner Bekannten beim Essen, die hier in einer Werbeagentur arbeitet. Sie erzählte mir, dass sie ziemlich überarbeitet sei, dafür jetzt aber von ihrer Firma einen Bonus bekommen habe; als ich fragte, wie hoch der sei, druckste sie herum; dann holte sie einen Stift aus ihrer Tasche und schrieb eine Zahl auf eine Papierserviette: 5000. Als ob wir vom FBI belauscht würden, das Menschen verhaftet, die fleißig sind.

Die Amis sind da anders, die kommen rein und rufen: *Champagne, please – I made five grand today!* Champus bitte, ich hab heute 5000 Dollar gemacht. Dafür bestellen sie dann schrecklich süßen kalifornischen Sekt, den sie hier »Champagne« nennen, obwohl nur in der Champagne ein edler Sprudeltropfen hergestellt wird, nach einem besonderen Verfahren, der diesen Namen verdient hat. Aber wo war schon die Champagne? Vielleicht bei den Frankokanadiern in Québec? Die Amerikaner schauen nicht weit über ihre Grenzen hinaus. Müssen sie ja auch nicht: Sie haben hier fünfzig Bundesstaaten, von denen allein Texas so groß ist wie Deutschland, die Schweiz und die Beneluxstaaten zusammen. Verglichen mit uns fühlen sie sich riesig. Dafür gibt es hier nur eine Kultur, über die man sich grenzenlos lustig machen kann. Während in Europa jedes Land seine eigene Kultur hat – und seine eigenen Klischees, die natürlich auch hier in New York zu beobachten sind.

Einmal lud mich eine Freundin zu einem Konzert von Jane Birkin ein, die als Gattin des verstorbenen

Serge Gainsbourg auf Tournee war – mit seinen Chansons. Der Mann meiner Freundin war einer der Konzertveranstalter, darum bekamen wir Tickets in der zweiten Reihe, die uns keinen Cent kosteten. Nicht, dass ich je ein Fan von Mademe Birkin oder Monsieur Gainsbourg war; ich kannte natürlich »Je t'aime«, diesen Schmacht-Stöhn-Song, aber damit war mein Chanson-Horizont auch schon erreicht. Doch es klang verlockend, ein bisschen Old Europe in New York zu hören, also gingen wir zu dem Konzert. Es fand in einem der Theater am Broadway statt, und als wir um die Ecke in die Straße bogen, in der sich das Theater befand, entdeckten wir von weitem eine große Rauchwolke. »Da hinten ist es«, sagte ich sofort. Denn vor dem Theater standen massenweise Franzosen, die natürlich rauchten. Und während sie rauchten, redeten sie und gestikulierten mit ihren Händen, so dass die brennenden Spitzen ihrer Zigaretten wie Glühwürmchen durch die Luft sausten. Es war ein herrliches Bild.

Man konnte sich hier von einer Sekunde zur anderen vorkommen, als sei man mitten in Europa. Doch wenn ich in Europa einen Franzosen traf, der fragte: »Wo kommst du her?«, dann antwortete ich stets: »Aus Hamburg.« Das kannten Europäer; man musste ihnen nicht erklären, dass das hieß: Ich bin Deutsche. Ich habe mich auch nie sehr deutsch gefühlt, ich weiß nicht, warum, aber mir bedeutete es mehr, Hamburgerin zu sein. Ich litt und jubelte mit dem FC St. Pauli, aber die deutsche Nationalmannschaft löste wenig bei mir aus; außer vielleicht in den Jahren des Vogts'schen Rumpelfußballs, als ich mich für sie schämte. Mit dem Sommermärchen 2006 wurde das anders, als Namen verniedlicht wurden und Klinsi und Schweini und Poldi eine fußballerische Charme-Offensive lostraten, bei der jeder gern zuschaute; also auch ich.

Damals verstand ich noch nicht so richtig, was das bedeutete, aber hier veränderte sich meine Sichtweise. Das begann schon damit, dass ich bei den Amerikanern nicht unkommentiert sagen konnte: »I'm a Hamburger«, denn darunter verstanden sie – eine Frikadelle im Brötchen. Ebenfalls schwierig war: »I'm from Hamburg«, denn einen Ort namens Hamburg gibt es auch im Bundesstaat New York (ganz weit oben, unweit der Niagarafälle) – und der ist den New Yorkern näher als meine norddeutsche Heimatstadt. Ich gewöhnte mir deshalb an, zu sagen: »I'm german.« Und das kam hier sehr gut an, denn vor Deutschland haben sie alle Respekt: »You guys build great cars«, hörte ich dann, ihr baut tolle Autos. »You guys have a strong economy«, eure Wirtschaft ist stark. Und später dann, als es schwierig wurde in Europa, die Schuldenkrise Griechenland und Spanien lähmte, wussten sie hier: »You guys save Europe«, ihr Deutschen rettet Europa.

In der Ferne verstand ich, was man an Deutschland schätzen konnte, das in der Welt anscheinend großes Ansehen genießt. Als der UN-Gipfel stattfand und halb Manhattan deshalb gesperrt war (mit einem Polizeiaufkommen, das mir Angst machte), fand ich es ziemlich cool, dass wir die einzige Frau stellten, die auf dem Gruppenbild der Regierungschefs zu sehen war: Angela Merkel, unsere Angie und hier nur »Mrs Mööörkl«. Nicht, dass ich sie deshalb wählen würde, aber Germany erschien mir plötzlich ein sehr modernes Fleckchen Erde zu sein. Mit einer Lady an der Spitze, einem schwulen Bürgermeister in der Hauptstadt und später einem schwulen Außenminister. Wenn ich das den Amerikanern erzählte, selbst den aufgeklärten hier in New York, fanden die das sensationell, denn hier waren sie noch nicht halb so weit. Was für ein liberales, offenes Land ihr seid, sagten die Amerikaner dann, und das wiederum fand ich sensationell. Es stimmte ja, war mir zu Hause aber nie in den Sinn gekommen.

Als ich hierherzog, war die Homo-Ehe in New York noch verboten; sie wurde auch nicht anerkannt, wenn ein Paar in einem der wenigen Bundesstaaten geheiratet hatte, in dem sie genehmigt war (damals an der Ostküste nur Massachusetts). Das änderte sich im Sommer 2011, als die »gay marriage« in New York per Gesetz erlaubt wurde und die Schwulen und Lesben das Wochenende darauf auf der Christopher Street im West Village durchfeierten. Trotzdem schien ihnen die Möglichkeit, dass ein homosexueller Mensch Bürgermeister werden könnte, noch immer sehr weit weg. Wenigstens regierte Michael Bloomberg, der nichts gegen *gay people* hatte, auch wenn er auf ihren Paraden immer wie ein Fremdkörper wirkte; sein Sinn für ausgelassene Fröhlichkeit hält sich in Grenzen. Anders als der von Christine Quinn, einer Frau mit Haaren wie Pumuckl, nur glattgeföhnt. Quinn, die immer sehr grell lacht, war im vergangenen Jahr die erste bekennende Lesbe, die sich für das Amt des *Mayor of New York City* bewarb, das Bloomberg Ende 2013 abgeben musste, nach drei Amtszeiten. Aber ein schwuler Freund von mir sagte, er würde Quinn trotzdem nicht wählen: »Die ist mir zu laut. So amerikanisch laut.«

*

Mein schwuler Freund ist Schwede, er heißt Erik und hat sich, obwohl schon fünf Jahre hier, immer noch nicht daran gewöhnt, dass Amerikaner keine Zimmerlautstärke kennen. Sie schreien sich an, wenn sie in Restaurants sitzen, sie lachen, als wollten sie das Stadion der Giants beschallen. Die Männer – und Christine Quinn – klingen dabei wenigstens wie John Wayne mit Megaphon: tiefe Stimme, burschikoses Hahaha. Wohingegen die Frauen, die viel und gern reden, auch wenn sie wenig zu sagen haben, eine Tonlage an den Tag legen, die an Gummientchen erinnert und nicht an erwachsene Menschen. »Reallyyyyyy? Uhhhh, that's greääääääät!«, so klingt es hier. Für mitteleuropäische Ohren kann das anstrengend sein. Ich habe schon Restaurants verlassen, weil vier Amerikanerinnen am Nebentisch saßen, die eine Geräuschkulisse produzierten, der meine Nerven in dem Moment nicht gewachsen waren.

Ich googelte, ob es für das Gequietsche eine Erklärung gab, fand aber keine. Erst Tina Fey gab mir eine Antwort, als ich sie interviewte: Sie nannte es »baby voice disease«, die »Babystimmen-Krankheit«, unter der das weibliche Amerika leide: »Ich glaube,

Frauen glauben, dass sie alles bekommen, was sie wollen, wenn sie wie ein kleines Mädchen sprechen. Dabei möchte man sie eigentlich nur schütteln, wenn sie das tun.« Sie lachte. Ganz normal, in Zimmerlautstärke.

Tina Fey, braune Haare, braune Bibliothekarinnenbrille, ist anders als andere Amerikanerinnen: Sie gilt als die lustigste Frau dieses Landes, eine Komödiantin, ausgezeichnet mit sieben Emmys und drei Golden Globes. Sie wurde in der Show »Saturday Night Live« groß, deren Chefautorin sie war, ehe sie sich mit der Serie »30 Rock« selbständig machte. Im Herbst 2008 kehrte sie für ein paar Auftritte zu »Saturday Night Live« zurück. Amerika befand sich im Präsidentschaftswahlkampf, und Tina Fey imitierte Sarah Palin, die nicht ganz helle damalige Gouverneurin Alaskas. »I can see Russia from my house!«, sprach Fey als Palin, der Satz wurde zum geflügelten Wort. Feys Parodien wurden bis zu zehn Millionen Mal bei YouTube geklickt.

Es war sehr vergnüglich, mit ihr zu sprechen. Fey hat eine ruhige, klare Stimme, und sie amüsiert sich gern über sich selbst, was hier eher selten ist: Die meisten Menschen reden von sich, als würden sie die Nachrichten in der »Tagesschau« verlesen – sehr ernst. Die Art von Tina Fey war mir da lieber. Als sie beim Fernsehen anfing, habe sie ihren »big old butt« ein wenig reduzieren müssen, erzählte sie, ihren »großen alten Hintern«. Trotzdem weigerte sie sich standhaft, dem in Amerika üblichen TV-Frauenbild von Kleidergröße 34 und XXL-Oberweite zu entsprechen: Fey schien mir eher eine gesunde 38 oder

40 zu sein, aber sie trug eine enge Jeans, in der sie sich selbstverständlich bewegte.

Ihre Mutter sei griechischer, ihr Vater deutscher Herkunft, »deshalb bin ich sehr diszipliniert«, sagte sie und grinste. Denn Fey macht sich natürlich gern über ihre deutsche Ader lustig, und über die Deutschen sowieso. Sie habe früh damit angefangen: »Als Kind bin ich mit meiner Familie immer im Urlaub in Griechenland gewesen«, erzählte sie, »und da haben wir uns kaputtgelacht, weil man die Deutschen am Strand sofort erkennen konnte: an den Socken, die sie in ihren Badelatschen trugen!«

Ich musste lachen. Franzosen wäre das nicht passiert, dachte ich. Ein paar von ihnen meinte ich neulich am Strand in Miami daran erkannt zu haben, dass sie rauchten und ihre Frauen sich *topless* bräunten, oben ohne, was hier verboten ist – aber was kümmert das die Franzosen? Trotzdem, so verschieden, wie ich immer dachte, sind wir Europäer gar nicht, fern unseres Kontinents jedenfalls nicht. Es dauerte ein Weilchen, bis mir das auffiel: Uns verband hier etwas. Das begann ja schon damit, dass wir einander gleich lokalisierten. Einmal begegnete ich einem Engländer: Ich stand im Giants Stadium in einer Schlange am Bierstand und er zufälligerweise auch. Er sah mich an und fragte: »Are you german?« Ich bejahte und weil seine Aussprache so distinguiert war wie die von Prinz Charles, bemerkte ich: »And you are british.« Er nickte und stellte sich als Francis vor.

Francis, ein Herr mit grauen Haaren und von kleiner Statur, erzählte, er sei ein Hedge-Fonds-Manager aus London, der seit acht Jahren in Florida lebe, aber viel in New York arbeite. Wir kamen ins Plaudern, denn die Schlange war lang; wir stänkerten, wie schlecht sie hier Bier ausschenkten (gepanscht, immer den Schaum abkippend), und kamen schnell an einen Punkt, an dem Francis etwas sagte, was mir so langsam bekannt vorkam: »Was ich an den Amerikanern auch nach acht Jahren noch seltsam finde ...«

Ob Engländer oder Deutsche, Schweden oder Italiener – hier sind wir alle gleich: Fremde in einem großen Land, die eint, was ihnen an den Amerikanern auffällt. Wie anders die doch sind! Das ist gar nicht böse gemeint, eher fasziniert es uns. Francis etwa sagte jetzt, er finde auch nach acht Jahren noch seltsam, »dass du einen Amerikaner kennenlernen kannst, der dir beim Bier erzählt, wie erfolgreich er in seinem Job ist und wie super es in seiner Ehe läuft. Ein halbes Jahr später hörst du, dass der Typ sich erhängt hat, weil er bankrott war und seine Frau ihn verlassen hat.« Euròpäer seien da anders, so Francis. »Europäer sagen dir: Meine Ehe ist im Eimer und im Job läuft es schlecht. Aber prost!« Ich fragte ihn, was der Grund für diesen Unterschied sei. »Der amerikanische Traum. Versagen ist hier nicht angesagt«, antwortete Francis. »Spricht man nicht drüber.« Anders als er, der nun zwei Bier kaufte, eines für sich und eines für seinen Sohn: »Wiedergutmachung. Er mag mich gerade nicht besonders, weil ich seine Mutter sehr verletzt habe. Ich dachte, es sei gut, wenn wir Männer mal zum Football gehen.«

Grinsen. Ich schaute ihm hinterher, wie er mit seinem Bier davonspazierte, und dachte an Paolo, einen Italiener, der aus Mailand kommt und seit zwölf Jahren in New York lebt. Er hat fröhliche grüne Augen und lange graue Haare, die er stets zu einem Dutt aufnudelt. Paolo betreibt ein italienisches Restaurant im East Village, das mein Freund und Kollege Giuseppe entdeckte, als daheim in Europa Fußball-EM war: Bei Paolo wurden alle Spiele auf einem Megabildschirm übertragen, der hinter seinem Tresen hing, natürlich auch die von Poldi und Schweini (die nun nicht mehr von Klinsi, sondern von Jogi gecoacht wurden, was mein neugewonnenes Deutschland-Interesse aber nicht beeinträchtigte). Bei Paolo an der Bar trafen sich buntgemischte EM-Zuschauer, die meist über Fußball sprachen, manchmal aber auch über etwas anderes – Amerikaner zum Beispiel. Und über die dachte der Italiener Paolo das Gleiche wie der Engländer Francis. »Werde ich mich nie dran gewöhnen, dass sie dir immer etwas vormachen«, sagte er einmal; das fange ja schon beim »Wie geht's?« an. Da hatte er natürlich recht.

Es ist hier üblich, sich mit »How are you?« zu begrüßen, immer und überall. Die Antwort ist Standard: »Good. How are you?« Gut, und selber? Meinen Freund Erik aus Schweden, der nicht viel redet, wenn er nicht muss (ganz Skandinavier!), nervte das fast noch mehr als die amerikanischen Frauenstimmen. »Immer dieses ›How are you‹«, sagte er eines Abends, als ich ihn mit zu Paolo nahm. »Wenn du antwortest: ›Mir geht's beschissen‹, dann gucken sie dich an, als hättest du ihnen einen Eimer Farbe über den Kopf gekippt. Fassungslos!« Kleine Pause, dann sagte er: »Probier das mal aus.« Was ich tat.

Es traf Jeff, meinen lieben Nachbarn, dem ich morgens im Fahrstuhl begegnete. »Ulli, how are you?«, fragte er. Und ich sagte: »I'm miserable.« Irritierter Blick zu Boden, nervöser Griff in die Hosentaschen. Ich erschrak. Entschuldigte mich sofort: »Sorry, Jeff, nur ein Scherz, alles gut! Aber wieso ist es hier eigentlich unüblich, es zu sagen, wenn es einem schlechtgeht?« – »Keine Ahnung«, sagte er, »aber wenn du mich fragst: Ich habe keine Lust, dir mit meinem Scheiß den Tag zu ruinieren.« Ganz einfach.

Erik nickte, als ich ihm davon erzählte: »Verstehe.« Wir saßen wieder bei Paolo, dessen Restaurant einen kleinen Garten hat, mit sieben, acht Tischen, die jetzt im Sommer sehr verlockend waren. Doch irgendwie endeten wir immer am Tresen – beim Smalltalk mit Paolo. Dem fiel noch etwas ein, was er an Amerikanern schwierig findet: wie sie essen. Besser gesagt: schlingen. »Kann ich nur schwer mit ansehen«, sprach Paolo. Und es geht mir oft ähnlich: Amerikaner bestellen etwas, schneiden es in Häppchen, dann legen sie eine Hand auf ihren Schoß, also unter den Tisch, und nehmen die Gabel in die andere Hand, mit der sie die Häppchen in ihren Mund schaufeln. Dabei reden sie unablässig, so dass man ihnen beim Kauen zuschauen kann. »Nicht besonders appetitlich«, sagte Paolo.

Er behandelt die Amerikaner in seinem Laden so, wie Amerikaner es kennen. Kaum haben sie aufgegessen, geht Paolo hin und fragt: Darf es noch etwas sein? Lautet die Antwort: Nein, danke – dann bringt er ihnen die Rechnung. Denn Amerikaner sitzen nicht lange am Tisch und unterhalten sich und bekommen vielleicht noch einmal Appetit. Essen erscheint bei ihnen wie eine Pflicht, nicht wie etwas, das man auch aus Freude und Geselligkeit machen kann. Wie die Franzosen, die ewig am Tisch sitzen, sich Zeit lassen und genießen.

Aber Amerikaner sind es gewohnt, dass Restaurantbesitzer ihren Tisch so schnell wie möglich wieder vergeben wollen, denn in Amerika – und ganz besonders hier in New York – geht es ums Geldverdienen. Natürlich auch bei Paolo, der seine Ladenmiete bezahlen muss. Bei dem wir aber alle am Tresen sitzen können, so lange wir mögen. Ob ich oder der Schwede, der einmal den schönen Satz sagte: »Wie gut, dass die Amerikaner so sind, wie sie sind. Sonst wüssten wir gar nicht, worüber wir den ganzen Abend reden sollten.«

Der Verein von Tom Cruise

Ausnahmen bestätigen natürlich immer die Regel, auch wenn es um Amerikaner geht. Mein Nachbar Jeff zum Beispiel erfüllte ein paar der Klischees, die man hier beobachten konnte – und dann auch wieder nicht. Bei ihm wurde schnell gegessen, dabei aber genauso schnell diskutiert. Es gab Abende, da stritten er und seine Freunde über innenpolitische Themen, bei denen ich dachte: Halt einfach die Klappe, da kannst du eh nicht mitreden, weil: Keine Ahnung. Anders als Jeff, der zu allem eine Meinung hatte, ob es um die Gleichstellung der Homo-Ehe ging (»Hallo? In welchem Jahrhundert leben wir?«), den Irak-Krieg (»Da hat sich Dick Cheney einen Traum erfüllt«) oder die Bespitzelungen der NSA (»In Deutschland undenkbar, oder?«). Gleichzeitig konnten er und seine Freunde oberflächlich sein, und zwar so, wie ich es mag, wenn man abschalten und nicht über den Ernst der Welt nachdenken möchte: Beim Footballgucken wurde herrlich herumgeblödelt.

Dabei ging es um den Sinn und Unsinn des Sports, aber auch um die Werbespots in den Pausen; beim Football gibt es viele Pausen, und Jeff und seine Freunde haben beruflich fast alle direkt oder indirekt mit der Werbung zu tun. Und so analysierten sie gern, ob es schlau war, den neuen Chrysler mit Eminem am Steuer zu verkaufen oder nicht (»Vielleicht erst mal ein paar Führerscheine unter den Ghetto-Kids verlosen«). Nur einmal war Ruhe, da lief ein *Commercial* für Scientology. Er zeigte junge Leute, ethnisch verschieden, die einen Gesichtsausdruck teilten: den eines Klassenstrebers. Zu ihren Bildern die Worte: »Manche werden dich anzweifeln. Lass sie. Traue dich, für dich selbst zu denken, auf dich aufzupassen, deinen eigenen Kopf zu haben.«

Niemand guckte hin – außer Jeffs bestem Freund Roberto, den er nur Rob nannte und mit dem ich inzwischen auch sehr vertraut war. Als der Spot vorbei war, sah er mich an und bewegte seine Hand wie einen Scheibenwischer vor seinem Gesicht: Gaga, sagte seine Geste.

*

Als ich Rob das erste Mal bei Jeff traf, war er mir sofort sympathisch. Rob ist groß, vielleicht eins neunzig, er hat braune Haare, braune Augen und einen aufmerksamen Blick. Rob bekommt alles mit. Es gibt Momente, da sitzt er neben mir auf dem Sofa und erklärt mir einen Spielzug der Giants, während er gleichzeitig das Gespräch rechts von uns verfolgt, wo er hin und wieder einen Satz einstreut, wenn er nicht gerade Jeff in der Küche am Kühlschrank zuruft: »Hey, Buddy, bringst du mir ein Bier mit?«

Rob hat stets ein Grinsen im Gesicht. Er wirkt immer gut gelaunt, was auch daran liegt, dass er nichts und niemanden so richtig für voll zu nehmen scheint, am wenigsten sich selbst. Mir kommt es vor, als lebe er einen jungenhaften Charme aus, den er als Junge nicht haben durfte, denn Rob musste früh erwachsen werden und arbeiten: Er wuchs als Kind bei Scientologen auf. In dieser Organisation, die sie hier eine »church« nennen, eine Kirche, während wir eher eine Sekte darin sehen, bei der alles auf Kontrolle, Gehorsam und Gelderwerb ausgelegt ist. In Deutschland wird Scientology deshalb vom Verfassungsschutz beobachtet.

Wenn ich zu Hause in der Hamburger Innenstadt am Gebäude von Scientology vorbeifuhr, einem beigefarbenen Eckhaus in der Domstraße, das senfgelb leuchtete, sobald hinter den Fenstern die Lichter angingen, malte ich mir immer aus, wie die Herren Verfassungsschützer gegenüber mit ihren Ferngläsern saßen und guckten, ob jemand ein Poster von Tom Cruise aufhängte – dem wohl berühmtesten Scientologen der Welt, den mein Freund Rob einen »armen Kerl« nannte, denn: »Der kommt da nie raus.« Anders als Katie Holmes, Cruise' junge Gattin, die im Juni 2012 einen Abgang hinlegte, den Rob »verdammt cool« fand, denn: »Das traut sich nicht jeder.« Holmes reichte nach fünf Ehejahren heimlich, still und leise die Scheidung ein – und zwar nicht in Kalifornien, wo das Paar lebte, sondern hier in New York, wo die Gerichte dafür bekannt sind, dass sie gern dem Wunsch einer Mutter nach dem alleinigen Sorgerecht nachkommen. Und genau das wünschte Katie Holmes für die gemeinsame Tochter Suri, die sie vor dem Einfluss von Scientology schützen zu müssen meinte. Zehn Tage später einigten sich die Parteien auf einen Scheidungsvertrag, der besagte: Holmes ist die Erziehungsberechtigte, Cruise darf seine Tochter besuchen.

Holmes lebt seither mit Suri hier in New York City, ich habe sie ein paarmal gesehen. Einmal saß ich mittags mit einer Freundin beim Lunch auf dem Union Square, als eine Frau an uns vorbeilief, die Jeans mit einem Schlag trug, der von hier bis nach New Jersey reichte. Ich sagte noch zu meiner Freundin: »Wer trägt denn solche Hosen?« Aber dann sahen wir beide an der Frau hoch – und bemerkten gleichzeitig: »Katie Holmes!«

Später saß sie mir mal bei einem Interview gegenüber, das ich für eine Frauenzeitschrift führte. Holmes war inzwischen »das Gesicht« einer Werbekampagne von Bobbi Brown geworden, der Kosmetikfirma, die hübsche Anzeigen mit ihr fotografiert hatte. Bobbi Brown, die Chefin der Firma, erzählte, warum: »Katie hat sich neu erfunden. Die Leute betrachten sie natürlich alle als *die Ex von*, aber ich sehe etwas anderes in ihr: ein nettes, bodenständiges Mädchen, das hübsch und fotogen ist.« Das stimmte. Holmes sah sehr natürlich aus, um nicht zu sagen: unspektakulär. Schwarz gekleidet, schlicht geschminkt.

Ob sie sich wirklich neu erfunden hatte, ließ sich schwer sagen.

Man musste seine Fragen vor dem Interview einreichen, denn es hieß: Keine Fragen zu ihrer Tochter, keine Fragen zu ihrem Exmann, keine Fragen zur Scheidung. Nur Fragen zum Thema Make-up. Ich rechnete deshalb fest damit, dass ein paar Security-Schränke hereinplatzen und mich in den nächstbesten Kerker zerren würden, als ich es wagte, ihr Töchterchen zu erwähnen; doch nichts dergleichen passierte, als ich fragte: »Katie, spielt Suri gern mit Ihrem Make-up?« – »O ja«, antwortete Holmes. »Aber sind nicht alle kleinen Mädchen so, dass sie gern mit so etwas spielen?« Rehaugenblick zu ihrer PR-Tante, die mit am Tisch saß und über das Geschehen wachte. Die Dame blickte auf die Uhr und befand: »Eine Minute noch«, dann war das Interview beendet.

Es war nicht das tiefschürfendste Gespräch, das ich je geführt hatte. Und wie eine freie Frau wirkte diese Katie Holmes auch nicht gerade. Ich erzählte Rob von der Begegnung. Der meinte: »Ist doch klar: Die wird schön bei der Scheidungsvereinbarung unterschrieben haben, dass sie das Sorgerecht hat, genug Geld für das Kind bekommt und dafür nie ein Sterbenswörtchen über ihr Leben mit Tom Cruise erzählt. Das macht sie für uns nicht unbedingt spannend, weil uns genau das interessiert: Wie ist die da bloß rausgekommen? Ich würde gern mal ein Bier mit ihr trinken und ein paar Erfahrungen austauschen. Aber Katie muss sich schützen und ihr Kind auch. Das ist alles kein Spaß.«

Es war klar, was er meinte: Wer einmal in Kontakt mit Scientology war, aus dem wird ein vorsichtiger Mensch. Ich kannte Robs Geschichte, er hatte sie mir eines Abends erzählt. Ich war noch nie jemanden begegnet, der so gut über Scientology Bescheid wusste (jedenfalls niemanden, der das offen zugab), insofern fand ich das sehr spannend. Wir wollten uns eigentlich nur »auf ein schnelles Feierabendbier« treffen, aber dann wurden viele Biere daraus. Als ich nach Hause ging, war es schon hell und mein Kopf voll mit Robs Erlebnissen, als hätte ich eine Reise durch die Scientology-Welt gemacht.

*

Als Rob geboren wurde, begeisterte sich seine Mutter, eine Texanerin mit italienischen Wurzeln, gerade schwer für Scientology. Verantwortlich dafür war sein Vater, der allerdings nicht mit Robs Mutter verheiratet war. Eine Ehe führte sie anderweitig, doch nicht glücklich. Sie arbeitete als Kellnerin, als ihr ein Kollege »ein Pamphlet« hinhielt, so Rob: die Schriften von Scientology. »Der Kollege, nennen wir ihn George, führte sie bei Scientology ein. Es dauerte nicht lange, und meine Mom und George hatten eine Affäre und sie wurde mit mir schwanger. Das aber kam bei ihrem Ehemann nicht besonders gut an, der sich von ihr trennte. Mom glaubte an ein neues Leben mit George, der aber nicht sehr verantwortungsvoll war: Er begann eine Affäre mit ihrer Hebamme, mit der er später zwei Kinder bekam. Kannst du mir folgen?«, fragte Rob und lachte. Seine Mutter und die Männer – das sei eine Geschichte für sich. »Nach meiner Geburt war im Grunde keiner mehr da. Ihr Ehemann nicht und ihr Liebhaber auch nicht. Also stürzte Mom sich auf Scientology.«

Seine Mutter ging mit ihm und seiner Halbschwester Jennifer, vier Jahre älter als Rob, nach East Grinstead, England, wo sich damals der Hauptsitz von Scientology befand – mit Ron Hubbard, dem Gründer des Vereins, einem Mann wie Gert Fröbe in »Goldfinger«: hohe Stirn, kräftige Nase, mächtiger Blick. Hubbard war ein Science-Fiction-Autor, als er Mitte der fünfziger Jahre Scientology schuf, auf der Grundlage seines Buchs »Dianetics«, einer Abhandlung über das Verhältnis zwischen Körper und Geist. Seiner Ansicht nach sind wir alle sogenannte Thetanen: spirituelle Wesen, die seit Milliarden von Jahren ein Leben nach dem anderen führen. Deshalb können Menschen junge Körper haben, aber schon schrecklich alt und weise sein, weil in ihnen das Wissen von all diesen anderen Existenzen schlummert. Daher gibt man ihnen die gleiche Verantwortung wie Erwachsenen. Es sei denn, sie sind noch ganz klein, dann wird man sie besser los, wie ich nun lernte.

Denn Rob berichtete weiter: »Während wir in East Grinstead waren, kam Hubbard auf sein ›Sea Project‹.« Er kaufte ein altes Handelsschiff und beschloss, damit auf See zu gehen. Hubbard gründete eine Eliteeinheit, die ihn begleiten sollte: »The Sea Organisation«, kurz »Sea Org«. Darin vereinigt: seine ihm am treuesten ergebenen Anhänger. »Und meine Mom war ihm sehr, sehr treu ergeben, also wurde ich ein kleiner Seemann«, so Rob. Denn die Kinder kamen mit. Es war Ende der sechziger, Anfang der siebziger Jahre, und das Schiff tuckerte durch das Mittelmeer. »Ob auf den griechischen Inseln oder in Marokko, wir legten überall an. Blieben aber nie lange, waren immer auf dem Sprung. An Bord gab es eine Krippe für uns kleine Kinder, trotzdem war das Schiff viel zu gefährlich für uns. Mit all seinen Seilen und Ketten. Es gab Unfälle, ein Junge verlor seinen kleinen Zeh, als er ihn in einer Kette einklemmte. Wir Kinder wurden zur Belastung, also heiß es: Runter mit uns.«

Robs Mutter blieb auf dem Schiff, sie war so etwas wie Hubbards Mädchen für alles geworden. Ihre Kinder aber wurden weggebracht – Robs Halbschwester zu ihrem Vater und er auf eine Ranch in Mexiko. Die gehörte Scientology und befand sich etwa 130 Kilometer südlich von Tijuana – in den Bergen oberhalb des Meeres, führte Rob aus, der damals gerade sechs Jahre alt war. »Ich wäre gern, wie ein normales Kind zur Schule gegangen. Aber da war keine Schule. Stattdessen lernte ich, Pferde zu reiten und den Betrieb in Schuss zu halten. Wir Kinder putzten und halfen in der Küche«, erzählte er. »Gott, was habe ich meine Mutter vermisst«, sagte er dann und schüttelte den Kopf. »Einmal kam sie zu Besuch, das war der Himmel für mich.«

Seine Mutter verließ das Schiff. »Sea Org« versetzte sie nach Los Angeles, wo Scientology begann, sich auszubreiten. »Sie kauften Immobilien, umgarnten Berühmtheiten«, so Rob. »Es begann mit Chick Corea, Stanley Clarke, ein paar Jazzmusikern. Interessant waren aber natürlich Schauspieler, denn Schauspieler, das vergisst man gern, sind oft unsicher; sie lassen sich leicht lenken. Übernehmen Rollen, bei denen ihnen andere sagen, wo es langgeht, Regisseure, Produzenten. John Travolta war der erste große Fisch, den Scientology an der Angel hatte. Es wurden im Laufe der Zeit mehr große Namen. Guck sie dir heute an: Tom Cruise, Will Smith, Kirstie Alley, Jenna Elfman.«

Damals, Mitte der siebziger Jahre, eröffnete Scientology ein »Celebrity Center« in einem alten Hotel in Hollywood, das an ein Schlösschen erinnerte, mit vielen Türmchen und Giebeln. Robs Mutter arbeitete dort in der Verwaltung. Die Kinder der Angestellten wurden in einem gegenüberliegenden Motel untergebracht, auch Rob, doch er blieb nicht lange dort: »Mom wurde wieder befördert.« Und so zog sie mit ihm nach Washington D. C., wo es aber bald zu einem kleinen Skandal kam. Denn in Washington D. C. lebte die Gattin von Ron Hubbard, Mary Sue Hubbard, eine Frau wie Mary Poppins – schmales Gesicht, große Augen –, die so etwas wie die Oberaufseherin einer geheimen Operation war.

Mrs Hubbards Auftrag war es, »das Justizministerium, das FBI oder die Steuerbehörde zu infiltrieren, mit der Scientology gerade um Steuerzahlungen stritt«, erinnerte sich Rob. »Es ging darum, herauszufinden, was die Behörden vorhatten«, sagte er und lachte. »Ich dachte, ich bin im falschen Film: Meine Mom war plötzlich eine Spionin! Nicht, dass sie das jemals zugegeben hat, aber ich habe damals ihre Gehaltsschecks gesehen – sie arbeitete für das Justizministerium. Bis die ganze Geschichte aufflog.« Bis das FBI im Sommer 1977 die Büros von Scientology in Washington D. C. und Los Angeles stürmte und allerlei Beweise fand. Mary Sue Hubbard wurde angeklagt und wegen »Verschwörung gegen die US-Regierung« zu fünf Jahren Haft verurteilt. Robs Mutter kam ungestraft davon.

Die Aktion schreckte sie nicht weiter ab, sie rückte vielmehr noch näher an Scientology heran: Sie verliebte sich in einen »Hardcore-Scientologen«, wie Rob ihn bezeichnete, der aber in Chicago lebte. »Wir zogen also mal wieder um, denn Mom und er heirateten.«

Der Umzug war Robs großes Glück, denn in Chicago lebte die Schwester seiner Mutter, Gina, »eine Anwältin und Hardcore-Lesbe, die mit Scientology nichts am Hut hatte.« Sie kümmerte sich darum, dass Rob in eine Schule kam, in der Musik gefördert wurde, denn sie fand, ihr Neffe habe eine schöne Stimme. »Du wirst es nicht glauben«, sagte Rob nun und nahm einen großen Schluck Bier, »aber bald sang ich in einem Gospel-Chor – als einziger weißer Knabe unter lauter schwarzen Jungs.« Das konnte ich mir tatsächlich nicht vorstellen, denn Robs Stimme hatte etwas sehr Rauchiges; sie hätte für mich eher in eine Cowboy-Band mit Banjo gepasst. Doch was weiß ich, wie er vor dem Stimmbruch klang? Es war jedenfalls das einzige Mal, dass Rob als Kind eine öffentliche Schule besuchte, Hausaufgaben machte und so etwas wie Normalität empfand. Aber das ging nicht lange gut, kein Jahr.

In der Zwischenzeit hatte die »Sea Org« ihren Betrieb von hoher See an Land verlagert – nach Clearwater, Florida, wo ein neues Headquarter entstanden war. Ein Gebäudekomplex, der als »Super Power Building« in die Geschichte von Scientology einging, 11 800 Quadratmeter groß. Dazu gehörte ein ehemaliges Hotel, das »Fort Harrison Hotel«, eierschalenfarben die Fassade, orange das Dach. Elf

Etagen, 220 Zimmer, und eines davon bezog – Rob. Denn gesucht wurden Arbeitskräfte, die das Power Building super in Schwung hielten. »Mom und ihr Mann erzählten mir davon, und ich dachte: Cool, da kann ich helfen.« Seine Tante Gina protestierte, aber es nützte nichts. »Ich war es ja gewohnt, immer weiterzuziehen. Ich wollte offenbar etwas Neues erleben«, erzählte Rob. Und so kam es, dass er mit zwölf allein in einem Bus saß und fast zwanzig Stunden von Chicago nach Clearwater fuhr, wo man ihn ins »Fort Harrison Hotel« steckte. Das sah von außen schicker aus, als es von innen war. Er kam in ein Eckzimmer, das zwar Meerblick hatte, mit drei Hochbetten aber zugestellt war: Er war mit fünf anderen Jungs in dem Zimmer untergebracht. »Glaub mir«, sagte Rob, »in einem Vogelkäfig wäre mehr Platz gewesen.«

*

Was er dann beschrieb, das klang nach Scientology-Beach, einem Arbeitsresort unter Palmen. Sein Leben dort war von Sonne beschienen – und von Wäsche waschen, Bügeln und Putzen geprägt. Rob schuftete dreizehn, vierzehn Stunden am Tag, alle zwei Wochen hatte er einen Tag frei. »Anfangs bekam ich neun Dollar die Woche, später fünfundzwanzig. Ich höre, heute zahlen sie fünfzig. Aber darum ging es nicht: Wir waren damals fünfundvierzig Kinder von acht bis fünfzehn Jahren, arbeiteten härter als viele Erwachsene – und für uns fühlte es sich an, als würden wir die Welt retten.«

Aber warum? Ich verstand nicht, was daran so

mitreißend war. »Im Nachhinein gar nichts«, resümierte Rob. »Ich meine: Wir waren total auf uns allein gestellt. Niemand kümmerte sich um uns. Einmal schraubte ich mit einem anderen Jungen an einem Moped herum. Wir hatten den Kettenschutz gerade abgenommen, als ihm das Kettenrad die Hälfte seines Mittelfingers absäbelte. Ich nahm das Stück Finger, steckte es in eine Marlboro-Schachtel – wir rauchten damals alle – und trottete mit ihm ins Krankenhaus. Bis wir da ankamen und sich jemand um ihn kümmerte, war seine Fingerspitze nicht mehr zu gebrauchen. Wir waren wie herrenlose Hunde.« Trotzdem, etwas musste ihn ja daran fasziniert haben – oder warum blieb er fünf Jahre in Clearwater und wurde für seine Verhältnisse sesshaft?

Rob überlegte. Eine halbe Minute, eine Minute. »Es ist schwer zu erklären«, sagte er schließlich. »Lass es mich so versuchen: Wir Jungs hatten einander, immerhin. Und wir fühlten uns als Teil von etwas. Als ein Teil der Erwachsenen.« Ein Gefühl, das er kannte, weil seine Mutter ihn nie kindgerecht behandelt, sondern immer selbstverständlich mitgezogen hatte? »Vielleicht«, sagte Rob und bestellte uns noch zwei Bier. Wir saßen in der »Breslin Bar«, einem gemütlichen Restaurant in der 29. Straße, das zweigeteilt war: vorne Bar, hinten Dining Room. Es gab viel dunkles Holz und ein rustikales Menü, mit Schweinebauch oder Blutwurst – aber uns interessierte an diesem Abend nur die Flüssignahrung. Ich erinnere mich dunkel, dass wir später in der Nacht noch irgendwo einen billigen Burger aßen, auf dem Heimweg, als wir beide nicht mehr ganz stabil auf den Füßen waren. Aber erst mal gab es hier noch ein Bier, und ich fragte Rob, was es mit dem ganzen Gerede von Scientology und Gehirnwäsche auf sich habe: »Ist es das, was sie mit dir in Clearwater gemacht haben? *Have you been brainwashed*?«

Er möge den Ausdruck nicht, sagte Rob. »Der ist sehr praktisch für alle, die meinen, Scientology ziehe Zombies heran. Das sind aber keine Zombies, sondern relativ intelligente Menschen.« Pause. Dann versuchte er es so: »Es gibt viele Menschen, die an etwas glauben. Manche glauben an Ufos, andere an Hexen. Sind die deswegen *brainwashed*? Ich glaubte an Scientology, weil ich an etwas glauben wollte. Es ist für Außenstehende vermutlich nicht zu verstehen. Ron Hubbard schrieb 25 Millionen Worte dazu. Er schuf eine neue Realität, und 100 000 Leute glauben an diese Realität.« Aber wie sieht die aus? »Du bist das, was Scientology einen Thetan nennt. Verantwortlich für deine eigene Existenz und deine eigenen Verhältnisse. Was macht dich zu Ulli und mich zu Rob? Nicht dein Körper, nicht dein Gehirn. Nenne es deinen Geist, nenne es deine Seele. Das klingt jetzt sehr esoterisch. Ist es auch. Aber nicht verkehrt. Das denke ich immer noch, auch wenn ich mich davon verabschiedet habe. Denn gleichzeitig ist es schaurig. Weil du bei Scientology natürlich völlig weltfremd wirst.«

Irgendwann in Clearwater fiel ihm auf: Etwas läuft hier falsch. Hier versucht jemand, sich auf unsere Kosten einen Vorteil zu verschaffen. »Vielleicht war ich auch einfach nur erwachsen geworden, aber plötzlich war mir klar, dass Scientology nicht auf das Individuum guckt. Der alte Hubbard war krank, er hatte nichts mehr zu sagen. Starb. Es heißt, an Krebs. Rob Miscavige übernahm, heute Tom Cruise' bester Freund. In Clearwater begannen sie, Leute zu entsorgen, mit denen sie nicht zufrieden waren. Ich fand das undankbar.«

Er beschloss, zu gehen. Rob wusste von Leuten, die von Privatdetektiven bespitzelt wurden, deren Freunde ausgehorcht wurden, als sie Scientology verließen. Er sagt, das sei ihm nicht passiert. Jedenfalls nicht seines Wissens. »Vielleicht war ich ihnen nicht wichtig genug.« Trotzdem, er würde sich in keine Fernsehshow setzen und Scientology anklagen. »Im Leben nicht!« Dafür sei ihm seines zu wertvoll. Aber natürlich hatte er Schwierigkeiten, sich in der Welt draußen zurechtzufinden, als er Clearwater verließ.

Rob fuhr zu seiner Mutter, die inzwischen – »Du ahnst es« – mit einem neuen Mann zusammenlebte; erstaunlicherweise einem, der sie bat, mehr Zeit mit ihm zu verbringen als mit Scientology. Sie hatte deshalb die »Sea Org« verlassen und war nur noch ein ganz normales Mitglied, als Rob an ihre Tür klopfte. Er war achtzehn und ein wenig orientierungslos. Seine Mutter lebte in einem kalifornischen Surfer-Ort, in den er nicht passte. »Ich dachte, ich sei selbstbewusst, aber plötzlich hatte ich das Gefühl, ich sei nichts wert. Ich bekam nichts auf die Reihe. Die Jungs in meinem Alter, die wollten surfen, kiffen und Mädchen klarmachen, aber ich suchte nach etwas Großem, Bedeutsamem. Etwas, für das ich mich hundertprozentig engagieren konnte.«

Er kontaktierte seine Tante Gina, die ihn damals in die Schule gesteckt hatte. Sie lebte inzwischen in New York City, er fuhr zu ihr. »Warum studierst du nicht?«, fragte sie – und fand ein College in Maine, bei dem er sich ohne Schulabschluss, aber mit ein paar Tests bewerben konnte. »So etwas wäre bei euch in Europa unmöglich!«, rief Rob und lachte. Aber er interessierte sich für Computerwissenschaften, fuchste sich da rein und bekam ein Stipendium. »Das veränderte alles. Plötzlich war da ein Sinn, eine Idee. Und mit der Zeit bekam ich genug Abstand, um ein richtiges Leben zu beginnen.« Sein erstes selbstverdientes Geld steckte er in einen Therapeuten, »der half natürlich auch«, ergänzte er lächelnd.

Heute besitzt Rob eine Programmierfirma. Der Job führt ihn oft nach Kalifornien, in die Nähe seiner Mutter, die er dann besucht. Kein Groll? »Meine Mom hat ihr Bestes gegeben. Leider konnte sie nicht besser. Ich wünschte, ich könnte ihr böse sein, aber es geht nicht. Sie ist ein glücklicher Mensch. Auf ihre Art.« Rob zuckte die Schultern. »Wie viele Biere hatten wir?«, fragte er dann. Wir baten um die Rechnung – es waren genug. »War aber schließlich harter Stoff«, sagte Rob. »Das nächste Mal machen wir was Lustiges. Ich war lange nicht beim Baseball. Lass uns zu den Yankees gehen, hast du Lust?«

Hmm. Ich hatte Baseball bisher nur im Fernsehen geguckt. Einen Sport mit furchtbar vielen Pausen. Es konnte passieren, dass ich in einer davon einschlummerte, was ein bisschen ungünstig war, da ich hin und wieder über Baseball Artikel schrieb.

Denn ich berichtete für die »Süddeutsche Zeitung« über amerikanischen Sport – und Baseball ist *der* amerikanische Sport schlechthin.

Es war wohl Zeit, sich den einmal vor Ort anzugucken.

Ausflug nach Amerika

Es war ein herrlich milder Freitagabend, als wir uns trafen. Baseballspiele fangen hier meist um 19.05 Uhr an; man könnte auch sagen, um 19 Uhr, doch bevor der erste Ball geworfen wird, braucht man erst mal fünf Minuten für die amerikanische Hymne, die hier vor jedem Spiel zu hören ist, und für eine kleine Werbepause, denn selbstverständlich wird jedes Spiel der New York Yankees übertragen. Die Yankees haben einen eigenen Kanal, der dafür zuständig ist – »The Yankees Entertainment and Sports Network«, kurz: »YES«.

Nun aber sollte ich sie live in ihrem Stadion sehen. Wir fuhren mit der Linie 4 vom Union Square nach Norden in die Bronx, wo die Yankees zu Hause sind. Die Linie 4 fährt express, das heißt, sie hält nicht an jeder Station, und nach zwanzig Minuten schallte die Ansage »161st Street/Yankee Stadium« durch den Waggon, und wir stiegen aus. Wir hatten während der Fahrt ein klitzekleines Bier getrunken (in brauner Papiertüte selbstverständlich), und ich fürchtete, dass mir da jemand etwas hineingeträufelt hatte, denn ich sah plötzlich doppelt: Komm raus aus der U-Bahn, stand ich nicht vor einem, sondern vor zwei Baseballstadien. Zwei von außen identischen Baseballstadien – eines links der 161. Straße, eines rechts davon.

»Rob«, sagte ich, »ich glaube, ich bin breit!« – »Hast du auch Sehstörungen?«, fragte er und lachte. Wir verstanden uns.

Wir wussten natürlich beide, warum da zwei Stadien standen: Die Yankees hatten etwas erschaffen, das man »Yankee Stadium reloaded« nennen könnte – ein neues Stadion, das aussieht wie das alte. Mit hellgrauer Fassade und hohen Fenstern, die gewölbt sind wie die einer Kathedrale. Doch im alten Stadion gab es noch düstere Katakomben, während im neuen nun eine Shoppingmeile glänzte, mit edlen Restaurants, in denen Sterneköche für das Menü verantwortlich waren. Auch war die Anzahl der »private suites« von neunzehn auf sechsundfünfzig erhöht worden: Luxuslogen, in denen ein Lastwagen hätte parken können, so groß waren die jetzt. Der ganze Bau hatte 1,3 Milliarden Dollar gekostet und war eine hübsche Vorlage für Spott: »Die Leute sprechen von einem Fünfsternehotel mit Ballpark in der Mitte«, wie Larry Lucchino sagte, der Präsident der Boston Red Sox, des ewigen Ostküstenrivalen der Yankees.

Das Problem ist: Die New York Yankees – der Rekordmeister der Liga mit siebenundzwanzig Meistertiteln – sind irrsinnig reich, irrsinnig laut und im Rest des Landes irrsinnig unbeliebt. Ich würde es gern damit vergleichen, wie der FC Bayern in Schleswig-Holstein gesehen wird, aber das reicht nicht. Man kann es wahrscheinlich nicht einmal mit Roman Abramowitschs FC Chelsea und seinem Image im Rest Europas vergleichen. Für die Amerikaner sind die Yankees das böse Gesicht des Sportkapitalismus schlechthin, die zur Baseballmannschaft gewordene Dekadenz. Ich war daher auf einiges gefasst, als ich mich auf den Weg zu ihrem Stadion machte, besser gesagt: ihren Stadien.

Das alte sollte bald abgerissen werden, das neue war jetzt die zentrale Anlaufstelle für Yankee-Fans, die an diesem Abend aus der U-Bahn strömten. Und selbstverständlich dunkelblaue Yankee-Baseballmützen trugen, darauf die weißen Buchstaben NY: das breitgeschwungene N und darin das nicht ganz so breitgeschwungene Y. Es ist das berühmteste Baseballlogo Amerikas und das zweitberühmteste Logo New Yorks (nach »I ♥ NY«, den drei schwarzen Buchstaben mit dem roten Herzen dazwischen). Touristen kaufen die Baseballmützen gern, wenn auch als Erinnerung an die Stadt und nicht an die Yankees – diese Weltmeister des Protzes. Oder sollte ich sagen, angeblichen Weltmeister des Protzes? Ich fand ihr neues Stadion nämlich gar nicht so übertrieben.

Ich war erstaunt, als Rob und ich die Treppen im Yankee Stadium drei Etagen hochliefen, bis wir vor Block 324 standen, wo unsere Plätze waren. Von dort hatte ich einen schönen Überblick über das diamantenförmige Stadion, das mit seinen steilen Rängen etwas sehr Intimes hat: Wir liefen ein bisschen umher, und egal, von wo ich auf das Spielfeld schaute, irgendwie war man überall nah dran. Auf den teuren Plätzen weiter unten natürlich ein bisschen näher als auf den billigen weiter oben. Das Yankee Stadium fasst 50 291 Leute, trotzdem: Es schien mir ein Schmuckkästchen von einem Stadion zu sein; nur die Anzeigetafel, die etwa das Ausmaß eines Fußballfeldes hatte, fand ich ein bisschen *too much.* Aber sonst? Mir gefiel, was ich sah. Und noch mehr gefiel mir, dass ich mich in den folgenden dreieinhalb Stunden nicht eine Sekunde langweilte. Man bot mir eine große Show.

*

Baseball ist der Sport der weißen Männer, die nichts mit den 2,20 Meter großen Superathleten des Basketballs anfangen können. Und auch nicht mit den 1,80 Meter breiten Abwehrschränken des American Football. Dafür findet jeder Farmer, der irgendwo in Idaho sein Land umpflügt, beim Baseball einen Helden, mit dem er sich identifizieren kann. Baseballspieler haben eher gedrungene Figuren und mitunter mächtige Bäuche, die sie nicht immer sehr sportlich aussehen lassen. Und dann tragen sie auch noch diese Anzüge, die an Pyjamas erinnern. Für europäische Fußballfans ist das ungewohnt, sie können sich nur mit Mühe für Baseball begeistern, weil es ihnen unspektakulär vorkommt, wenn solche Männer dann auch noch Löcher in die Luft hauen, was sie ja häufig tun. Baseball ist ein seltsames Spiel, meistens statisch und langsam – doch dann plötzlich ästhetisch und bezaubernd, für Sekunden. In diesen Sekunden sollte man nicht vor dem Damen-WC oder am Hot-Dog-Stand anstehen. Sonst verpasst man alles, was den Sport ausmacht.

Rob und ich holten uns daher schnell zwei Bier – pro Stück zwölf Dollar – und zwei Hot Dogs: Man hatte laut Menütafel die Wahl zwischen einem »regular hot dog« und einem, der als »footlong« angepriesen wurde. Ich schaute mir das fußlange Modell an, das mich aber eher an die Armlänge von Michael Groß erinnerte, unserem Schwimm-Albatros. Keine Ahnung, wie man so etwas ordern kann. »Regular, please«, sagte ich. Rob bestellte Pommes frites dazu: »Aber nur eine Portion. Die teilen wir«, erklärte er der Verkäuferin und zeigte auf mich. »Sie hat einen kleinen deutschen Magen.« Rob lachte. »Trotzdem, Ulli, du bekommst das ganze amerikanische Gedeck«, sagte er dann und sprintete zwei Stände weiter, wo er uns noch eine Schale Nachos besorgte: Tortilla-Chips mit Sour Cream, Peperonischeibchen, Hack und einer Käsesauce, die so was von knallgelb war, dass ich vermutete, unsere Zähne würden nach dem Essen im Dunkeln leuchten.

Wir gingen damit zu unseren Plätzen, die ein wenig mühsam zu erreichen waren: Wir mussten an einer Großfamilie mit vier Kindern vorbei, die sich mit drei Jungs und einem Mädchen (es trug die Yankee-Kappe in Rosa) ziemlich breitgemacht hatte. Man hätte meinen können, die Familie sei mit Reiner Calmund verwandt, jedenfalls der Statur nach, aber sie sprach ein solches Kaugummi-Englisch und saugte so schmatzend an den Strohhalmen ihrer Cola-Eimer, dass ich dachte: No way, das sind Americans.

Ich fragte mich, ob ich bei uns im East Village schon einmal neben so einer Familie gesessen hatte, konnte mich aber nicht daran erinnern. Auch wenn wir uns noch innerhalb der New Yorker Stadtgrenzen befanden: Mir kam es vor, als hätte ich keinen Ausflug ins Yankee Stadium unternommen – sondern eine Reise ins wahre Amerika. Jedenfalls wirkte es so, wenn man aus dem ja doch sehr europäisierten Manhattan kam, wo alles »organic« war, also Bio, und man auf unnütze Dickmacher wie Weißbrot verzichtete. Im Yankee Stadium aber spielten Kalorien keine Rolle: Alles hier war *oversized*, die Hot Dogs, die Cola-Eimer, die Kleidergrößen – und die Verehrung für einen Mann.

Denn es war 19.05 Uhr, und der *leadoff hitter*, der erste Spieler, der schlägt, machte sich für die Yankees bereit: Derek Jeter, ihr Kapitän, groß und O-beinig, weißer Anzug, blaue Nadelstreifen. Er schwang seinen schwarzgelackten Baseballschläger und schaute konzentriert wie ein Börsenmakler, der die Kurse an der Wall Street studiert. Jeter grüßte nicht, er guckte nicht hoch, als die Fans begannen, seinen Namen zu singen. »Däräääääk Jetaaaaaah!«, hallte es von den Tribünen. Eine blonde Frau zwei Reihen vor uns rief: »Derek, marry me!« Theoretisch war das zwar möglich, aber praktisch? Jeter ist nicht verheiratet, doch er pflegt gern Beziehungen mit prominenten Damen.

Jeter war schon mit Mariah Carey liiert und mit Scarlett Johansson, zuletzt ging er mit einem Model aus, dessen Kurven in der Bikini-Ausgabe von »Sports Illustrated« zu bewundern waren. Er bietet hübschen Stoff für die Klatschspalten, doch Jeter hat nie ein Wort über seine Frauengeschichten verloren. Er ist auffällig unauffällig – und dafür lieben sie ihn hier. Hinzu kommt: Jeter spielt seit achtzehn Jahren für die New York Yankees; er pflegt eine Clubtreue, die im amerikanischen Baseball selten ist. Oft wechselt man während der Karriere zur Konkurrenz, das ist im europäischen Fußball ja nicht anders, denn so lässt sich das Gehalt hochjagen: Du willst mich haben? Gern, doch das kostet. Jeter aber hat sich nie weglocken lassen; er verdient natürlich genug bei den Yankees (pro Jahr sechzehn Millionen Dollar), aber er wüsste vermutlich auch nicht, wohin er gehen sollte. Jeter träumte schon als kleiner Junge davon, für die großen Yankees zu spielen, und es scheint, als wolle er mit ihnen alt werden: Es gibt nicht wenige, die glauben, dass er die Yankees nach seiner aktiven Zeit coachen oder managen wird. Vielleicht hält es ihn deshalb auch nie lange bei einer Frau: Jeter ist längst verheiratet. Mit den Yankees.

Er ist hier die große Ausnahme, vor ihm ziehen sogar die Fans des Gegners die Mütze. Das ist, als würden Schalke-Anhänger vor Bastian Schweinsteiger niederknien – absurd, wie ich jetzt zu Rob sagte. Doch die Leute hier im Stadion, die in den Trikots der Tampa Bay Rays dasaßen, dem heutigen Kontrahenten der Yankees, klatschten, als Derek Jeter erschien. Denn Jeter, mit mehr als 3000 Treffern der Rekordmann der Yankees, ist »der ewige Sohn«, wie einmal die »New York Times« über ihn schrieb. Adoptiert von halb Amerika.

Dazu muss man wissen: Baseball ist der Sport der Väter und Söhne, kein Thema, bei dem Mütter und Töchter viel zu melden haben. Die Yankees leben diese Tradition, wie sie alles leben – herrlich übertrieben. Sie sind nämlich auch das unterhaltsamste Team der Liga, sie geben »Eine schrecklich nette Familie« in Großformat. Derek Jeter hat die Rolle des guten Jungen inne, dem man alles vergibt – egal, wie peinlich der Rest der Sippe sich benimmt. Alex Rodriguez etwa, das Sorgenkind der Yankees und der ewige Rivale Jeters. Ein des Dopings überführter Kerl, den stets ein Hauch des Unseriösen umgibt. Jeter und Rodriguez erinnern an Brüder, bei denen der Jüngere mit dem mächtigen Schatten des Älteren zu kämpfen hat. Die beiden sind die Gesichter der Yankees, es ist unmöglich, ihnen zu entkommen; ich sah sie auf den Sportseiten der Zeitungen oder den Werbetafeln am Times Square – und nun natürlich im Yankee-Stadion. Wo es sehr vergnüglich zuging.

Anders als im Fernsehen wurden die vielen Pausen nicht mit Werbung überbrückt – sondern mit der irren Anzeigetafel, die mich an eine grell geschminkte Dirne auf der Reeperbahn erinnerte: Sie war ziemlich aufdringlich, trotzdem kam man nicht umhin, sie anzuschauen. Ständig blinkte ein Quiz darauf auf, wie »Who's that Baby Bomber?«, bei dem die Kinderfotos von drei Yankees gezeigt wurden. Wir sollten jetzt erraten, welches davon C. C. Sabathia zeigte, einen ihrer Werfer, der etwas mollig ist – und es auch als Kind schon war, wie wir auf Bild »B« erkannten. »Biiiiiiieeeh!«, grölte die Fangemeinde, Rob und mich eingeschlossen. Rob lachte, dann erklärte er mir: »Das ist wie im alten Rom. Da hatten sie Brot und Spiele, wir haben Hot Dogs und Baseball.« Dann aber meldete sich das alte Griechenland, denn die Stadionorgel dudelte einen Sirtaki. Die Jungs neben uns klatschten in ihre Baseballhandschuhe, die sie dabeihatten, in der Hoffnung, einen Ball zu fangen. Am liebsten natürlich von Derek Jeter, dessen Nummer sie auf ihren Yankee-T-Shirts trugen – die 2.

Jeter kniff nun unten auf dem Spielfeld die grünen Augen zusammen, kurz nur, dann holte er mit seiner Keule aus. Beim Baseball greift ja eine Mannschaft an, die andere verteidigt; punkten kann nur, wer schlägt. Doch Jeter schlug erst einmal daneben – der Wurf des Gegners war ein »Strike«, also ein Ball, der den Tampa Bay Rays zugeschrieben wurde. Dann gelang Jeter ein »Hit«, ein Treffer: Er drosch den Ball zur rechten Seite des Feldes, an einem Ray vorbei, der ihn nicht zu fassen bekam, und lief zur ersten Base. Natürlich, ohne groß eine Miene zu verziehen, denn Jeter kommt stets daher wie in einer Werbung für Deodorant: clean.

Wer mit ihm spricht, hört ein freundliches »Howzitgoin'?«, wie geht es – und ansonsten Baseball-Talk. Nach den Spielen, wenn Jeter in der Umkleidekabine der Yankees steht, scharen sich die Journalisten um ihn, und er sagt so spannende Sachen wie: »Ich habe mich heute sehr gut gefühlt.« Jeter ist so was von professionell, dass er langweilig wäre, gäbe es nicht Alex Rodriguez, seinen Gegenentwurf, der hier nur »A-Rod« genannt wird.

Rodriguez, grüne Augen, dunkles kurzes Haar, ist der bestbezahlte Baseballspieler der Welt: Die Yankees statteten ihn mit einem Zehnjahresvertrag über 275 Millionen Dollar aus. Er ist ein Schläger, der eine Partie mit einem seiner gewaltigen Homeruns entscheiden kann: Die Schönheit seines Spiels liegt in dessen Schlichtheit, der reinen Kraft, und in solchen Momenten verstand ich, warum die Amerikaner Baseball lieben. Rodriguez aber wird hier höchstens respektiert, an diesem Abend wurde er sogar ausgepfiffen, weil ihm kein großer Schlag gelang.

Über ihn ist immer ein unschönes Gerücht in Umlauf. Ich weiß gar nicht, was ich alles schon über Rodriguez gelesen habe. Er hat natürlich einen Pressesprecher, der immer gleich rief: Totaler Quatsch! Aber mal ging es um illegale Pokerrunden, an denen Rodriguez teilgenommen und bündelweise Dollar auf den Tisch gelegt haben soll. Und dann wieder um irgendwelche Frauengeschichten, denn das ist so ziemlich das Einzige, was ihn mit Derek Jeter verbindet: Auch Alex Rodriguez hat einen Hang zu den Schönen und Berühmten. Und sie zu ihm. Warum auch nicht?

Seine Körpersprache kennt nur elf Buchstaben: T-E-S-T-O-S-T-E-R-O-N. Rodriguez hat ein breites Kreuz und ein austrainiertes Hinterteil, das er bewegt wie ein Topmodel. Das muss Madonna angemacht haben, mit der er 2008 eine Affäre hatte. Auf Madonna folgte Kate Hudson, auf Kate Hudson folgte Cameron Diaz, die sich ein gutes Jährchen hielt und schon kurz davor war, C-Rod genannt zu werden. Wie Rodriguez' Exfrau Cynthia, mit der er zwei Töchter hat. Während der Ehe, hieß es, sei er in Swingerklubs herumgeturnt und habe Frauen gefragt: »Wer ist heißer: Ich oder Derek Jeter?«

Ich fand ihn ziemlich heiß, jedenfalls seine Rückenansicht. Von vorn betrachtet war ich mir nicht so sicher, denn Rodriguez fasste sich andauernd in den Schritt. Aber das machen sie hier alle.

Es ist beim amerikanischen Sport nämlich so, dass

die Kerle sich noch benehmen dürfen, wie sie wollen. Selbst wenn die Fernsehkameras sie einfangen, rotzen sie auf den Boden und kratzen sich am Glied. Jeder Athlet weiß natürlich, wann er in Nahaufnahme zu sehen ist. Beim Baseball natürlich der Werfer, wenn er wirft. Und der Schläger, wenn er schlägt. Doch was macht er, bevor er wirft oder schlägt? Ruckelt an seinen Genitalien herum. Das ist so, als würde Manuel Neuer vor dem Anstoß an den Torpfosten pinkeln. Wir würden aufschreien, Neuer lebenslang sperren, mindestens! Hier aber wird so etwas nicht weiter hinterfragt. Niemand wundert sich, nicht einmal Rob, den ich jetzt fragte, warum das so sei. Er zuckte mit den Schultern, grinste, dann sagte er: »Echte Männer dürfen so sein.« Und wenn es hier einen echten Mann gab, dann Alex Rodriguez.

Der stand nun da unten, griff noch mal kurz wohin, ehe er mit beiden Händen seinen Schläger umklammerte und seinen Blick auf den Werfer konzentrierte. Rodriguez trug die Nummer 13, sonst war auf seinem Rücken nichts zu lesen: Die Yankees laufen ohne ihre Namen auf dem Trikot auf, als einziges Team der Liga. So hat es George Steinbrenner einst verfügt, ihr langjähriger Besitzer. Es soll symbolisieren: Bei uns zählt nicht das Individuum, bei uns zählt das Ganze. Sie reden hier auch gern vom »Yankee Universe«.

Es war ein Universum des Größenwahns, das von Mr Steinbrenner geprägt wurde, einem Milliardär, der in Florida lebte. Mr Steinbrenner, hier nur »The Boss«, war für cholerische Anfälle und überzogene

Gehälter berühmt, die das Einkommensgefüge der Liga explodieren ließen. Als der Alte sich vor fünf Jahren krankheitsbedingt zurückzog, übergab er das Geschäft an seine Söhne Hank und Hal, die optisch an Lolek und Bolek erinnern. Von Hank sagte man, er sei ein würdiger Nachfolger und könne zürnen wie sein Daddy, der im Sommer 2010 starb. Mit 80. Doch Hank und Hal geben sich seither gemächlich: Sie haben den Größenwahn einen Gang zurückgeschaltet, legen Wert auf Nachwuchsleute, die noch keine 18 Millionen pro Jahr kassieren, sondern nur 1,8 Millionen. Dafür finden Hank und Hal in der Yankee-Öffentlichkeit kaum statt. Sie werden von Derek Jeter oder Alex Rodriguez überstrahlt, deren Namen selbst dann noch unaufhörlich fallen, wenn sie gar nicht spielen. Wie im vergangenen Jahr, als die beiden in der ersten Hälfte der Saison verletzt fehlten.

*

Jeter hatte sich während der Play-offs 2012 den Knöchel gebrochen; es geschah hier im Yankee Stadium. Ich war dabei, und ich glaube, ich werde diesen Moment in meinem Leben nie wieder vergessen. Dieses Geräusch beziehungsweise dieses Nicht-Geräusch, wenn 50 000 Menschen von einer Sekunde zur anderen plötzlich still sind. Und still bleiben. Folgendes geschah: Jeter versuchte, einen Ball zu fangen, aber dann knickte er seltsam um, lag auf einmal am Boden – und dem ganzen Stadion fiel kollektiv die Kinnlade herunter. Jeter bewegte sich nicht, jeder konnte sehen, dass ihm etwas passiert war. Es gibt natürlich Schlimmeres auf diesem Planeten, als wenn ein Mann sich den Knöchel bricht, aber für das »Yankee Universe« bedeutete das nicht weniger als den Weltuntergang.

Mir kamen die Tränen, jeder anderen Frau auch, als zwei Trainer ihn vom Boden aufhoben, Jeter seine Arme um sie legte und mit ihrer Hilfe vom Platz humpelte. Ich erwartete, dass jemand zur Aufmunterung einen »Däräääääk Jetaaaaaah«-Chor anstimmen würde, doch das Stadion verharrte in einer Schockstille, die sich auch in den U-Bahnen noch fortsetzte, die nach dem Spiel von der Station »161st Street/Yankee Stadium« losfuhren und sprachlose Menschen nach Hause brachten.

Jeter musste operiert werden, es war der Aufmacher aller »News«-Sendungen, doch es hieß, er würde zur neuen Saison wieder fit sein. Im Februar und März trainierte er mit den Yankees, aber dann verdrehte er sich den Fuß und musste wieder pausieren. Die Saison begann ohne ihn, doch es wurde mehr über sein Wohlbefinden geschrieben als über die Siege und Niederlagen der Yankees. Die auch ohne Alex Rodriguez auskommen mussten. Der war an der Hüfte operiert worden und noch rekonvaleszent, machte aber aus anderen Gründen Schlagzeilen: Er stand mal wieder unter Dopingverdacht. Sein Name war in den Papieren einer Klinik in Florida aufgetaucht, die sich offiziell mit »Anti-Aging«-Prozeduren beschäftigte, also mit Schönheitsoperationen, inoffiziell aber ein paar Baseballspieler mit verbotenen Mittelchen jünger machte. Und spritziger.

Einer von ihnen sollte A-Rod sein, der plötzlich

sehr A-Lone dastand. Er wurde für 211 Spiele gesperrt, das bedeutete die restliche laufende und die komplette kommende Saison. Eine so harte Strafe hatte die Liga noch nie gegen einen Spieler ausgesprochen, aber Rodriguez war ein Widerholungstäter. Außerdem, so argumentierte der Ligavorstand, habe er nun versucht, »seine Verstöße zu vertuschen und die Untersuchung zu behindern«. Angeblich wollte er Beweismittel kaufen und vernichten. Schön war das nicht, und dann wurde es auch noch grotesk: Rodriguez war gerade von den Ärzten der Yankees für gesund befunden worden, als seine Strafe verkündet wurde; trotzdem stand er am Abend auf dem Feld und bestritt sein erstes Saisonspiel. Denn er legte Einspruch gegen seine Sperre ein, und solange darüber verhandelt wurde, war er spielberechtigt. Es war ein sagenhaftes Theater, das um jeden seiner Schritte gemacht wurde: A-Rod war der Aufmacher der Nachrichten, A-Rod zierte die Titelseiten der Zeitungen, A-Rod war das Thema in den Bars der Stadt.

Ich war mir in diesen Tagen nicht ganz sicher, ob ich in New York City lebte – oder in der Sportprovinz, in der sonst nichts passierte. Aber mit dem Baseball ist es hier wie bei uns mit dem Fußball: Er ist die schönste Nebensache der Welt. Mit all seinen Facetten, den guten und den schlechten.

Das war auch der Grund, warum ich nach meinem ersten Ausflug ins Yankee Stadium so angefixt war, dass ich immer wiederkam. Am liebsten freitagabends, als Ersatz für meine Freitagabende im Hamburger Stadion am Millerntor. Es hat ja etwas Entspannendes, am Ende einer Woche in einem Stadion zu sitzen, ein Bier in der Hand, die Arbeit hinter sich zu lassen und ins Wochenende zu gleiten. Die Baseballsaison ist lang, von März bis Oktober geht im Yankee Stadium eigentlich immer etwas. Einmal war hier sogar bis in den November Action, denn da spielten die Yankees im Finale gegen die Philadelphia Phillies um die World Series, die sie in sechs Partien gewannen. Wenn ich nicht im Stadion war, dann saß ich im Nagelstudio und beobachtete, wie sich die New Yorkerinnen, die das standesgemäß beklatschen wollten, ihre Nägelchen lackieren ließen – weiß mit blauen Nadelstreifen, *Yankee style*, nach den Anzügen der Helden.

Das Nagelstudio war so etwas wie mein zweites Wohnzimmer geworden, seit ich mich das erste Mal dorthin getraut hatte. Denn es war ähnlich wie im Yankee Stadium. Man konnte dort eine Menge über Land und Leute lernen – weibliche Leute natürlich.

Nails and the City

Es war mir bei uns im Fahrstuhl aufgefallen – meine Hände sahen gar nicht gut aus, verglichen mit denen meiner Mitbewohnerinnen, die neben mir standen und mit perfekt manikürten Fingern einen der sechzehn Knöpfe drückten; manchmal war es nur der mit der »1« darauf, was ich sehr drollig fand, wenn wir im Erdgeschoss einstiegen. Aber die Amerikaner sind keine Freunde des Treppensteigens, nicht einmal für eine Etage. Dass es manchmal schneller ging, in den ersten Stock zu laufen, statt auf den Fahrstuhl zu warten, interessierte sie nicht. Ähnlich ist es in den U-Bahn-Stationen hier: Egal, ob rauf oder runter, Amerikaner nehmen die Rolltreppe, auf der sie sich drängeln, während die Treppen daneben leer sind. Aber warum sollen sie sich bewegen, wenn sie auch transportiert werden können?

Für mich gab es darauf eine einfache Antwort: Ich leide an Klaustrophobie. In den U-Bahn-Stationen nahm ich deshalb immer die Treppen, und bei uns im Haus lief ich notfalls auch sechzehn Etagen nach oben. Etwa, wenn einer der beiden Fahrstühle, die es gab, kaputt war und sich alle in den anderen quetschten. Oder wenn eine Frau mit schönen Fingernägeln im Fahrstuhl stand, die mich daran erinnerten, dass meine weniger schön waren. Ich pflegte sie selber, manchmal pulte ich aber auch daran herum. Außer mir sah ich hier aber nie eine Frau, die an ihren Fingernägeln pulte. Und darum dachte ich eines Tages: Es muss etwas passieren.

*

Ich war noch nie in einem Nagelstudio gewesen; es war zu Hause in Hamburg auch nicht so offensichtlich, dass es die Möglichkeit gab, denn da war nicht an jeder Ecke eines zu sehen, höchstens einmal ein Laden, der sich »Medizinische Fußpflege« auf das Schaufenster geschrieben hatte, was für mich wie ein Synonym für die Entfernung von Hühneraugen klang. Nicht sehr sexy. Doch hier ist das alles ein bisschen anders.

Im Bundesstaat New York soll es 3800 Nagelstudios geben, und wenn diese Zahl stimmt, dann müssen sich 3799 davon in New York City befinden; jedenfalls fühlt es sich so an, wenn ich durch die Stadt laufe: Gehe ich zum Union Square, fünf Blocks von meiner Wohnung entfernt, komme ich allein an fünf dieser Läden vorbei. Sie heißen »Azur Nails«, »Spaology« oder »Pastel«, und sie haben nur dann keine Kundschaft, wenn »Azur Nails«, »Spaology« oder »Pastel« geschlossen sind – nachts. Denn die New Yorkerinnen verbringen ungefähr die Hälfte ihres Lebens im Nagelstudio. Kleine Mädchen, junge Frauen, ältere Damen, alle rennen sie hier ständig zur Maniküre und Pediküre, »mäännie and päääddie«, wie sie es aussprechen, und lassen sich ihre spitzen Nägelchen noch ein bisschen spitzer feilen.

Ich erinnere mich an eine Geschichte aus dem

»New York Magazine«, die im Jahr nach der Wirtschaftskrise erschien. Als 2008 die Wall Street zusammengebrochen war, hatte die Stadt das zu spüren bekommen. Die Kaufhäuser, die Restaurants, die Theater am Broadway – alle klagten über Umsatzeinbrüche. Die New Yorker waren sparsam geworden, sie gingen weniger aus, und die Ladys auf der Upper East Side, die nicht mehr ganz jung, doch faltenfrei wie frisch gebügelt aussahen, trugen ihre Einkäufe von Gucci und Pucci in neutralen braunen Papiertüten nach Hause, da es ihnen peinlich war, dass nur sie sich den Luxus noch leisten konnten. »Unsere Stadt ist nicht mehr dieselbe«, sorgte sich also das »New York Magazine« – kam dann aber erleichtert zu dem Schluss, dass wenigstens eines noch beim Alten geblieben war: »Die New Yorkerinnen gehen weiter zur Maniküre.«

Ich glaube, bevor sie sich die sparen, würden sie lieber drei Tage hungern. Oder auswandern. Ob das stimme, fragte ich Jean, die Managerin eines Nagelstudios bei uns im East Village, das nun auch ich besuchte, um die Fahrstuhlschmach zu umgehen. Jean nickte. »Das gehört in Amerika einfach dazu. Und in New York ganz besonders. Hier wird sehr auf gepflegte Finger geachtet.« Jean, eine gebürtige Koreanerin mit schwarzer Mireille-Mathieu-Frisur, stand in ihrem Laden, der zartgelbe Wände hat, hellgrüne Tische und rosafarbene Stühle. Sie erzählte, 90 Prozent ihrer Klientel seien Stammkundinnen, »die zum Teil zweimal in der Woche kommen, nur um den Lack wechseln zu lassen. Weil sie für einen Geschäftstermin schön aussehen wollen. Oder für einen Mann.«

Jean grinste. »Haben sie ein Date, wünschen sie meist noch ein Waxing. Amerikanische Männer mögen es ganz gern, wenn Frauen haarlos sind, jedenfalls an einer gewissen Stelle.« Sie kicherte.

Es geht hier viel um Dates, Verabredungen, das wissen wir ja spätestens seit »Sex and the City«, von Carrie und ihren Freundinnen auf der Suche nach einem anständigen Mann. Den zu finden ist im wahren Leben nicht einfach, denn es gibt in Manhattan siebenmal so viele Singlefrauen wie Singlemänner. Man kann den Manikürewahn deshalb durchaus auch als Wettrüsten begreifen.

Ging ich zu Jean ins Nagelstudio, war das oft, als würde ich eine Folge »Sex and the City« live gucken. Denn meist waren es Freundinnen, die da nebeneinandersaßen, und deren Gespräche kreisten immer um ihre verkorksten Dates mit verkorksten Männern. Sie bestellten eine »mäännie«, nahmen Platz, streckten die Fingerchen aus, sagten an, ob die Nägel rund oder eckig gefeilt werden sollten (lieber eckig), und dann schnatterten sie los: »Er war total nett und wollte mich anrufen, aber er hat sich nie wieder gemeldet.« – »Manchmal treffen wir uns und dann wieder nicht, ich weiß nicht, was das werden soll.« So ging das in einer Tour.

Das erschien mir immer ziemlich trostlos, und noch trostloser kam es mir vor, als ich solche Sätze dann aus meinem Mund hörte. Doch meine langjährige Beziehung war zu Ende und mein (nun ehemaliger) Lebensgefährte zurück nach Deutschland gegangen. Und so befand ich mich wieder auf dem Single-Markt – aber nicht irgendeinem Single-

Markt, sondern diesem verrückten hier. Und eines späten Nachmittags, als ich bei Jean im Nagelstudio hockte, fiel mir auf, dass ich nun selbst »Sex and the City«-Gespräche führte.

Wenigstens konnte mir nicht der halbe Laden folgen, denn ich sprach Deutsch: Meine Freundin Naomi, die vietnamesische Wienerin aus dem Café Katja, saß neben mir, als ich ihr von einem hübschen Jamaikaner erzählte, den ich in einer Bar kennengelernt und der sich für diesen Abend mit mir verabredet hatte, da er mich unbedingt wiedersehen wollte. »Unbedingt!«, zitierte ich. »Aber dann schrieb ich ihm vorhin eine SMS und fragte, wann und wo wir uns treffen wollen, und da textete der doch: Sorry, dear, not tonight.« Naomi verdrehte die Augen. »Ach, Ulli, das sind alles solche Vollpfosten hier«, sagte sie.

Naomi war vorbeigekommen, um mir Gesellschaft zu leisten. Sie brauchte keine Jean, sie machte sich die Nägelchen selber. Zu Hause, an ihrem Küchentisch und in den buntesten Farben. Mal rot-weiß gesprenkelt. Mal grün-gelb gestreift. Aber immer top. Ich weiß nicht, wie sie das hinbekam, ich hätte keine ruhige Hand dafür gehabt. Aber ich schätzte, dass sie die einzige Frau in ganz New York war, die selbst zu Feile und Farbe griff. Der Rest gab das bei Jean & Co. in Auftrag. Man kennt es hier einfach nicht anders.

Tatsächlich ist Amerika das Mutterland des Nagellacks. Als 1917 das erste Nagelstudio eröffnete, nicht weit von hier auf der Fifth Avenue in Manhattan, ging es dort noch zu wie in einem Schwarzweißfilm: Die Nägel wurden geschnitten, gefeilt und poliert, blieben aber farblos. Das änderte sich, als 1925 der erste Nagellack auf den Markt kam, leicht durchsichtig, rosarot schimmernd, genau genommen ein Abfallprodukt der Automobilindustrie. Die boomte damals und setzte neuartige, stark deckende Pigmente für den Fahrzeuglack ein – was half, Blech zu übertünchen, ließ sich doch bestimmt auch auf Fingernägelchen übertragen, dachte sich die Kosmetikbranche. Jedoch: Der erste Lack war ein bisschen dünn und schnell wieder ab. Es brauchte die Herren Revlon, Charles und Joseph, zwei Brüder, die 1932 einen hübsch deckenden Nagellack entwickelten – in den tollsten Rottönen! Eine Revolution!

Anfangs benutzten nur Filmstars wie Jean Harlow oder Rita Hayworth Nagellack, heute läuft hier jede Frau mit angemalten Fingernägeln durch die Gegend. Es gibt in Manhattan aber natürlich auch ein Promi-Nagelstudio, das »Jin Soon Spa«, in dem Sarah Jessica Parker oder Julianne Moore vorbeischauen und ihre Füßlein in heißer Milch mit Honig baden. Der Laden ist nicht viel größer als ein Schuhkarton, hat zwei Tische für Maniküre und zwei Sitze für Pediküre; ich habe da mal reingeschaut, leider aber keine Berühmtheiten entdeckt. Nur einen etwas schmierigen Anzugträger, Typ Makler, der sich seine affenartig behaarten Füße massieren ließ. Da ging ich doch lieber ins Nagelstudio meines Vertrauens – zu Jean. Und weil ich nun auch ein Single-Mädchen in der großen Stadt war, machte ich es wie alle hier: Ich erledigte das am Samstagnachmittag.

Der Samstag der Single-New-Yorkerinnen ist nämlich eine sehr ritualisierte Angelegenheit: Erst mal ist das ihr »laundry day«, wie sie sagen, das heißt, sie waschen. In den meisten Apartmenthäusern gibt es eine Laundry für alle, einen Wäscheraum, in dem diese amerikanischen Maschinen stehen, deren Trommeln so riesig sind, dass King Kong darin übernachten könnte. Amerikanische Maschinen kennen genau drei Waschgänge: »hot«, »warm« und »cold«. »Hot« heißt einfach nur heiß, aber nicht, dass man seine Wäsche wie bei uns bei 60 oder 90 Grad waschen kann; das ist ein wenig erstaunlich für ein Land, in dem sich die Menschen dauernd die Hände mit »sanitizer« desinfizieren, weil sie Angst vor irgendwelchen »germs« haben – Bakterien. Gleichzeitig ziehen sie ihren Babys Wäsche an, die nur »cold« gewaschen werden darf, was ich nicht sehr antibakteriell finde. Und außerdem sehr unpraktisch, denn wenn sich jemand bekleckert, so dass die Wäsche gekocht werden muss, dann ja wohl Babys. Doch bei uns im Haus gab es vor allem Single-Mädchen. Und die träumten noch von Babys, wenn sie sich samstagvormittags mit ihrer Wäsche in die Laundry im ersten Stock begaben.

Dann war der Wäscheraum voll mit jungen Frauen, die kuschelige Jogginghosen trugen, hier »second home« genannt, zweites Zuhause, ihr Zeug in die Monstermaschinen warfen und sich dabei erzählten, was sie später noch vorhatten: »I'm getting my nails done« – ich lasse mir die Nägel machen. Natürlich. Denn am Samstagabend war »date time«. Nur für mich nicht, ich saß samstagabends lieber bei

Naomi an der Bar im Café Katja und versuchte zu verstehen, wie die ganze Dating-Geschichte funktioniert.

Sie funktioniert auf keinen Fall, wenn die Frau mit dem Mann in der ersten Nacht ins Bett geht. Das ist ein One-Night-Stand, der in der Regel nicht wieder vorkommt. »Ist so, machst du einmal und nie wieder«, klärte Naomi mich auf, seit Jahren erprobte Single-New-Yorkerin. »Giltst halt ein bisschen als Schlampe, die gleich alles mitmacht.« Und der Typ? »Als Schlamperich?«, überlegte Naomi. »Keine Ahnung! Jedenfalls: Hast du ihn einmal gevögelt, fragt der dich nicht mehr nach einem Date.«

Ein Date heißt: Ausgehen, sich kennenlernen, am besten beim Dinner, und der Typ zahlt (natürlich!). Dann: Spielchen spielen, sich nach Hause bringen lassen und zieren – man darf den Typen unter keinen Umständen hereinbitten. Und wenn es geht, auch nicht knutschen. Denn geknutscht wird frühestens nach dem zweiten Date. Das zweite Date findet aber erst und ausschließlich statt, wenn der Typ sich meldet. Das heißt: Die Frau hat beim Dating nicht viel zu sagen. Ihre Rolle besteht vor allem aus warten. Ich kannte das so nicht, und es kam mir auch eher mittelalterlich vor; ich dachte, ich habe einen Mund, also kann ich damit auch sprechen – merkte aber bald, dass ich mit meiner Auffassung hier nicht besonders weit kam.

Einmal verbrachte ich eine Nacht mit einem New Yorker Fernsehproduzenten, den ich bei Paolo, meinem Stamm-Italiener, an der Bar kennengelernt hatte. Der Produzent wohnte praktischerweise ein paar Eingänge weiter, so landeten wir bei ihm. Das war sehr nett, und weil ich einen Abend später zufällig wieder bei Paolo vorbeilief und der Produzent gerade aus seinem Laden herauskam, wiederholten wir das Ganze. Ich machte mir keine weiteren Gedanken darüber. Aber wir hatten von einem anderen italienischen Restaurant in unserer Gegend gesprochen, das wir beide ebenfalls mochten, und als ich ein paar Tage später dorthin ging, schrieb ich dem Produzenten eine kleine SMS, in der sinngemäß stand: »Falls du in der Nähe bist, komm doch vorbei!« Als ich Naomi davon erzählte, lachte sie sich kaputt, dann sagte sie: »Der Typ dachte bestimmt, du willst ihn heiraten!« Warum das denn?, fragte ich sie. »So was macht doch keine Frau hier: einen Typen fragen, ob der mit ihr ausgeht.« Sie zapfte ein Bier, das sie mir hinstellte, dann fragte sie: »Und, hat er geantwortet?«

Ja, hatte er: Er habe schon Pläne. »Immerhin«, sagte Naomi, »die meisten hätten da gar nicht drauf reagiert.« Und sie hätte ihm gar nicht erst getextet, denn Naomi hatte sich vorsichtshalber ein wenig angepasst. Auch wenn sie es genauso albern fand wie ich, nach dem amerikanischen Denkschema zu handeln – und nicht nach unserem Gefühl. Aber: Andere Länder, andere Sitten.

Trotzdem (oder eben gerade deswegen) hatten wir viel Spaß, wenn wir zusammen ausgingen – und mutmaßliches Dating-Verhalten beobachteten. Sahen wir eine Frau und einen Mann an einem Tisch, die etwa so locker miteinander umgingen wie Evelyn Hamann und Loriot in dem berühmten Sketch mit der Nudel (»Hildegard, bitte sagen Sie jetzt nichts«), dann malten wir uns aus, wie sie sich gerade kennenlernten: Wetten, sie sitzt morgen vor ihrem Telefon? Und wetten, er ruft nicht an? Währenddessen kamen wir oft mit fremden Herren ins Gespräch, ob die hinter der Bar standen oder davorsaßen wie wir. Und manchmal ergab sich für eine von uns dann etwas, zumindest im Bereich des One-Night-Stands.

New York ist, was das angeht, eine sehr direkte und geradezu aggressive Stadt. Ich kannte Geschichten von Freundinnen, die in einen Nachtclub gingen, und zehn Minuten später waren sie mit einem Kerl im Keller und hatten Sex. Es reichte ein schneller Blick, eine kleine Geste, um sich darauf zu verständigen. Und genauso schnell, wie es passierte, ging man wieder auseinander. Viel gesprochen wurde bei so einer Nummer nicht. Anders, als wenn man ein bisschen flirtete und dann gemeinsam irgendwohin ging. Danach hieß es gern: »Ich ruf dich an!«, »Das müssen wir unbedingt wiederholen!« Aber das war, so lernte ich, hohles Gerede. Es meldete sich kein Mann. Ich ersparte mir deshalb, meine Nummer herauszugeben, wenn jemand danach fragte, es wäre Zeitverschwendung gewesen. Ich dachte immer: Was redest du da, wenn du es eh nicht so meinst? Aber die Typen hier sind sehr gut darin, Dinge zu sagen, die sie nicht meinen; jedenfalls, wenn es um das Miteinander von Männern und Frauen geht.

Es kam vor, dass ich mehr als eine Nacht mit jemandem verbrachte – mal waren es zwei, drei Wochen, mal zwei, drei Monate –, doch auch dann passierte es, dass dieser Jemand sagte: »Tschüs, bis morgen«, aber dann tauchte er ab und meldete sich nie wieder. Anfangs machte ich mir noch Sorgen, ob ihm vielleicht etwas zugestoßen war, aber auch das ersparte ich mir bald. Einer der Herren meldete sich immerhin ein halbes Jahr später wieder und fragte per SMS, wie es mir ginge: »Hast du einen schönen Sommer? Was macht der Job? Ach, übrigens: Ich hätte gerade Lust ...« – *I'm horny*, las ich da wirklich. Es war der erste »bootie call«, den ich erhielt – eine schnelle Aufforderung zum Vögeln. Der Begriff des »bootie call« stammt aus der Zeit, als man noch Anrufe bekam, meinte aber das Gleiche wie die SMS: Es ist schon spät, und ich will nicht allein ins Bett.

Ich antwortete auf die amerikanische Art – gar nicht.

*

Ich sehnte mich nach Männern, auf die man sich verlassen kann – und ich wusste auch, wo ich die finden konnte: bei iTunes. Duran Duran brachten ihr 13. Album heraus – und es klang wie für mich gemacht. Das Album hieß »All You Need Is Now«. Alles, was du brauchst, ist jetzt. Im Refrain des Titelsongs sang Simon Le Bon:

Stay with the music let it
Play a little longer
You don't need anybody
All you need is now

Einfach nicht zu lange über die Kerle nachdenken, dachte ich mir. Und hörte auf, mich zu fragen, was das Gerede oder Nichtgerede soll.

Trotzdem war es seltsam, wie hier manchmal herumgeeiert wurde, wenn es einfach nur darum ging, »Nein« zu sagen oder »Danke, kein Interesse«. Auch im Job. Wenn ich Interview-Anfragen stellte, die ich an die Agenten oder PR-Leute irgendwelcher Stars schickte, bekam ich bisweilen herzallerliebste Antworten: »Soundso würde gern, leider ist es in diesen Tagen unmöglich. Zeitgründe! Aber melden Sie sich doch bitte in zwei Monaten noch einmal, dann können wir sicher etwas arrangieren.« Darauf berief ich mich, wenn ich mich wie gebeten wieder meldete, doch dann bekam ich in der Regel nicht einmal mehr eine Antwort. Weil mir die erste schon hätte sagen sollen: Vergiss es! Was ich nur nicht kapiert hatte.

Doch die Amerikaner sind die Weltmeister darin, unangenehme Dinge so höflich zu verpacken, dass man sich nett behandelt vorkommt. »Gewöhne dir besser an, solche Sachen zu dechiffrieren«, sagte mir eine deutsche Freundin, die hier schon länger arbeitete und mit den umschreibenden Floskeln vertraut war. »Man muss hier wahnsinnig viel zwischen den Zeilen lesen.« Das fand ich aber wahnsinnig anstrengend. Erst recht in dieser Stadt, wo ich manchmal nicht genau wusste, was ich nun dechiffrieren sollte und was nicht: Einerseits konnten die New Yorker sehr amerikanisch sein und alles, nur kein Tacheles reden. Gleichzeitig waren sie typisch newyorkerisch, das heißt: so direkt, dass es manchmal schon aggressiv wirkte. Im Straßenverkehr zum Beispiel wird gehupt und gebrüllt: »Fuck you!« – »Fuck youuuuuh!« Und niemand störte sich daran. Man darf hier schön ausrasten, das gehört in dieser extremen Stadt einfach dazu.

Auch kommt es häufig vor, dass man hier mit *commercial calls* belästigt wird, nervigen Werbeanrufen, die zu jeder Tages- und Nachtzeit kommen. Spätestens beim dritten Anruf schreien die New Yorker ins Telefon: »Ich will deinen Müll nicht! Hör auf, mich zu belästigen. Wenn du noch einmal meine Nummer wählst, zeige ich dich an!« Gewöhnte ich mir auch an, auch wenn ich manchmal ob meines Tons und meiner Lautstärke erschrak. Es waren ja immer nur arme Wesen dran, die in einem Callcenter arbeiteten und ihren Job machten; doch wer nach einer freundlichen Bitte meine Nummer nicht vom Verteiler strich, sondern sich wieder meldete, den raunzte ich an.

Die »New York Post« will mir seit Jahren ein Zeitungs-Abo verkaufen, und ich weiß nicht, wie oft ich schon geantwortet habe, dass ich an einem »fucking« Murdoch-Blatt nicht interessiert bin – aber die »Post« hört nicht auf, bei mir anzurufen. Meistens gehe ich nicht mehr ran, aber wenn das Telefon samstagmorgens um halb acht klingelt und ich eine ganz bestimmte Ansage höre (bei meinem Festnetz gibt es nämlich eine elektronische Stimme, die vorliest, was auf dem Display erscheint), springe ich auf, gehe ran und klinge schlimmer als Sergeant Hartman, der *drill instructor* in »Full Metal Jacket«.

Manchmal tut das ganz gut, wenn man schlechte

Laune hat oder einen Kater, aber sympathisch finde ich mich dabei nicht. Das sind die Momente, in denen ich verstehe, warum die Amerikaner die New Yorker für die unfreundlichsten Menschen des Landes halten. Aber man kann hier sagen, was man möchte, am Telefon ebenso wie im Restaurant (»Danke, nein, hat nicht geschmeckt«) oder im Supermarkt (»Acht Dollar für ein halbes Pfund Kirschen? Aber sonst geht es noch, ja?«). Die Leute nehmen es zur Kenntnis. Und entschuldigen sich. Denn entschuldigen können sie sich hier gut: Ständig hört man »I'm sorry«. Man wird angerempelt? Jemand ist sorry. Man rempelt jemanden an? Der ist sorry. Vom Hamburger Jungfernstieg kannte ich so etwas nicht. Da gab es nur einen bösen Blick, wenn man aus Versehen einen Fremden berührte.

Aus meiner Sicht waren die New Yorker deshalb sehr freundlich. Aber nicht so übertrieben wie die Menschen in Florida, wo einem jeder Kellner nach dem Bestellen zurief, welch großartige Wahl man da getroffen habe, »Greeeaaaaaat choice!«, gefolgt von einem Lachen, das so echt war wie die blonden Strähnen von Siegfried und Roy. Die New Yorker verteilten gern Komplimente – aber sie verbogen sich dabei nicht künstlich. Jungen Damen sagten sie im Vorbeigehen, dass sie ein schönes Kleid trugen (»I like your dress«), und Müttern mit Kindern, dass sie ein niedliches Kind hatten (»What a cute kid!«). Die jungen Damen und die Mütter lächelten dann, und ich sah so etwas gern: Wie einfach es war, den Leuten ein Lächeln zu entlocken! Nur in der Heimat, da funktionierte das nicht ganz so gut.

Als ich einmal zu Besuch in Hamburg war, stieg ich auf St. Pauli in die U-Bahn und setzte mich neben eine Frau mit einem kleinen Jungen, einem braungelockten Fratz, der mich fröhlich angrinste. Ich grinste zurück, dann sagte ich zu der Frau: »Ihr Sohn ist ja süß!« Doch die Frau guckte mich an, als wollte ich ihren Sohn entführen. Sie drückte den Kleinen an sich. Ich hatte plötzlich Heimweh – nach New York City. Doch auch dort traf man Deutsche, die ein bisschen seltsam waren.

Wenn die New Yorker an Touristen vorbeikamen, die etwas ratlos auf einen Stadtplan guckten, blieben sie stehen und fragten: »Do you need help?« Und dann erklärten sie den Touristen, wo es langging. Hatte ich mir auch angewöhnt, und in der Regel waren die Leute sehr dankbar. Doch einmal lief ich an einem Paar vorbei, das deutsch sprach und etwas gereizt zu sein schien: »Ich hab dir doch gesagt, dass wir hier falsch sind!«, ätzte die Frau. »Ja, ja, du hast mal wieder recht«, raunzte ihr Mann. Als ich sagte: »Kann ich helfen?«, guckten die beiden, als hätte ich ihnen eine Pistole an die Brust gehalten. Vielleicht war es ihnen peinlich, dass ich ihre schlechte Stimmung mitbekommen hatte? Die Herrschaften schüttelten den Kopf und gingen schnell weiter. Ich rief ihnen noch hinterher: »Ich wollte nicht stören, ich dachte nur ...« – doch die beiden drehten sich nicht noch einmal um. Ich weiß nicht, aber kannten wir Deutschen das nicht, dass jemand einfach nur versuchte, freundlich zu sein?

Ich erzählte meinem Nachbarn Jeff davon, der an einem sehr heißen Sonntag im Juli in Badehose an meiner Wohnungstür klopfte, eine Flasche kalifornischen Rosé in der Hand und ein trauriges Grinsen im Gesicht. »Ich werde dich vermissen«, sagte er, dann marschierte er an mir vorbei in die Küche und suchte einen Korkenzieher.

Ein Tag im September

Ich hatte Jeff beichten müssen, dass ich den 16. Stock hier verlassen und ausziehen würde – und nun war mein letztes Wochenende als seine Nachbarin gekommen. Für mich als Single war die Miete zu teuer, aber glücklicherweise war es mir gelungen, eine Wohnung um die Ecke zu finden: in dem anfangs erwähnten Rotklinkerhaus mit der Feuerleiter und dem Schrabbeldach, auf das ich von hier oben heruntergucken konnte. Es schimmerte silbern in der Sonne, als ich es Jeff zeigte. »Guck, das da unten wird jetzt mein Zuhause«, sagte ich – und darauf tranken wir dann ein Gläschen Rosé, was eine semischlaue Idee war.

In New York herrschte gerade eine »excessive heat wave«, eine exzessive Hitzewelle, wie es in den Nachrichten hieß, wo gewarnt wurde: Bleiben Sie drinnen, machen Sie nichts! Doch Jeff und ich setzten uns auf die Terrasse, und natürlich redeten wir nach zwei Schluck Wein nur noch Unsinn, so knallte der Alkohol. Es waren 39 Grad, die Luft stand. Ich trug einen Bikini, was zwei Kleidungsstücke zu viel waren, weil man an Tagen wie diesen schon schwitzte, wenn man nur ein Armband am Leib hatte. Glücklicherweise ging es jedem so, so dass sich niemand schämen musste, der mit dunklen Flecken unter den Achseln durch die Gegend lief: Halb New York hatte dunkle

Flecken unter den Achseln. Alles stöhnte unter den Temperaturen. Der Sound der Stadt änderte sich.

Wir hörten ein Rattern, das Geräusch der Klimaanlagen, diesen Kisten, die etwa so groß sind wie Siebziger-Jahre-Fernseher und von denen es in New York City sechs Millionen Stück gibt: Sie stecken in fast jedem Fenster, auch in unserem Haus; wenn – wie jetzt – all die Dinger liefen, wurde das Licht in den Fluren, das sonst 24 Stunden am Tag brannte, ausgeschaltet, weil zu viel Energie verbraucht wurde und der Strom auszufallen drohte.

Obwohl die Klimaanlagen einen irren Lärm machten, wurde New York City bei einer solchen Hitze ruhiger: Die Menschen bewegten sich langsamer, wer konnte, verließ Manhattan und fuhr ans Meer. Normalerweise wehte bei uns hier oben eine kleine Brise, doch heute: nichts. Ich hatte das Gefühl, ich bewegte mich wie eine 90-Jährige; ich ächzte, als ich aufstand, um uns ein paar Oliven und ein Baguette aus der Küche zu holen. Ich schnitt das Baguette in kleine Scheiben, und die Scheiben waren keine drei Minuten draußen auf der Terrasse, da hatte die Hitze sie kross getoastet. Was Jeff und ich in unserem kleinen Rosé-Rausch sehr komisch fanden. Wir kicherten, aber dann wurde ich doch einen Moment wehmütig. Unsere kleine Gemeinschaft hier oben würde mir fehlen. Die Aussicht, die wir teilten. Auch wenn man heute nicht viel mehr sah als eine Dunstglocke, die über der Downtown Skyline hing. Aber natürlich war an der südwestlichen Seite das One World Trade Center zu erkennen – der Turm, der auf Ground Zero gewachsen war.

Es war zwei Jahre her, dass erstmals ein kleines Stück des Turms aus der Skyline herausgeguckt hatte. Seitdem hatte ich ihn regelmäßig fotografiert, einmal im Monat und immer aus der gleichen Perspektive, um seine Entstehung zu dokumentieren; wie für ein Daumenkino. Inzwischen überragte das One World Trade Center alles, was in Lower Manhattan zu sehen war. Wie eine Kerze, die in einem Gebäudekuchen steckte. Doch ganz fertig war der Turm noch nicht. »Jeff«, fragte ich, »kann ich künftig einmal im Monat vorbeikommen und von deiner Terrasse aus ein Foto machen?«

Das ging natürlich klar, und so änderte sich für mich nach meinem Auszug gar nicht viel. Ich blieb in unserer Ecke. Musste weder das Nagelstudio wechseln noch die Laundry: Unsere Doormen ließen mich weiterhin im alten Haus die Wäsche waschen. Und wenn Jeff auf Reisen war, hinterließ er bei ihnen einen Schlüssel für mich. Damit ich jederzeit in seine Wohnung konnte, um meine kleine Fotoreihe fortzusetzen. »Aber versprich mir«, sagte Jeff, »dass ich am Ende Abzüge bekomme.«

*

Jeff hatte eine Zeit gebraucht, bis er sich mit dem One World Trade Center anfreunden konnte. Dem neuen Turm. Das lag daran, dass er am 11. September 2001 auf seiner Terrasse stand – natürlich fassungslos – und mit ansehen musste, wie die Zwillingstürme einstürzten.

Es war, die Welt erinnert sich, ein Dienstag und der

Himmel strahlend blau, »doch die Nacht zuvor hatte es geregnet«, wie Jeff erzählte, als ich ihn fragte, ob er am Tag der Terroranschläge zu Hause gewesen sei.

Er war am Montagabend von einem langen Wochenende bei Freunden in den Hamptons zurückgekehrt. Und normalerweise ging Jeff jeden Morgen zwischen halb neun und neun auf seine Terrasse und goss die Pflanzen, die er dort pflegte. »An jenem Morgen aber sparte ich mir das, weil die Pflanzen noch feucht waren vom Regen. Und so war ich im Bad und das Radio lief, als um 8.46 Uhr das erste Flugzeug in den Nordturm einschlug«, erinnerte er sich. Seine Stimme wurde leiser. Brüchig.

Wir redeten bei einem meiner Besuche bei Jeff darüber. Ich machte mir damals gerade Gedanken darüber, wie man den 10. Jahrestag der Anschläge im September 2011 journalistisch aufbereiten könne. Wir saßen bei ihm im Wohnzimmer, und er zeigte mir einen Film. An die Bilder, die dann auf seinem Fernseher liefen, werde ich mich immer erinnern.

*

Jeff kam gerade aus der Dusche, als im Radio vermeldet wurde: »Flugzeug ins World Trade Center geflogen«. Er band sich ein Handtuch um die Taille, ging auf seine Terrasse und sah den Nordturm, umgeben von einer riesigen Rauchwolke, die in Richtung Osten wehte. »Ich holte meine Videokamera, die im Wohnzimmer auf dem Tisch lag, und hielt drauf«, erzählte Jeff. »Im Radio sprachen sie von einem Sportflugzeug. Aber ich dachte, dass so eine

Wolke nicht von einem Sportflugzeug kommen kann, als ich ein zweites Flugzeug sah, das auf den Südturm zuflog. Eine Passagiermaschine. Sie schlug ein …« Kleine Pause. Jeff schluckte, dann sagte er: »Ich stand den Rest des Vormittags völlig paralysiert da. Ich nahm nicht wahr, dass ich die ganze Zeit filmte, aber willst du das Video anschauen?« Ich nickte.

Er schob eine DVD ein, und dann sah ich den 11. September noch einmal neu. Aus Jeffs Perspektive. Aus der Perspektive unseres Hauses hier oben, die mir so vertraut war.

Es war ein beklemmendes Gefühl. Ich dachte, ich würde alle bewegten Bilder, die es von den Anschlägen gab, kennen. Aber nun sah ich, wie Jeff mit seiner Kamera versuchte, dem zweiten Flugzeug zu folgen, das in einer weiten Linkskurve auf den Südturm zuflog; einen Moment vor dem Einschlag verlor er es, weil Jeff von Norden filmte, das Flugzeug aber von Süden in den Turm raste. Und explodierte: Auf Jeffs Fernseher erschien ein großer Feuerball. »Ich kann das bis heute nicht ertragen«, sagte Jeff und guckte aus dem Fenster. Der Himmel draußen war blau wie damals.

Ich fröstelte. Stille in Jeffs Wohnzimmer. Ich hatte ihn noch nie so leise erlebt. Er spulte nicht vor und nicht zurück, wir guckten das Ganze in Echtzeit. 56 Minuten, nachdem der Südturm getroffen worden war, stürzte er ein. Weitere 29 Minuten später der Nordturm. Jeff hielt sich die Hand vor den Mund. Schüttelte den Kopf. Dann nahm er die Fernbedienung und drückte auf »Stop«.

»Wo warst du damals?«, fragte er. Ich erzählte es ihm.

Ich war im Büro beim *stern*. In Deutschland war es ja schon Mittagszeit, und ich kam gerade aus der Kantine zurück, als auf meinem Computer eine Eilmeldung hochpoppte, die das Gleiche besagte wie das Radio in Jeffs Badezimmer: Flugzeug ins World Trade Center geflogen. Ich schaltete den Fernseher ein, CNN, wo ich miterlebte, wie das zweite Flugzeug einschlug. Der Sender war live dabei. Ich war entsetzt, aufgewühlt, rief meine Mutter an, meinen Stiefvater, der im Krankenhaus lag. Macht CNN an, sagte ich und erklärte schnell, was passiert war. Dann ging ich in unser Sekretariat, wo natürlich auch der Fernseher lief, und sah mit drei Kollegen, wie die Türme einstürzten. Wenig später saß ich am Schreibtisch und machte mich über die Architektur des World Trade Center schlau: Es war schnell klar, dass wir eine Sonderbeilage produzieren würden; der *stern* dieser Woche war bereits gedruckt (wir haben immer Montagabend Redaktionsschluss), sollte aber ohne dieses Ereignis nicht an den Kiosk gehen. Und so strickte ich mit einer Kollegin schnelle 80 Zeilen über die Konstruktion der Zwillingstürme zusammen. Ich kam erst abends spät nach Hause, den Rest der Nacht verbrachte ich vor dem Fernseher und versuchte zu begreifen, dass das alles tatsächlich passiert war.

*

Ich war erstmals im September 2000 in New York City – also ein Jahr vor den Anschlägen. Ich besuchte damals einen Freund, der für ein halbes Jahr hierhergezogen war und mir eine Woche lang erzählte, ich müsse unbedingt auf das World Trade Center hinauf, von dem er behauptete: »Hammer-Aussicht! Musst du gesehen haben.« Doch ich litt an Höhenangst, und allein der Gedanke daran löste bei mir Übelkeit aus.

Ich weiß, mit Klaustrophobie und Höhenangst bin ich für diese Stadt nicht wirklich prädestiniert, aber ich lernte später Tricks und Kniffe, mit denen ich meine Ängste bekämpfte. Gegen die Klaustrophobie half eine Gute-Laune-Playlist, die ich auf meinen iPod spielte: Songs, die mich an schöne Dinge erinnerten (es war natürlich viel Duran Duran dabei) und die ich hörte, wenn es in der U-Bahn voll wurde und ich dachte, ich müsse schreien; dann half die Musik. Über die Höhenangst aber kam ich nie ganz hinweg: Hohe Häuser mit frei schwebenden Balkonen machten mich schwindelig, ebenso Wohnungen, die sich im 43. Stock befanden und Fenster vom Boden bis zur Decke hatten; da traute ich mich nicht heran.

Einmal aber überwand ich meinen inneren Höhenschweinehund, und das war am 13. September 2000, als ich auf der »World Trade Center Plaza« umherschlich, dem Platz rund um die Zwillingstürme, und etwa zwei Stunden lang ängstlich an ihnen emporblickte. Die Dinger waren so gigantisch, so irrsinnig hoch, dass sie völlig abstrakt wirkten. Es war später Nachmittag, es wurde früher Abend; die Sonne sollte bald untergehen, so dass ich schließlich dachte: »Was soll's, du fährst da jetzt rauf. Die Fahrstühle schießen dich in neunzig Sekunden hoch, die bringen dich genauso schnell wieder runter, wenn du es nicht aushältst!«

Ich weiß noch, dass ich zunächst auf den Nordturm fuhr – natürlich mit wackeligen Knien – und im »Windows of the World« landete, dem Restaurant mit der super Aussicht, die aber nichts für mich war: Eine Hostess wollte mich nur rausgucken lassen, wenn ich mich an einen Tisch setzte und etwas zu Essen bestellte. Ich hatte allerdings beim Shopping zu viel Geld ausgegeben, so dass ein Dinner nicht mehr drin war – schon gar nicht zu den Weltspitze-Preisen, die sie hier oben nahmen. Also fuhr ich wieder hinunter und versuchte es noch mal mit dem Südturm, wo es im 107. Stock eine Aussichtsplattform und eine Bar gab – mit vergleichsweise günstigen Pommes frites, wenn ich mich richtig erinnere. Aber mein Appetit war eh vergangen, mein Magen hatte in den rasenden Fahrstühlen Purzelbäume geschlagen, und ich musste mich sehr, sehr konzentrieren, dass ich mich nicht inmitten all der Touristen erbrach.

Von dort oben war der Blick natürlich überwältigend. Bis heute habe ich vor Augen, was ich damals sah: die orangerote Sonne über New Jersey, die Manhattan in ein goldenes Licht tauchte, ehe sie langsam unterging und die Lichter der Stadt angingen. New York City strahlte, New York City funkelte; das alles war ein Knaller, doch ich konnte es nur schwer genießen: Der Turm schaukelte ein wenig nach links, dann nach rechts, und das trieb mich schnell wieder aus dem 107. Stock herunter. Auf sicheren Boden und in die nächstbeste Bar, wo ich mich atemlos sagen hörte: »I need a drink« – und einen Whiskey bestellte, der meinem Magen in seinem schaukelnden Zustand aber auch nicht guttat.

Doch im Nachhinein bin ich sehr froh und dankbar, dass ich mich überhaupt hinaufgetraut habe: Ein Jahr später gab es die Türme nicht mehr. Da saß ich in Hamburg und weinte mit einer Stadt, in der man nun von »Ground Zero« sprach. Der Begriff stammt aus der Militärsprache und bezeichnet eigentlich die Explosionsstelle einer nuklearen Bombe. Seit dem 11. September 2001 aber steht er für das zerstörte World Trade Center.

Als ich sechs Jahre später nach New York City zog, näherte sich gerade der Jahrestag der Anschläge. Zur Erinnerung ragten nachts dort, wo einst die Türme standen, zwei helle Lichtstrahlen in den Himmel. Sie schimmerten bläulich, und ich weiß noch, als ich das erste Mal aus unserem Schlafzimmer guckte und die Strahlen entdeckte, kamen mir sofort die Tränen.

New York City wurde am 11. September zur Gedenkstadt. Leiser ging es hier zu, langsamer, die Menschen saßen morgens in der U-Bahn und schauten still auf ihre Zeitungen, die wieder die Bilder von damals zeigten, von den Anschlägen. Das sollte sich nicht ändern, es war jedes Jahr so, und jedes Mal machte es mich sentimental. Ähnlich wie der Besuch in der St. Paul's Chapel, einer kleinen Kirche, die sich an der Ostseite von Ground Zero befindet und nicht aufhört, an die Anschläge zu erinnern.

Die Kirche ist kaum größer als ein Handballfeld. Sie hat eine himmelblaue Decke, zartgelbe Wände und sechs weiße Säulen, drei links und drei rechts vom Gang zum Altar. Auf der linken Seite stehen Tafeln mit Zetteln, die damals von den Angehörigen an den Zaun vor der St. Paul's Chapel gehängt worden waren – mit dem Wort »Missing« darauf: Sie vermissten ihre Männer, Brüder oder Schwestern, die sich zum Zeitpunkt der Anschläge im World Trade Center befunden hatten. Vor den Tafeln gibt es Tische mit Stofftieren und von Kindern gemalten Bildern. Dazu Feuerwehrmarken, die Feuerwehrwachen aus aller Welt hierhergeschickt hatten, um Solidarität zu zeigen. Über dem Eingang prangt noch immer ein großes weißes Laken, das mit schwarzen Buchstaben bedruckt ist: »TO NEW YORK CITY AND ALL THE RESCUERS. KEEP YOUR SPIRITS UP ... OKLAHOMA LOVES YOU!!« Eine Ermunterung aus Oklahoma für all die Helfer, die nach dem 11. September auf Ground Zero arbeiteten, hier ein Feldbett fanden, um sich auszuruhen, und eine heiße Suppe bekamen, um sich zu stärken.

Als die Zwillingstürme einstürzten und die Gegend in Trümmern erstickte, blieb die Kirche wundersam verschont; sicher, sie war von Staub und Asche bedeckt, doch keines ihrer Fenster ging kaputt und auch ihr spitzes Türmchen nicht, das tapfer dem Schutt standhielt, der von oben herabkam. Die Kirche wurde ein Symbol, sie stand für den Glauben der New Yorker: Wir lassen uns nicht unterkriegen. Kaum waren ihre Türen freigeschaufelt, begann man in der St. Paul's Chapel, zu helfen und Gutes zu tun. Dabei hatte die Kirche ganz schön zu kämpfen, mit Bürokraten und ihren Vorschriften, wie ich erfuhr, als ich mich mit dem Mann unterhielt, der damals dort »in charge« war: Dr. Dan Matthews, der verantwortliche Pastor, dem ich bei einem meiner Besuche in der Kirche begegnete.

Ich ging oft mit Freunden aus Hamburg dorthin, die Ground Zero sehen wollten. Eine Baustelle, auf der Presslufthämmer dröhnten, Kräne ächzten, Stahlträger aufeinanderkrachten. Die Geräuschkulisse war nah, schien aber fern, wenn man die St. Paul's Chapel betrat, einen Ort der Ruhe und des Besinnens – an dem man Menschen wie Dr. Dan Matthews traf, einen beeindruckenden Herrn, der optisch an Joachim Fuchsberger erinnerte. Weißhaarig, mit kräftigen Augenbrauen und freundlichem Blick. Er war inzwischen pensioniert, schaute aber noch manchmal in der Kirche vorbei.

Mr Matthews trug ein schwarzes Jackett und darunter ein schwarzes Hemd mit einem weißen Priesterkragen. Vor seiner Brust baumelte eine schwarze Sonnenbrille, die er sich an einem Band umgehängt hatte. Er saß auf einer der Kirchenbänke, sprach mit sanfter Stimme und konnte sehr lebendig erzählen. Ich hatte mich mit ihm verabredet, weil ich neugierig auf seine Geschichte war. Die Geschichte vom 11. September.

*

Am Morgen des 11. September befand sich Dr. Dan Matthews in unmittelbarer Nähe des World Trade Center. Er hatte ein Meeting, das in den Verwaltungsräumen der Trinity Church stattfand; die Trinity Church ist eine Kirche in Lower Manhattan, zu der die St. Paul's Chapel gehört. Plötzlich hörte er »ein seltsames Geräusch«, erinnerte Dr. Matthews sich. »Es war irrsinnig laut und klang wie das Pfeifen der Raketen im Zweiten Weltkrieg. Die Flugzeuge, die in die Türme flogen, waren ja unglaublich schnell, und sie flogen so tief, dass dieses Geräusch entstand.« Matthews und seine Kollegen eilten zum Fenster und schauten hinaus. Sie konnten den brennenden Nordturm sehen. Glaubten, es handele sich um ein kleines Flugzeug, eine Privatmaschine. Doch dann hörten sie ein zweites Mal das laute Pfeifen – und ahnten, was sich dort draußen abspielte: »We are under attack«, sagte einer der Kollegen. Denn plötzlich brannte auch der Südturm.

Das Gebäude, in dem er sich befand, »war vielleicht 140 Meter von den Türmen entfernt«, erinnerte sich Dr. Matthews. »Es gab eine Schule darin, also brachten wir erst einmal die Kinder aus dem Gebäude. Plötzlich wurde unser Gebäude durchgeschüttelt wie von einem Erdbeben der Stärke fünf oder sechs. Und dann war plötzlich überall Staub, der durch das Gebäude zog: Der erste Turm stürzte zusammen. Es war ein heilloses Durcheinander und nicht zu begreifen, was da geschah. Wir waren eine kleine Gruppe, vier, fünf Leute, die Letzten, die sich noch in dem Gebäude aufhielten. Wir hatten furchtbare Angst, dass die Türme zur Seite und auf uns fallen würden. Keinem von uns kam in den Sinn, dass sie nach unten wegsacken würden. Wir flohen, als der zweite Turm eingestürzt war.«

Draußen habe es ausgesehen wie auf den Bildern, »als der erste Mann über den Mond lief: Überall

Staub, weißes Puder – das war alles, was von den Türmen übrig blieb«, erzählte Dr. Matthews, seine Augenbrauen zogen sich traurig zusammen. »Ich erinnere mich, dass ich Fußstapfen im Staub sah. Viel Rauch. Ich wusste nicht, was ich denken sollte: Da war das Gefühl von unglaublicher Gewalt. Gleichzeitig spürte ich große Verwirrung. Niemand wusste zu dem Zeitpunkt, was richtig war und was falsch.«

Dr. Matthews und seine Leute flüchteten, sie liefen zur Staten Island Ferry, der Fähre, die an der Südspitze Manhattans ablegt und nach Staten Island fährt. »Es war knapp: Wir waren die Letzten, die auf die Fähre sprangen, dann legte sie ab. Vom Wasser aus sahen wir Militärflugzeuge, die über Lower Manhattan kreisten. Die Menschen auf der Fähre zogen Rettungswesten an, in die sie sich kauerten. Alle hatten Angst, dass noch mehr passieren, die Fähre vielleicht sinken würde.«

Von Staten Island ging keine Fähre zurück. Wohin auch, in ein Katastrophengebiet? Matthews und seine Kollegen blieben erst einmal auf der Insel. Einer von ihnen hatte ein Handy, mit dem sie versuchten, ihre Familien zu erreichen, um zu sagen: Wir leben! Doch es war fast unmöglich, eine Verbindung zu bekommen: Die Mobilfunknetze waren zusammengebrochen. Nur einmal kam jemand durch, der einen Bekannten informierte, der dann eine Telefonkette startete, die auch bei Matthews' Gattin auf der Upper West Side in Manhattan ankam. Erst spät am Abend konnten Matthews und Co. die Insel wieder verlassen. Mit einem Auto, das sie zurückbrachte: Über eine Brücke fuhren sie von Staten Island nach

New Jersey, wo sich der Verkehr staute, weil niemand wusste, ob und wie man nach New York City kommt. Sie fuhren langsam in nördlicher Richtung zur George Washington Bridge, die über den Hudson nach Harlem führt, ins nördliche Manhattan. Fast den ganzen Weg über konnten sie den Rauch sehen, der über Ground Zero hing, das Ausmaß der Katastrophe noch immer nicht begreifend.

Der Pastor wähnte seine kleine Kirche zerstört. Dass die St. Paul's Chapel den Einsturz der Türme ohne große Blessuren überstand, sei »ein Gottesgeschenk« gewesen, sagte Mr Matthews und lächelte dankbar.

Doch die Kirche galt nach dem 11. September als Teil der »crime scene«, sie war deshalb abgesperrt. Dass sie zu einer Anlaufstelle für die Feuerwehrmänner wurde, geschah »aus Versehen«, so Mr Matthews: »Das passierte einfach inmitten des großen Chaos. Als wir die Kirche inspizierten, hatte ein junger Priester die Idee, die Türen zu öffnen, Essen zu organisieren – und diese Idee war unbezahlbar.« Auch wenn es ein seltsames Gefühl gewesen sei, »ein Gotteshaus, das ja für Menschen zugänglich und kein exklusiver Ort sein soll, in eine geschlossene Gesellschaft zu verwandeln. Mit Türsteher«, sagte Matthews und kicherte. »Aber unser Auftrag war, zu helfen, und es ging nicht anders.«

Der Haupteingang der Kirche am Broadway blieb geschlossen. Dort hatte nur Zugang, wer einen offiziellen Helferausweis trug. Nach hinten aber, zu Ground Zero hin, war die Kirche geöffnet, so dass die Feuerwehrmänner hineingehen und sich ausruhen konnten. Sie lagen auf den Sitzreihen und auf Feldbetten, die hierhergebracht wurden; sie bekamen Suppen oder Sandwiches, die Freiwillige zubereiteten und hier abgaben. »Ein Koch, der in der Nachbarschaft ein Restaurant hatte, kam und organisierte das alles«, erinnerte sich der Pastor.

Natürlich waren sie alle angehalten, Atemschutzmasken anzulegen, »aber irgendwann vergaß man die. Trotz des Geruches, der sich über Wochen hielt, dieser Geruch des Schwelenden, es brannte ja ewig auf Ground Zero vor sich hin. Die Stiefel der Feuerwehrmänner schmolzen deshalb. Aber wir besorgten neue, die wir für sie parat hielten, ebenso Socken. Wir organisierten Massagen. Wir waren rund um die Uhr für sie da.« Bald machten die Nachrichten mit der Kirche auf. Und dann rissen sich alle um sie – wenigstens eine positive Geschichte von Ground Zero! »St. Paul's wurde eine Ikone«, so Mr Matthews, er schüttelte der Kopf, als könne er das immer noch nicht glauben. »Studenten kamen, um zu helfen. Menschen flogen aus Kansas City hierher, um freiwillig Dienst bei uns zu schieben.«

Matthews war der Chef des Ganzen, er war der Mann, den es zu fragen galt: Was machen wir jetzt? Wie machen wir dieses? Und jenes? »Doch das war schwer zu sagen. Man musste in diesen Wochen aus dem Bauch entscheiden, was richtig war. Es war ja eine Situation, mit der kein Mensch je gerechnet hatte oder für die jemand geschult worden war.«

Der Kirchenzaun draußen war nach ein paar Tagen kaum noch zu erkennen unter all den Blumen und Vermissten-Zetteln, die daran hingen. Bald kam ein Anwohner zu ihm und bat: »Jetzt nehmt das doch alles herunter.« Matthews verstand, »dass die wenigen Leute, die in Lower Manhattan geblieben waren, sich irgendwann nach Normalität sehnten«. Doch er entschied: Das können wir den Angehörigen nicht antun – der Zaun bleibt, wie er ist. Dann erschien das Gesundheitsamt und ordnete an: »In dem Staub hier dürfen Sie kein Essen ausgeben.« Matthews lachte, als er daran zurückdachte, dann erzählte er: »Da sind wir bis zu Giuliani gegangen!«, dem damaligen Bürgermeister. Matthews holte sich von ganz oben die Erlaubnis, dass weiterhin Essen serviert werden durfte – genehmigt von Giuliani persönlich.

Später gab es Ärger mit den Restaurantbesitzern der Umgebung. »Hört auf, umsonst Essen zu verteilen. Euretwegen kommt niemand zu uns, aber wir müssen auch wieder Geld verdienen. Schließt die Kirche!«, forderten sie. Das sprach sich schnell herum, so dass der Einsatzleiter der Feuerwehr in Matthews Büro stürmte und rief: »Lass die Kirche auf. Für uns!« Und natürlich tat er das.

Erst ein Jahr nach den Anschlägen – am 11. September 2002 – öffnete die St. Paul's Chapel wieder ganz normal ihre Türen. Seither ist sie Kirche und Gedenkstätte in einem. Finden hier Gottesdienste statt, während Menschen auf die Erinnerungstafeln blicken. Manche schluckend, viele sprachlos.

Mr Matthews stand von seiner Bank auf. Er zeigte auf ein Feldbett neben den Tafeln. »Wir versuchen, den Geist von damals zu transportieren«, sagte er. »Den Geist von Zusammenhalt und Nächstenliebe.«

Dann fragte er: »Wollen wir ein bisschen an die frische Luft gehen?« Ich nickte.

Draußen schien die Sonne. Matthews blinzelte in den Himmel, dann setzte er die schwarze Sonnenbrille auf, die er um den Hals hängen hatte. Er faltete die Hände hinter dem Rücken und schlenderte gemächlich über den kleinen Friedhof, der sich vor der Kirche befand. Mit Blick auf Ground Zero. Matthews schaute dorthin, wo einst der Nordturm stand. »Mir fehlen die Türme«, meinte er dann, ein wehmütiger Unterton lag in seiner Stimme. »Ich ging so gern ins ›Windows of the World‹, dem Restaurant ganz oben. 1989 luden wir dort zum Probeessen für die Hochzeit meiner Tochter. Ehe ich mein Mädchen am nächsten Tag in der Trinity Church traute. Noch eine Woche vor dem 11. September war ich da zum Frühstück«, so der Pastor. »Für mich war das einer der schönsten Orte der Stadt.«

Wir sahen zu dem neuen Turm, dem One World Trade Center, der rechts von der Lücke wuchs, die der Nordturm hinterlassen hatte. Der blaue Himmel spiegelte sich in der Glasfassade – mit einer Wolke, die sanft über das Gebäude zu ziehen schien. Der Turm war an jenem Tag erst zu drei Vierteln glasverkleidet, der Rest noch ein rostbraunes Gerüst. Trotzdem hatte er schon eine Wucht, eine Präsenz, die ich beeindruckend fand.

*

Ich kannte einen Architekten, der den Turm nicht besonders mochte. Er fand, das One World Trade Center erscheine wie aus dem Wolkenkratzer-Katalog: »Der könnte auch in Dubai stehen. Langweilig.« Sicher, das One World Trade Center ist ein hoher Glasbau und sehr glatt. Er wurde von David Childs entworfen, einem Herrn aus New Jersey, der eher für Mainstream-Bauten als für avantgardistische Werke bekannt ist. Der Turm ist kein architektonischer Hingucker, doch die New Yorker betrachten ihn anders – für sie ist er ein emotionaler Anziehungspunkt.

Das One World Trade Center ragt mit seinen 541 Metern aus der Skyline heraus wie früher die Zwillingstürme. Es ist wie ein Mahnmal, das von überall zu sehen ist, ob aus Queens, Brooklyn oder von Staten Island. Anders als das »9/11 Memorial«, die Gedenkstätte für die Opfer des 11. September, die inzwischen hier in Lower Manhattan entstanden ist. Mit quadratischen Zwillingsbrunnen, die in den Boden eingelassen wurden – an jenen Stellen, wo die Twin Towers standen. Ihr rauschendes Wasser symbolisiert Leben, neben den Namen der Toten, die rund um die Brunnen zu lesen sind.

Das Geräusch des Wassers ist mächtig, es verdrängte den Lärm der Baustelle, die Ground Zero noch immer war, als ich das »9/11 Memorial« erstmals besuchte. Ich war kurz nach seiner offiziellen Eröffnung am 12. September 2011 dort. Es war ein etwas verregneter Dienstag, doch ich nahm das Wetter kaum wahr. Es rührte mich sehr, diesen Ort zu betreten, der zehn Jahre gesperrt gewesen war. Über den Grund und Boden zu laufen, der einmal die World Trade Center Plaza war, auf der ich an den Zwillingstürmen hochgeguckt hatte.

Nun ging ich um die Brunnen herum und schaute

auf die Namen der Menschen, die in den Türmen umgekommen waren. Viele der Namen waren mit weißen Rosen verziert, die Angehörige am zehnten Jahrestag der Anschläge dorthin gesteckt hatten. Auch Präsident Barack Obama und sein Vorgänger George W. Bush waren gekommen, die mit ihren Ehefrauen der Opfer gedachten und sich während der Schweigeminuten die rechte Hand auf ihr Herz legten. Es war ein stilles Gedenken, wie in jedem Jahr, und ich hätte mir gewünscht, dass es noch ein wenig anhält. Stattdessen sah ich jetzt amerikanische Großfamilien, die sich vor den Brunnen aufbauten und sich aufführten, als seien sie beim Baseball. Sie posierten für Erinnerungsfotos, die Daumen hoch, ein breites Kameragrinsen im Gesicht und den neuen Riesenturm im Hintergrund. Als sei nichts gewesen.

Aber hier war eine Stadt verwundet worden, der ich mich in diesem Moment mehr denn je verbunden fühlte.

Verhandlungen im Wartezimmer

Manchmal hatte ich ein bisschen Angst, dass ich schon zu lange hier war, New York City zu sehr mein Zuhause wurde – und ich Probleme bekommen würde, hier wieder wegzugehen. Ich hatte lange gedacht, dass ich nur auf Zeit hier leben würde, doch inzwischen wünschte ich mir oft, diese Zeit möge niemals enden. Ich erlebte Kollegen und Freunde, die nach Jahren in New York zurück nach Deutschland gingen und sich mit dem Ankommen schwertaten. »Nachts stehe ich auf und gucke mir die Spiele der Giants online an«, mailte ein lieber Freund, mit dem ich hier den Spaß am Football geteilt hatte. »Mit neunzig Minuten Fußball kann ich nichts mehr anfangen. Kannst du dir das vorstellen?«

Ich konnte, weil sich mein Sportinteresse auch verlagert hatte. Ich wusste mehr über die Giants und die Yankees, bei denen ich inzwischen auch den letzten Zeugwart mit Namen kannte – während ich überlegen musste, wie doch gleich der Torhüter hieß, den der FC St. Pauli zu Beginn der Saison verpflichtet hatte. Ich schämte mich dafür und sprach mit meinen Hamburger Freunden lieber nicht darüber, weil die schon sagten: »Langsam drehst du aber ein bisschen ab mit deinem Baseball.« Aber das passiert, wenn man sich von der Heimat entfernt: Dinge verändern sich, Perspektiven wechseln. Nicht jeder kann das verstehen, schon gar nicht muss das jeder verstehen. Manchmal fühlte ich mich aber doch sehr zwischen den Stühlen, weil ich nicht mehr genau wusste, wo ich eigentlich hingehörte.

Die Tatsache, dass ich die Stadt hier als Single noch einmal ganz neu kennenlernte, festigte mein Gefühl für New York: Ich war mehr unterwegs, lernte mehr Leute kennen und sprach mehr Englisch; manchmal dachte ich inzwischen sogar auf Englisch. Ich holte nach, was mir früher im Englischunterricht in der Schule immer furchtbar auf die Nerven gegangen war: William Shakespeare und seine alten Dramen. Ich sah Jude Law als »Hamlet« am Broadway oder Al Pacino als »Kaufmann von Venedig« – ganz großes Theater!

Gleichzeitig hatte ich am meisten Spaß, wenn meine alten Freunde aus Hamburg zu Besuch kamen und ich all die schönen Dinge hier mit ihnen teilen konnte (Baseball ausgenommen), weil doch nichts über Menschen geht, die man zwanzig, dreißig Jahre kennt und mit denen man sich blind versteht. Bei denen auch dann noch ein Blick reicht, um zu wissen, was der andere denkt, wenn man sich acht Monate nicht gesehen hat. Ich hatte hier längst auch gute Freunde, aber es ist etwas anderes, ob man zusammen eingeschult wurde – oder mit Mitte dreißig auf jemanden trifft, der zufällig neben einem wohnt. Trotzdem können Menschen, die neben einem wohnen, natürlich ganz und gar großartig sein – etwa, wenn man jammert: »Mein Rücken tut so weh.«

»Du musst zum Arzt gehen«, sprach Jeff, der mich eines Tages mit etwas gebückter, weil schmerzverzerrter Haltung ein paar Einkaufstüten über die Second Avenue tragen sah. Auch wenn wir nicht mehr Tür an Tür lebten, so doch Haus an Haus: Wir liefen ständig auf der Straße ineinander. Nun schleppte er mir die Tüten in meine neue Wohnung und redete auf mich ein wie ein Vater, der drohte, in den nächsten Ferien den Urlaub zu streichen: Ich musste ihm versprechen, dass ich spätestens morgen eine Orthopädin anrufen würde, von der er gehört hatte, dass sie sehr gut sei. »Okay?«, hakte Jeff nach. Okay.

Drei Tage später stand ich in einer Praxis auf der Fifth Avenue, wo eine Ärztin meinen Rücken begutachtete und mich allerlei Bewegungen machen ließ. »Tut das weh?«, fragte sie. »Und das hier?« Ja. Und ja. Und dann brannte auch noch etwas in meinem linken Bein. Ein eingeklemmter Nerv? Die Ärztin überwies mich zur Kernspintomographie. »Frag Mona Lisa«, sprach sie, »die sagt dir, wo du da am besten hingehst.«

Mona Lisa war keine Kunstfigur aus dem Pariser Louvre, sondern eine echte New Yorker Sprechstundenhilfe, die mit Leonardo da Vincis lieblich lächelnder Dame nur den Namen gemein hatte. Die New Yorker Mona Lisa lachte lauthals, mit einer Stimme, die klang wie John Wayne nach dem achtundzwanzigsten Whiskey. Sie hatte kurzes graues Haar, trug ärmellose Männerhemden und rief jeden Patienten »Sweetie«, der nicht bei drei im Behandlungszimmer war. Jetzt röhrte sie: »Wie heißt deine Krankenversicherung, Sweetie?«

Ich erklärte ihr, dass das keine Rolle spiele, da ich in Deutschland krankenversichert sei, privat, und darum erst einmal alle Kosten auslegte. »Ah!«, sagte Mona Lisa. »Dann wollen wir mal sehen, dass wir einen kleinen Rabatt für dich aushandeln, Sweetie.« Einen was? Ich guckte etwas komisch. Auf einen Rabatt wäre ich bei den falschen Gucci-Sonnenbrillen gekommen, die sie in Chinatown verkaufen (»Ich nehme zwei zum Preis von einer!«). Aber bei einer Kernspintomographie? Doch Mona Lisa hatte schon den Telefonhörer in der Hand. Sie wählte die Nummer einer radiologischen Praxis. »Hi, hier Mona Lisa, ich habe da eine Patientin ...«, hörte ich sie sagen. Dann fielen die Worte »self pay«, »discount« und »fivehundred« – und dann war ich im Geschäft. Mona Lisa hatte den Preis für meine Kernspintomographie von 1200 Dollar auf 500 Dollar gedrückt.

So geht das hier bei Selbstzahlern. Sie werden im amerikanischen Gesundheitswesen umgarnt wie Justin Bieber auf dem Schulhof eines Mädchenpensionats. Aus deutscher Sicht klingt es ziemlich komisch, Untersuchungen zu Ramschpreisen anzubieten. »Doch alles, was die Praxen hier wollen, ist Cash«, erklärte Mona Lisa mir. Schnelles Geld. Besser eine Patientin, die sicher 500 Dollar abdrückt, bevor sie in die Röhre geschoben wird, als eine, die schlecht krankenversichert ist und einen Teil ihrer Kernspintomographie selbst zahlen muss, den sie dann aber in Raten abstottert. Überall heißt es hier: »Make a payment plan«, als wäre eine Untersuchung ein Hauskauf, für den man einen Kredit aufnehmen muss. Doch anders kann es sich der amerikanische Otto Normalpatient kaum leisten, ernsthaft krank zu sein.

Die USA und ihr Gesundheitssystem – das ist eine ziemlich erschreckende Sache. Noch immer sind fast 50 Millionen Amerikaner ohne Krankenschutz, was in einem Entwicklungsland vielleicht nicht weiter auffallen würde, für die größte Industrienation der Welt aber schlichtweg desaströs wirkt. Es gab hier keine Krankenversicherungspflicht, bis Präsident Barack Obama im Jahr 2010 seine lang umkämpfte Gesundheitsreform durchsetzte, die vorsieht, dass jeder Amerikaner pflichtversichert zu sein hat. Das hieß aber nicht, dass plötzlich alles besser wurde. Das Thema Gesundheit ist auch deshalb ein Problem, weil die Demokraten und die Republikaner nicht aufhören, darüber zu debattieren. Obamas Reform musste erst noch vom Obersten Gerichtshof in Washington D. C. bestätigt werden. Und es dauerte bis Juni 2012, ehe das geschah. Seither wird die Reform in einzelnen Schritten umgesetzt – voll in Kraft tritt sie aber erst 2014.

Immerhin, ein paar Dinge sind hier jetzt neu, die in Deutschland seit Jahrzehnten selbstverständlich erscheinen. Wie die Möglichkeit, Kinder bis zu ihrem sechsundzwanzigsten Lebensjahr bei den Eltern mitzuversichern. Oder dass Krankenkassen nun verpflichtet sind, auch chronisch Kranke aufzunehmen. Zuvor war es so, dass zum Beispiel ein Mensch, der an multipler Sklerose litt und seinen Job und damit seine Krankenversicherung verlor, von keiner anderen Kasse genommen werden musste. Auch konnten es sich die Versicherungen erlauben, Patienten auszuschließen, deren Krebsbehandlung ihnen zu teuer wurde. Es war ein kaltherziges System, das zuließ, dass Patienten starben, die ihre Bestrahlung nicht aus eigener Tasche bezahlen konnten.

Vor allem sind es die sozial Schwachen, die keinen Schutz genießen, da sie arbeitslos sind. Denn die meisten Amerikaner sind über ihren Arbeitgeber versichert, der die Hälfte der Kosten für eine private Krankenversicherung trägt. Nur ein Drittel der Versicherten ist über eine der beiden staatlich finanzierten Kassen abgedeckt. Die private Versicherung gilt auch für Familienmitglieder, und deshalb verhält es sich damit wie mit der Green Card, die das Bleiberecht in den USA garantiert – dafür werden Ehen aufrechterhalten. Wie die eines freiberuflich arbeitenden Fotografen, mit dem ich einmal zu einem Termin geschickt wurde und der mir erzählte: »Meine Frau und ich sind seit drei Jahren getrennt, aber sie ist so nett, sich nicht scheiden zu lassen, weil ich über ihre Firma besser krankenversichert bin, als ich es mir allein leisten könnte.« Der Mann zahlte knapp 600 Dollar im Monat, doch was er dafür bekam, entsprach bei weitem nicht dem einer deutschen Krankenversicherung. Zahnarztkosten etwa waren nicht vorgesehen, »dafür haben wir noch eine Extraversicherung«, erklärte er mir.

Mir war es irgendwann fast ein bisschen peinlich, wenn ich nach meinem deutschen Versicherungsschutz gefragt wurde. Und das kam öfter vor, denn meine Gesundheit wurde ein längerfristiges Thema: Die Kernspintomographie ergab, dass ich einen Bandscheibenvorfall hatte, »a herniated disc«, wie meine Ärztin sagte, was ich erst einmal im Medizinlexikon nachschlagen musste. Die Behandlung dauerte ein Dreivierteljahr und endete mit einer Operation, bei der ich hübsch verhandelte: Ich schlug 40 Prozent »Discount« bei den Anästhesiekosten heraus und 20 Prozent bei der Rechnung des Chirurgen, die ich aus dem fünfstelligen in den vierstelligen Bereich drückte.

In all der Zeit kam es immer wieder vor, dass ich mit New Yorkern über Arztbesuche oder Kostenerstattungen sprach. Einmal war ich bei einer Friseurin, der ich sagte, ihr Stuhl sei ziemlich durchgesessen und Gift für meinen Rücken – könne ich bitte auf einem anderen Platz nehmen? Aber klar, entschuldigte sie sich; ihr Rücken sei auch kaputt, sie ginge darum einmal die Woche zur Akupunktur, überlege aber, damit aufzuhören, weil jede Sitzung 75 Dollar koste. Tu es nicht, sagte ich, denn auch ich war in Akupunkturbehandlung, und das war eine feine Sache. Aber ich hatte gut reden, denn meine Kasse kam für die Nadeln in meinem Rücken auf. Ihre nicht. Dann erzählte sie, dass sie 1000 Dollar habe zuzahlen müssen, als sie ihren Sohn gebar. »Und für Vorsorgeuntersuchungen, die wir Frauen beim Gynäkologen bekommen sollten, musste ich bei meiner Versicherung immer erst eine Genehmigung einholen. Wenigstens das hat sich mit der Gesundheitsreform geändert«, berichtete sie und lächelte.

Trotzdem scheinen die Vereinigten Staaten den Ruf zu haben, ein Dritte-Welt-Land zu sein, was die Krankenversorgung angeht. Egal, mit wem ich daheim in Germany telefonierte, ob mit einer befreundeten Medizin-Redakteurin, einem Kardiologen oder einem Physiotherapeuten, ständig hörte ich: Willst du dich nicht besser in Deutschland behandeln lassen?

Nein! Denn die Ärzte hier bekamen ihren Doktortitel nicht hinterhergeworfen. Und in New York haben sie eine Rund-um-die-Uhr-Arbeitsauffassung, die sehr rührend ist. Ich konnte meine Ärztin, »Dr. B.«, wie sie ihre E-Mails unterschrieb, zu jeder Tages-, Nacht- und Wochenendzeit anschreiben, sie antwortete umgehend. »Dr. B.«, jammerte ich eines Samstags, »meine Schmerzen sind wieder so schlimm, kann ich noch eine Cortisonspritze bekommen?« Fünf Minuten später schrieb sie zurück. »Ja. Nächste Woche. Keine Panik. Alles wird gut.« Einmal dauerte es acht Stunden, bis Frau Doktor sich meldete – mit einer Entschuldigung: »Sorry, dass es so lange gedauert hat: BlackBerry-Probleme.«

Auch der Chirurg, der mich operierte, war mit seinem Telefon immer da. »Hier, meine Handynummer«, sagte er, »melde dich, wenn etwas ist.« Nach der Operation war ich noch keine Stunde wieder zu Hause, da rief er an: »Alles okay? Wie fühlst du dich?« Als hätte er mir ein Brett in den Rücken montiert, musste ich antworten: sehr, sehr steif. »Das geht weg«, sprach der Herr Chirurg und lachte. »Dauert nur ein bisschen.« Ja, leider. Ein paar Tage später rief ich ihn an, es war ein Sonntag, an dem New York City einschneite – ein Blizzard legte die Stadt binnen drei Stunden wie magisch lahm. Nichts ging mehr, kein Auto bewegte sich draußen und kaum ein Mensch. So leise hatte ich die Stadt noch nie erlebt! Ich wäre gern rausgegangen, aber ich lag zu Hause auf dem Bauch, denn an meiner OP-Wunde hatte sich eine Beule gebildet, groß wie ein Überraschungsei, die mich panisch werden ließ. »Verzeihen Sie, dass ich am heiligen Sonntag störe«, entschuldigte ich mich. »Aber da ist etwas, das Sie sehen müssen!«

»Ich würde vorbeikommen, aber das Wetter ...«, sagte der Herr Chirurg. »Kannst du mir ein Foto schicken?« Und so machte ich mit meinem Handy ein Foto der Beule, schickte es ihm – und drei Minuten später wurde ich fernbehandelt. »Nicht schlimm«, mailte der Doktor, »das ist Flüssigkeit, die sich bei einer Wunde bildet. Geht wieder weg. Sonst melden.«

Total nett, erzählte ich meinen Freunden in Germany. Klar, sagten die, der will doch nur dein Geld! Doch das stimmte nicht ganz, denn der Arzt hier bekommt keine 10,52 Euro, die ein deutscher Kollege für jedes noch so kurze Telefonat verlangen kann. »Nein?«, fragte mein Kardiologen-Freund. »So eine arme Sau!« Auch Dr. B. machte mit mir kein Vermögen, obwohl sie mich über so lange Zeit betreute. Sie rief regelmäßig an und erkundigte sich: »Wie geht es – besser?« Aber sonst? Dreimal verpasste sie mir eine Cortisonspritze, für die ich stets einen Rabatt von 200 Dollar aushandelte.

Auch konnte ich mir die vollen Kosten eines Labors sparen, in dem meine Frauenärztin ihre verschiedenen Blutuntersuchungen vornehmen ließ. Sie gab mir stets einen Gutschein für die Laborkosten, auf dem stand: *Save 70 % off your lab bill.* Das war natürlich für Selbstzahler gedacht, die keine Krankenversicherung hatten, aber wenn eine Rechnung kam, zum Beispiel über 512 Dollar, holte ich den Gutschein hervor, schrieb die Summe in ein vorgegebenes Feld und rechnete: »$ 512 x 0.30 = $ 153.60« – und bezahlte 153,60 Dollar.

Selbstverständlich schickte ich einen Scheck, denn in den USA mag das Internet erfunden worden sein – Onlinebanking hatte sich hier noch nicht durchgesetzt. Ich fand das sehr putzig, denn einerseits guckten sie hier genervt, wenn Touristen mit Travellerchecks ankamen – *old school*, es gibt doch Kreditkarten! –, gleichzeitig hatten sie alle dicke Scheckbüchlein zu Hause, weil sie Miete, Strom oder Laborrechnungen noch ganz altmodisch per Post beglichen. Und Laborrechnungen haben sie vermutlich viele. Der freischaffende Fotograf jedenfalls, der über seine Frau versichert war, erzählte: »Wir zahlen viel Geld für wenig Leistung. Amerikanische Ärzte haben die Tendenz, jeden noch so sinnlosen Test anzuordnen, damit sie nicht verklagt werden können, wenn sie etwas übersehen haben.« Auch liegt es am Einsatz teurer Geräte, dass die Gesundheitskosten in keinem Land der Welt so ungesund hoch sind wie in den USA.

Aber natürlich kann es einem hier auch paradiesisch gutgehen. Wer reich ist, darf sich im Krankenhaus fühlen wie in einem Fünfsternehotel. So mieteten die Sängerin Beyoncé und ihr Gatte, der Rap-König Jay Z, zur Geburt der gemeinsamen Tochter gleich eine ganze Etage des New Yorker Lennox Hill Hospitals, die hübsch mit Sofa, Sesseln und vier Riesenfernsehern dekoriert wurde. Dass andere Patienten klagten, man habe sie ob der Weltstars links liegenlassen, konnte das Krankenhaus bei der Rechnung vermutlich verschmerzen. Für Jay Z galt in dieser Stadt sowieso: Der darf alles!

Und das gilt bis heute.

The World's Most Famous Arena

Shawn Carter, wie der Hip-Hop-Meister Jay Z bürgerlich heißt, ist so etwas wie der heimliche Herrscher der Stadt. Wobei, heimlich, das war einmal: Spätestens seit seinem Hit »Empire State of Mind« aus dem Jahr 2009 ist er das offiziell. »Empire State of Mind« gilt als die neue Hymne New Yorks, man hört sie hier inzwischen häufiger als Frank Sinatras Klassiker. Die »New York Times« verglich Jay Z schon bei Erscheinen des Songs mit dem großen Mr Sinatra, der aber einst aus New Jersey in die große Stadt ziehen musste, ehe er singen konnte, er sei hier der »King of the Hill« – während Jay Z ein geborener New Yorker ist, der nun sehr lässig rappte:

»I'm the new Sinatra, and since I made it here
I can make it anywhere, yeah, they love me
everywhere«

Jay Z ist ein Eins-neunzig-Mann mit Eierkopf und Knollennase, der immer ein bisschen so aussieht wie von Loriot gezeichnet. Seine Geschichte gehört in die Reihe: Vom Tellerwäscher zum Millionär. Und dafür lieben sie ihn hier. Er wuchs in Bedford Stuyvesant in Brooklyn auf – in den »Marcy Projects«, Sozialbauten, die in den achtziger Jahren zu den gefährlichsten Ecken New Yorks zählten. Crack gehörte zum Alltag. »Es war überall, in den Treppenhäusern, überall konntest du es riechen. Es gab nur zwei Möglichkeiten: Du hast es genommen oder verkauft«, erzählte Jay Z einmal, der sich entschied, damit zu dealen. Mit zwölf Jahren schoss er seinem älteren Bruder wegen eines Streits um Schmuck in die Schulter, später wurde er wegen einer Messerstecherei zu zwei Jahren auf Bewährung verurteilt. Heute singt er, wie alle Rapper, über Drogen, Gewalt und Sex und ist nicht gerade bekannt für seine Bescheidenheit. Um seinen Hals hängen bratwurstdicke Goldketten, die hübsch zu seinem Wagen passen, einem 360 000-Dollar-Maybach, mit dem er seine Gattin sonntags ausfährt. Nach Brooklyn, denn »da gibt es einen kleinen Pizza-Laden, in den man seinen eigenen Wein mitbringen kann und in dem Kerzen brennen – das ist ein netter Abend«, so Jay Z.

Vermutlich besitzt er einen Teil des Ladens, denn Jay Z hat hier so ziemlich überall seine Finger im Spiel. Ihm gehört ein Modelabel namens »Rocawear«, das er in den Hipster-Boutiquen der Stadt vertreibt. Daneben gehört ihm der »40/40 Club«, in dem die Sofas und die Wände mit weißem Leder bezogen sind. Dort hängen Bildschirme, die so groß wie Tischtennisplatten sind, denn der »40/40 Club« ist eine Sportsbar. Selbstverständlich gibt es jetzt eine Dependance im Barclays Center, einer Sportarena, mit der Jay Z sich sein eigenes Denkmal gesetzt hat: Sie ist so etwas wie der Madison Square Garden Brooklyns.

Die Arena steht an der Atlantic Avenue und wirkt wie eine gigantische Schildkröte, die sich in die Gegend gelegt hat. Diese Multifunktionshalle ist die Heimat der Brooklyn Nets, einem Team der nordamerikanischen Basketballliga NBA. Die Brooklyn Nets waren früher die New Jersey Nets – und als solche in New Jersey zu Hause. Doch in den amerikanischen Sportligen ist es üblich, dass Teams verpflanzt werden. Wie einst die Brooklyn Dodgers, die hier Baseball spielten, ehe sie 1957 verkauft und zu den Los Angeles Dodgers wurden. Brooklyn war seither in keiner der großen Ligen mehr vertreten – doch dann kam Jay Z, mit 1,5 Prozent ein Anteilseigner der Nets, und fand, sein Team gehöre nach Brooklyn. Er sprach bei Investoren vor, trieb den Bau des Barclays Center voran und gab ihm ein Gesicht – seines.

Natürlich war es Jay Z *himself*, der die Arena im September 2012 eröffnete. Mit acht Konzerten in Folge, die selbstverständlich ausverkauft waren. Ich war bei der Premiere dort, glücklicherweise dienstlich, so dass ich das Ticket erstattet bekam: Zuvor hatte ich 125 Dollar für den günstigsten Platz unter der Decke bezahlt.

In der Arena roch es damals wie in einem Neuwagen. Die Ränge, die Gänge, die Bierstände, alles ist in Schwarz und Grau gehalten. Die Arena kann daher so düster wie ein Verlies wirken, doch an jenem Abend war die Stimmung prächtig. Zwar war das Bier schon vor Beginn des Konzerts ausverkauft, aber dafür wurde fröhlich gekifft, jedenfalls oben auf den billigen Plätzen. Ich war froh, dass mein Rücken operiert war, sonst hätte ich den Abend nicht überstanden: Jay Z kam, sah und rappte – und das über zweieinhalb Stunden, in denen ich der Menge folgte, die sich typisch für ein Rap-Konzert bewegte: Arme hochhalten und dann rauf und runter wippen.

Am nächsten Tag hatte ich Nackenschmerzen, die sich aber mit einer Massage beseitigen ließen. Während ich da lag, überlegte ich, was ich vom Barclays Center halten sollte. Ich kam zu dem Schluss: Gut für die Stadt, zwei große Hallen, auch wenn diese – Jay Z's Verlies – noch seltsam traditionslos war. Anders als der Madison Square Garden, bei dem aus jeder Ecke ein Stück Geschichte quoll. Was einer der Gründe war, warum der Garden, wie man hier nur sagte, zu meinen liebsten Orten der Stadt gehörte.

*

Ich ging oft allein in den Garden. Ich hatte es irgendwann aufgegeben, herumzufragen, wer Zeit und Lust hatte, mitzukommen, wenn ich mir ein Ticket für ein Konzert oder eine Sportveranstaltung kaufte. Denn mit New Yorkern Verabredungen zu treffen ist absurd. »Ja«, sagen sie, »mal sehen.« Sie können nicht nein sagen, sie haben immer zehn Optionen, wo sie hingehen könnten. Diese Stadt hat so viel zu bieten, dass sich hier niemand auf irgendetwas festlegen möchte, weil immer noch etwas Besseres geschieht. Für mich gab es aber oft nichts Besseres als den Garden, denn dort geschah immer etwas ganz Besonderes.

Ich sah Prince, den alten Superstar, der keine Lust hatte, in Köln aufzutreten, und dort ausgepfiffen wurde, hier aber drei Konzerte am Stück gab, bei denen er von der Bühne getragen werden musste, so großartig fühlte er sich in »the world's most famous arena«, wie sie den Garden hier selbstverständlich nennen. Der steht schließlich in »the greatest city in the world«, wie Bürgermeister Michael Bloomberg sagt, wenn er von New York City spricht. Denn New York City ist nicht die Hauptstadt der Bescheidenheit, sondern das »Zentrum des Universums«, wie Brandon Flowers rief, charismatischer Sänger der Killers, die ich im vergangenen Mai im Garden erlebte.

Ich hatte die Band zuvor schon in einem kleinen Club im East Village gesehen und in einem alten Theater in der Bronx – doch nirgends war sie so grandios wie an jenem Abend im Garden. »Was geht, New York?«, fragte Brandon Flowers. Er trug ein blaues Hemd mit weißen Sternen, das er über seine muskulösen Oberarme gekrempelt hatte. Dann lächelte er und erzählte: »Wir sind die Killers aus Las Vegas, Nevada. Unser Motto ist: Was in Vegas passiert, das bleibt in Vegas.« *What happens in Vegas stays in Vegas.* »Aber wenn das wahr wäre, wären wir heute Abend nicht hier. Das ist der Garden. In der Stadt, die niemals schläft. Wenn du es hier schaffen kannst, kannst du es überall schaffen.« *If you can make it here you can make it anywhere.*

Und dann sang Brandon Flowers »New York, New York«, begleitet von einer E-Gitarre, und der ganze Garden sang mit. Es war einer dieser Momente, die man nur im Garden erlebt. Auf meinen Armen bildete sich zentimeterdicke Gänsehaut, und ich wette, Brandon Flowers ging es nicht anders. »It's up to you, New York, New Yooooork«, sang er. »Das ist die

Wahrheit. Die Wahrheit!«, rief er dann und schüttelte den Kopf, als könne er selbst nicht fassen, wo er hier gelandet war. Genauso wie meine Freundin Soraya aus Hamburg, die zu Besuch war. Auf Hamburger konnte ich mich verlassen; wenn ich denen sagte: »Da gibt es ein Konzert im Garden, das wir sehen sollten« – dann waren die dabei. Und so stand Soraya neben mir und sagte die ganze Zeit: »Ist das geil. Ist das geil!«

Jeder, jeder, den ich kannte, war hingerissen vom Madison Square Garden. Es ist nicht schwer zu erklären, was dessen Magie ausmacht.

Der Garden ist rund wie eine Schüssel und hoch wie das Kolosseum. Er zieht sich über einen Block zwischen der Siebten und Achten Avenue und der 32. und 33. Straße. Seine Anschrift aber lautet »4 Pennsylvania Plaza«, denn der Garden befindet sich über der Pennsylvania Station (kurz: Penn Station), einem Bahnhof, von dem aus die Züge Richtung New Jersey oder, klar, Pennsylvania fahren. Der erste Garden wurde 1879 gebaut und diente als Zirkusarena, damals noch am Madison Square Park, von dem der Garden seinen Namen hat. Dass er heute woanders steht, liegt daran, dass man im Laufe der Industrialisierung den Garden zweimal wieder abriss und neu erbaute, größer natürlich, ehe er 1968 ganz groß auf der Penn Plaza eröffnet wurde. Das ist seither sein Platz, und das wird auch noch so bleiben: Im vergangenen Juli einigten sich die Kabelfernsehgesellschaft »Cablevision«, die den Garden betreibt, und der New Yorker Stadtrat auf eine Verlängerung des Mietvertrages um weitere zehn Jahre.

Danach aber, so hieß es, müsse der Garden umziehen, denn dann gedenke man, die Penn Station zu modernisieren und brauche Platz, so die Stadt. Doch daran verschwenden die New Yorker lieber noch keinen Gedanken – ihr Garden an einem anderen Ort? Keine schöne Idee. Manhattan ist schließlich zugebaut, wo soll das Riesending hin? Und es befindet sich so viel »History« darin, wie sie sagen, und die gehört hierher!

Man kann sie sehen, wenn man durch die Gänge des Garden läuft, die seine sechs Etagen umrunden. Auf Höhe der mittleren Ränge hängen Glaskästen an den beigefarbenen Wänden, die an denkwürdige Garden-Momente erinnern. Einer zum Beispiel zeigt ein Bild von Marilyn Monroe, sehr sexy in Schwarzweiß, als sie am 19. Mai 1962 »Happy Birthday to JFK« sang, wie in der Bildunterschrift steht. Wobei – sang? Sie hauchte John F. Kennedy ein Geburtstagsständchen, so lasziv, dass vermutlich alle, die damals an der »Gala All Star Show« zu Ehren des Präsidenten (Eintrittspreis: eine Spende von 1000 Dollar) teilnahmen, dachten: Die hat doch was mit dem!

Doch der Garden ist vielseitig, hier wird nicht nur gesungen, wie der Kasten neben der Monroe beweist. Darin ein blaues Eishockey-Trikot mit der roten Nummer 99 darauf und einem Namen – Gretzky. Der große Wayne Gretzky, der wohl beste Eishockeyspieler aller Zeiten, genannt »The Great One«. Er bestritt in diesem Trikot sein letztes Spiel als Profi, als er am 18. April 1999 hier im Garden aufs Eis ging – für die New York Rangers, bei denen er seine Karriere beendete. Dazu gibt es ein Foto von Gretzky, wie er nach dem Spiel seine Ehrenrunde dreht und lächelnd in die Menge winkt. Mit einem Augenaufschlag, den außer ihm nur Lady Di hinbekam, schüchtern-gerührt.

Gretzky war seither hier nur noch Gast. 2008 kam er als Coach der Phoenix Coyotes in den Garden zurück, die aber mit 1:4 gegen die New York Rangers verloren. Es war etwa die Zeit, als ich hier erstmals ein Eishockeyspiel besuchte, total begeistert. Die »National Hockey League« (NHL) ist die beste Profiliga der Welt. Und auch wenn die New York Rangers eher selten das beste Team dieser Liga sind, so sieht man doch all die guten und sehr guten Teams gegen die Rangers spielen. Eishockey ist hier irre hart und nur was für echte Kerle, Typ: kanadischer Holzfäller, besser noch Baumausreißer. Ich fand es ziemlich scharf, wie diese Kerle mit einem gewaltigen *Rumms* in die Bande knallten. Auch wenn ich immer die Letzte war, die das mitbekam, denn das Spiel ist wahnsinnig rasant. Ferrari on Ice.

Ich musste meine Augen erst darauf trainieren, dem Puck zu folgen, denn so schnell kann eigentlich kein Mensch gucken. Manchmal kam ich auch einfach nicht mit, wie schnell die Rangers-Fans ihre Stimmung änderten. Führten die Rangers, war alles gut, dann klatschten und sangen sie: »Let's go Rangers!«, unterstrichen von Orgelmusik. Doch lag ihr Team zurück, konnten die Fans sehr schlechte Laune bekommen, dann pöbelten sie plötzlich ihre eigenen Leute an. Einmal, es war im vergangenen Winter, lagen die Rangers gegen die Montreal Canadiens mit 1:2 zurück, als ein Herr neben mir klang, als sei er kurzfristig am Tourette-Syndrom erkrankt. Er fand, Brad Richards, Mittelstürmer der Rangers, sei schuld am Rückstand, und so fing er an zu brüllen: »Richards, runter vom Eis!« Und: »Richards, du stinkst!« Dann: »Richards, du Wichser!«

Nun sah der Herr nicht unbedingt aus, als sei er bei den Hell's Angels und auf Krawall gebürstet; er trug Seitenscheitel, Kassenbrille und Bundfaltenhose, so dass ich doch ein wenig erstaunt war, was da alles aus ihm herauskam. Ich sagte: »Sir, wir wollen doch, dass die Rangers gewinnen, vielleicht geht es etwas produktiver?« Aber das machte es nicht besser. »Richards, verpiss dich!«

Vielleicht dachten die Fans, man dürfe sich hier so benehmen, weil der Präsident des Garden auch so ein Schreihals war: James Dolan, ein Mann mit Doppelkinn und grauen Locken, die an einen Bettvorleger erinnern. Er war ein Chef, der Kellner feuerte, weil in der Cola zu wenig Kohlensäure war, ein ewiger Sohn, dem der Vater – der Milliardär Charles Logan – den glamourösen Garden als Spielzeug überlassen hat, beinahe so wie Karl-Heinz Wildmoser, der einstige Präsident des TSV 1860 München, seinem Filius die Allianz-Arena.

Charles Logan war der Gründer von »Cablevision«, der Firma, die sich den Garden leistete, sein Sohn ein Erbe. Aber sonst? Niemand hat je verstanden, was James Dolan dazu befähigte, ein Eishockey- und ein Basketball-Team zu besitzen, denn dem Garden gehören nicht nur die New York Rangers, sondern auch die New York Knicks, die in der NBA spielen. Und so etwas wie der HSV des amerikanischen Basketballs sind: seit Gründung der Liga dabei – und der letzte Meistertitel verdammt lange her.

Als die Knicks zuletzt die *NBA Championship* gewannen, war ich gerade geboren: 1973. Knicks-Fans haben also einiges auszuhalten, inklusive James Dolan, der dafür berühmt ist, Trainer anzuheuern, die vieles können, nur nicht die Knicks coachen. Am schlimmsten war es mit Isiah Thomas, der James Dolan vor wenigen Jahren 11,6 Millionen Dollar kostete: So hoch war die Summe, die der Garden einer gewissen Anucha Brown Sanders zahlen musste – als Schadensersatz. Mrs Brown Sanders, ehemalige Vizepräsidentin der Knicks, war von Isiah Thomas sexuell belästigt worden und hatte sich bei James Dolan beklagt, der daraufhin aber nicht Thomas feuerte, sondern sie. Darum ging Mrs Brown Sanders vor Gericht und forderte 9,6 Millionen Dollar Schadensersatz. Am Ende bekam sie noch zwei Millionen mehr zugesprochen, so sehr glaubte ihr die Jury.

Es gab also immer mal wieder ein Geschichtchen aus dem Garden zu erzählen, und netterweise akkreditierte mich die NBA deshalb für Spiele der Knicks. Bei den Yankees oder den Rangers bekam ich nie eine Akkreditierung, deren Ligen interessierten sich nicht besonders für deutsche Medien. Mit der NBA lief es besser, denn da gibt es die »NBA Europe« und einen netten Mann in London, der sich um »credentials« für europäische Medien kümmert. Er wusste, dass wir Deutschen ein Interesse an der NBA hatten – wegen Dirk Nowitzki, unserem Mann in Amerika, der hier nur »Döööörk« gerufen wird.

Döööörk ist ein echter Superstar, seit er mit seinen Dallas Mavericks 2011 den Titel gewann. Er ist aber auch nicht mehr der Jüngste: Wenn ich ihn hier im Garden sah und nach den Spielen zu den Teams in die Umkleidekabinen ging, lag er meist in einem abgetrennten kargen Raum auf einer Liege, dicke Eisbeutel um die Knie, und sah aus, als könne er sich erst in zwei Tagen wieder bewegen. Der Döööörk klingt immer ein wenig wie Rudolf Scharping, das heißt, er spricht nicht wahnsinnig schnell. Anders als LeBron James, der Megasuperstar der Liga, dem die Worte aus dem Mund schießen wie Maschinengewehrsalven.

LeBron James ist ein bulliger Typ mit wuchtiger Nase und sorgsam gestutztem Bärtchen. Ihn schaute ich mir am liebsten an. Nicht nur, weil er der zurzeit beste Basketballspieler der Welt ist und sein Team, die Miami Heat, 2012 und 2013 zur Meisterschaft führte. Sondern auch, weil ich ihm etwas verdanke, was ich vermutlich noch meinen Enkelkindern erzählen werde: Und dann strippte der große LeBron James für eure Großmutter!

Es war allerdings nicht im New Yorker, sondern im Bostoner Garden. Dorthin war ich gefahren, um James zu sehen, der damals das Thema der Liga war: Er spielte noch für die Cleveland Cavaliers (die an jenem Abend bei den Boston Celtics zu Gast waren), sollte aber bald ein *free agent* sein, das heißt, er hatte die Möglichkeit, ablösefrei das Team zu wechseln. Alle wollten ihn haben, auch die New York Knicks, die wie die Verrückten an James herumbaggerten. Die New Yorker – Freunde des gepflegten Größenwahns – fanden, James wäre ein feiner Zuwachs für sie: Der hatte sich in Cleveland ein Palästchen mit sechs Schlafzimmern bauen lassen, einem Friseursalon, einem Aufnahmestudio und einer Bowlingbahn. Und dann war da noch sein begehbarer Kleiderschrank, in dem es zwei Flachbildfernseher gab und einen Kamin. Die Cavaliers hätten ihre Heimspiele in dem Schrank austragen können, so groß war der. Aber nun hatten sie es mit den Celtics zu tun, und zwar in Boston, wo sie verloren, weshalb LeBron James nach dem Spiel ein wenig gereizt schien.

Er trug ein blaues T-Shirt und rote Shorts, um seinen rechten Ellenbogen und um seine Knie waren Eisbeutel gewickelt, so saß er in der Umkleidekabine. Die war mit vielen Zwei-Meter-Männern gefüllt. Ich war die einzige Frau im Raum, und LeBron James nickte mir zu. »How are you«, fragte er, »you're all right?«. Äh, danke, ja, und selber? »I'm goooood«, sagte er, und dann stand er langsam auf. James bewegte sich wie in Zeitlupe, er wickelte die Eisbeutel von seinem Körper und warf sie in einen Eimer. Und dann zog er sich aus. Zuerst das T-Shirt, dann die Hose, und dabei beobachtete er, ob ich ihn auch beobachtete. Und natürlich sah er genau, wo ich hinguckte, als er endlich nackt dastand. Der König ohne Kleider.

Dann band LeBron James sich ein weißes Handtuch um die Hüften, schlenderte in Richtung Dusche und sprach zu den Kollegen: »Sie hat auf meinen Arsch gestarrt.« Das war zwar nicht ganz korrekt, aber natürlich lachten die vielen Zwei-Meter-Männer, hihi, der Maus hat er's aber gezeigt!

Ich glaube, ich wurde rot. Mein Kopf fühlte sich jedenfalls plötzlich sehr heiß an. Gleichzeitig musste ich mir auf die Lippen beißen, um nicht laut zu lachen, weil ich dachte: Was für ein Spaß! Das schreib ich!

Tat ich auch.

Es war ja ein hübsches Beispiel für die seltsame Welt, in der die Profis der NBA sich bewegen. Zu der immer noch ein genauso seltsames und ziemlich gestriges Männer-Frauen-Bild gehört. Vermutlich hat das mit Tradition zu tun. Amerika ist ein Land, in dem die Herren früher auf Bullen umhergeritten sind, während die Damen daheim das Feuerchen warm gehalten haben. Irgendwie müssen sie da stehengeblieben sein, jedenfalls beim Sport, denn bei dem spielt die amerikanische Frau bis heute eine eher antiquierte Rolle. Beim Baseball oder Eishockey hat sie gar nichts zu melden, da ist sie an den Rand verbannt. Die Hymne darf sie singen oder »God Bless America«. Und Bier verkaufen und Nachos und Pizza.

Anders ist es beim American Football oder eben beim Basketball. Da darf die Frau im knappen Röckchen tanzen und mit irgendwelchen Puscheln winken – wenn sie jung ist und langhaarig und rundbrüstig. Dann kann sie Cheergirl sein oder Cheerleader, also Anführerin der anderen Cheergirls, was als echte Karriere gilt. Jedes Mädchen, das eine amerikanische Highschool besucht, möchte ein Cheergirl werden, das ist hier so etwas wie ein fleischgewordenes Statussymbol. Kein Cheergirl zu sein heißt übersetzt: Du bist dick und doof! Die Amerikaner nennen Cheerleading einen Sport, den hier 1,5 Millionen Menschen betreiben, vornehmlich weiblich, während im Rest der Welt nur 100 000 Aktive gezählt werden.

Es ist ein merkwürdiges Rollenmodell, das den Amerikanerinnen vorgelebt wird: Sie werden ernsthaft dazu erzogen, starken, muskulösen Kerlen mit diesen bunten Büscheln zuzuwinken, sie anzuhimmeln, ihre Körper für sie zu verbiegen. Auf der einen Seite ist da der wilde, freie Athlet – auf der anderen das Mädchen im Korsett, das gehorcht und stillsitzt und sich nur nach der Choreographie bewegt. Die Cheerleader der New York Knicks zum Beispiel, die »Knicks City Dancers«, hüpfen in den Pausen aufs Feld, Rouge auf den Wangen, Glitzerlidschatten auf den Augen, und schütteln ihre blonden Haare und lassen ihre Hüften kreisen, die in knicksblauen Minikleidchen stecken. Sie führen immer das Gleiche auf, und nach den Spielen geben sie immer das gleiche Bild ab.

Sie haben ihre eigene Umkleidekabine, an deren Tür »Knicks City Dancers« steht. Die Mädchen ziehen sich um, und dann kommen sie heraus und wackeln durch die Katakomben des Garden, wo es hellgelbe Wände gibt und anthrazitgrauen Boden. Sie tragen Leggins und Ugg Boots (diese komischen Stiefel, deren Form an Elefantenfüße erinnert) und ziehen Rollkoffer hinter sich her, bei denen ich mich immer frage, was da drin sein soll – das dicke Make-up? Ihre winzigen Kleidchen könnten sie jedenfalls auch in ein Portemonnaie stecken. Oft läuft dann einer der Knicks-Spieler an ihnen vorbei, der aus dem

»Locker Room« der Knicks zur Pressekonferenz geht; Carmelo Anthony zum Beispiel, einer ihrer Stars, der hier im Jahr 21 Millionen Dollar verdient. Ein langer schwarzer Kerl mit Errol-Flynn-Bärtchen, zu dem die Cheerleader dann mit großen Glitzeraugen aufschauen. Sehr *flirty*.

Offiziell ist es den Mädchen natürlich nicht gestattet, etwas mit den Athleten zu haben; inoffiziell aber kann man davon ausgehen, dass es rundgeht. Unser Döööööörk weiß das, der angeblich mal mit einem Cheergirl seiner Dallas Mavericks gepuschelt hat. Nowitzki könnte eine Menge erzählen zum Thema »Der Star und die Girls«, aber er pflegt einen Ruf als weißer Gutmensch unter schwarzen Ghettoemporkömmlingen, die Brillanten im Ohr tragen, groß wie Zauberwürfel, und stapelweise Groupies vernaschen.

Womit wir wieder bei meinem Freund LeBron James wären, den ich später wiedersah – leider ziemlich angezogen. Es war ein paar Monate nach seiner kleinen Vorführung, als ich nach einem Spiel in die Kabine kam und wir einen kurzen, aber intensiven Blickkontakt hatten. Ich glaube nicht, dass er sich an unsere Begegnung erinnerte, aber da waren ein, zwei Fragezeichen in seinen Augen. James guckte, als würde er überlegen: Wo hab ich die Alte schon mal gesehen? Aber dann guckte er weg, schnappte sich eine Banane, die er wie ein Staubsauger verschlang, und rief in die Runde: »Hey, haben sie hier Seife in der Dusche?« Ein Betreuer schüttelte den Kopf und warf ihm ein Duschgel zu, eines mit Mandelaroma, das es in jedem Drugstore zu kaufen gibt:

für 2,99 Dollar. James ließ die Bananenschale auf den Boden fallen, er behielt sein Handtuch um, als er mit dem Mandelzeug in die Dusche schlurfte. Diesmal guckte ich ihm tatsächlich auf den Hintern (sehr ansehnlich), ehe ich beobachtete, wie der Betreuer die Bananenschale aufhob und in einen Mülleimer beförderte.

Auch das war ein typisches Bild, denn Sportprofis bekommen hier natürlich alles erledigt und alles serviert: Maniküre, Pediküre, den Parkplatz am Trainingsgelände und den am Flughafen; man trägt ihnen die Tasche hinterher und hält ihnen die Neugierigen vom Leib, wenn sie in den Stripclub gehen. Was LeBron James aber sicher niemals machen würde!

Er hatte sich für die Miami Heat und gegen die New York Knicks entschieden, was die New Yorker Sportkolumnisten spöttisch kommentierten – nach dem Motto: Die Lichter unserer Stadt leuchten ein bisschen zu hell für James. Doch er strafte sie Lügen, wenn er mit der Heat in den Garden kam: James machte Spiele gegen die Knicks, bei denen ich ihm mit offenem Mund zuschaute, so gut war er. 40, 50 Punkte, etwas schien ihn hier anzustacheln, und nicht nur ihn. Auch Kobe Bryant, der Superstar der Los Angeles Lakers, ragte hier stets heraus. Er hält den Rekord, seit ihm hier 61 Punkte gelangen – so viele wie keinem anderen Spieler zuvor. Gefragt, warum er hier so gern auftrete, sagte Bryant: »It's the Garden, man.«

Der ist schließlich der Buckingham-Palast unter den Arenen, das letzte traditionelle Haus, das sie hier noch haben. In den USA begannen sie irgendwann, neumodische Multiplex-Hallen zu bauen, die an anonymen Ausfallstraßen stehen und »AT&T Center« heißen (wie in San Antonio) oder »Chesapeake Energy Arena« (wie in Oklahoma City), weil die Namensrechte an Firmen verkauft wurden. Als das Barclays Center in Brooklyn eröffnete (dessen Name der Barclays Bank gehört), schienen sie im Garden dennoch etwas Muffensausen zu bekommen, dass das junge Ding da drüben der alten Schüssel hier den Rang ablaufen könnte.

Sie renovierten den Garden, für insgesamt 968 Millionen Dollar. Ich fand das ein bisschen schade, denn der Garden erschien mir immer wie eine coole Lady, die in Würde altert und zu ihren Falten steht. Doch dann wurde sie geliftet. Mit einem neuen Videowürfel, so groß, dass dessen Leuchtkraft den Times Square erblassen lässt. Und mit neuen Sitzreihen, schwarz wie im Barclays Center. Ich mochte die alten, die schweinchenrosa und türkisgrün waren und sich bunt durch den Garden zogen. Die gab es bestimmt schon, als Duran Duran erstmals den Garden bespielten, 1984, was sehr aufregend gewesen sein muss.

Ich dachte daran, als ich in einer Schlange bei »Barnes & Noble« stand, einem Buchladen, vor und hinter mir erwachsene Frauen, die damals Teenager und vermutlich dabei waren. »Barnes & Noble« veranstaltete heute eine Signierstunde mit John Taylor, dem Bassisten der Band, und die Frauen hier schienen genauso wenig von ihm losgekommen zu sein wie ich. Sie tuschelten: »Ob er noch so gut aussieht?«

Es war im Herbst 2012, und Taylor brachte gerade seine Autobiographie auf den Markt. Darin ging es um seine Kindheit und den Starruhm, um Groupies und Drogen – und um jenen ersten Auftritt im Garden, an den Taylor sich trotz aller späteren Kokain-Aussetzer noch sehr gut erinnerte. Er schrieb:

Der Madison Square Garden hat das größte Ego, das ein Veranstaltungsort haben kann. Von der Sekunde an, in der wir in New York ankamen, erinnerte uns jeder Fahrer, jeder Concierge, jeder Verkäufer daran: »Ihr Jungs seid heute Abend im Garden, richtig?« Garden hier, Garden dort, so ging das die ganze Zeit. Wir mussten echt aufpassen, dass wir nicht abhoben bei dem ganzen Theater um unseren Auftritt dort. Wenn man das erste Mal auf diese Bühne kam, war es unmöglich, nicht von der Größe des Garden beeindruckt zu sein. Das lag vor allem an seiner Höhe: Die vielen Sitzreihen gingen steil nach oben, hoch wie ein Wolkenkratzer. Sie fassten 20 000 Fans.

Bei »Barnes & Noble« waren nicht ganz so viele zugegen, als er sich nun an den Signiertisch setzte, aber die Schlange war doch so lang, dass ich meinen Presseausweis zückte, mit dem ich es ganz nach vorn schaffte: Es gab zunächst einen »Photo Call« für Journalisten, die dem guten John – groß und blondgesträhnt wie immer – ein paar Fragen stellen durften. Ich wollte wissen: »Erinnerst du dich an diese Mädels?«, und legte ihm das Polaroid hin, das ihn, meine beste Freundin sowie mich damals beim Interview in Berlin zeigte. »Äh … no«, antwortete Taylor, dann nahm er mir zwei seiner Bücher aus der Hand, die ich gekauft hatte – eines für meine beste

Freundin, eines für mich. Er signierte beide, wobei er meinen Namen falsch schrieb: »To Ulrika« stand da. Dafür quasselte ich ihn noch ein bisschen voll und erzählte ihm, wie froh ich war, dass Duran Duran wieder auf Tournee waren – mit ihrem Album »All You Need Is Now« nämlich.

So hatte auch ich sie nun im Garden sehen können. Meine Lieblingsband in meiner Lieblingsarena, das war ein Abend! Es muss sich für die Herren angefühlt haben wie ein Riesen-Comeback, denn die Band betrat die Bühne und Simon Le Bon rief entzückt: »New York! Madison Square Gaaaarden! Wer hätte gedacht, dass wir in unserem Alter noch einmal hierher zurückkehren?« Das Gekreische war groß, denn die 20 000 Fans waren natürlich zu 99,9 Prozent weiblich. Ich entdeckte nur einen Mann, der schräg in der Reihe hinter mir stand und starr auf die Bühne guckte. Der Rest tanzte. Nonstop. Der Garden war an diesem Abend die größte Disco der Welt. Duran Duran spielten einen Hit nach dem anderen – und ich konnte jeden auswendig. Ich war mit meiner Freundin Sunday dort, die hoch und heilig versprochen hatte, dass sie mitkommt, egal, was ihr Besseres dazwischenkommt. Nach zwei Songs tippte sie mir auf die Schulter: »Sag Bescheid, wenn du Bier willst. Ich hole es dir. Du siehst so glücklich aus, ich möchte nicht, dass du eine Sekunde des Konzertes verpasst.«

Sie ist eine Seele von Mensch.

New York auf dem Land

Ich hatte Sunday bei Jeff kennengelernt. Die beiden waren sich ein Weilchen recht nahe, wenn auch nicht lange, aber ich traf sie ein paarmal bei ihm, und irgendwann gingen wir ein Glas Wein miteinander trinken. Ich mochte Sunday, der immer alle sagten, sie sehe aus wie Jennifer Aniston. Das stimmte, sie ähnelte der Schauspielerin ein bisschen, hatte langes braunes Haar, das sie kalifornisch blond strähnte, und grüne Augen, die eng zusammenstanden. Sunday hieß tatsächlich Jennifer, ehe sie sich für Sunday entschied: Eines Nachts träumte sie, dass das ihr Name sein solle – und taufte sich kurzerhand um. Auch kam sie wie Aniston aus Los Angeles, war aber keine Schauspielerin, sondern Art Director in einer New Yorker Werbeagentur – und das aufrichtigste Wesen, dem ich je begegnet bin: Sunday machte niemandem etwas vor, sie war ehrlich und geradeaus, für eine Amerikanerin also erfrischend anders.

Vermutlich kam das daher, dass sie als junges Mädchen miterleben musste, wie ihr depressiver Vater sich das Leben nahm. Sie erzählte, das sei eine »sehr dunkle Zeit« gewesen, die lange angehalten, letztlich aber »eine Dringlichkeit fürs Leben« in ihr ausgelöst habe: Ihr sei damals bewusst geworden, wie kurz das Leben doch sei und wie endlich, und seither lebe sie effektiver. Aber natürlich konnte auch Sunday herrlich amerikanisch sein – etwa, wenn es um Männer ging und ihre Dates. Da wurde stundenlang analysiert, wer was gemeint haben könnte, als er dies und das gesagt hatte, und was welcher Schritt bedeuten würde, wenn ihn denn vielleicht jemand ginge. Dass man mit Männern auch einfach befreundet sein konnte, war nicht vorgesehen. »Du bist sicher, dass du nicht in ihn verliebt bist?«, fragte Sunday, als einer meiner ältesten Freunde aus Hamburg zu Besuch kam.

Denn wenn Amerikanerinnen Zeit mit einem Mann verbringen, den sie nicht als potentielles Beziehungsmaterial betrachten, dann ist er ihr »best gay friend« und also schwul. Sunday aber hatte keinen »best gay friend«, sie ging aus, um Männer kennenzulernen, die heterosexuell waren. So kam sie mit, als mein Freund aus Hamburg da war, der sie Miss Sonntag nannte, was Sunday sehr gut verstand: Ihre Mutter wurde in Heidelberg geboren – sie spricht ein bisschen Deutsch.

Wir waren eine Zeitlang ziemlich viel zusammen unterwegs, bis ich an einen Punkt kam, an dem ich mich fragte: Waren New Yorker Jahre wie Hundejahre – und ein Jahr zählte wie sieben Jahre beim Menschen? Ich hatte hier in fünf Jahren so viel erlebt, dass ich dachte, ich lebe seit 35 Jahren hier – und zwar ohne Pause. Ich war kaputt, was ich daran merkte, dass ich keine Lust mehr hatte, auszugehen, trotzdem aber ständig ausging. Weil man hier dauernd das Gefühl hat, etwas zu verpassen. Und die Stadt schenkte einem immer wieder neue Luft, mit ihrer Energie, die jeden mitriss; auch mich. Trotzdem, diese Energie war ein bisschen wie Kokain: Sie machte schnell high, aber der Tag danach konnte sehr low sein. Das strengte mich an. »Dir fehlt Ruhe«, sagte Sunday – und hatte auch schon einen Ausweg. »Komm doch ein paar Tage mit mir in die Hamptons.«

*

Die Hamptons, das sind Southampton, Bridgehampton oder East Hampton, Orte auf Long Island, die der Gegend ihren Namen geben. Sie sind wie die Upper East Side, nur auf dem Land, denn dort ist das New Yorker Geld zu Hause: Im Sommer, wenn es in der Stadt zu heiß wird, zieht es die Reichen in ihre Anwesen in den Hamptons.

Die Hamptons liegen am Atlantik, mit Stränden, die unbezahlbar schön wären, müsste man nicht eine Parkerlaubnis haben, um sie anfahren zu dürfen. Die kostet 30 Dollar (pro Tag, versteht sich), ist aber so schwer zu bekommen, dass man sie auch für einen Mythos halten kann. »Beach parking permits sold out«, hieß es im vergangenen Sommer in East Hampton – da hatte die Saison noch gar nicht richtig begonnen. Doch der Ferienmob soll draußen bleiben, die Anwohner möchten in aller Ruhe in ihren Villen residieren, die so groß sind, dass das Weiße Haus daneben wie eine Hundehütte erscheint. Diese Villen sind im hier üblichen Schindel-Stil erbaut. Mit Rapunzeltürmchen und so vielen Schornsteinen, dass auch der letzte Blindfisch im Atlantik erkennen kann: Bei uns hat jedes Zimmer einen Kamin!

In den Hamptons vereinigt sich der alte Dollaradel

mit den neuen Wall-Street-Bonzen; hinzu kommen die Schönen und Berühmten, die hier eine hübsche Spielwiese gefunden haben – man ist ja unter sich. Jennifer Lopez, P. Diddy, Madonna, Jerry Seinfeld, Sarah Jessica Parker oder Alec Baldwin – alle besitzen sie hier ein Eigenheim. Oder auch zwei, wie Calvin Klein, der sowohl in South- als auch in East Hampton über eine Immobilie verfügt. Ähnlich wie Paul McCartney, der sich hochgeheiratet hat: Sein Häuschen in Amagansett ist ein Lego-Bau, verglichen mit dem Acht-Millionen-Dollar-Domizil, das in East Hampton steht. Es gehört Nancy Shevell – einer sehr vermögenden Erbin und Geschäftsfrau, die Sir Paul im Oktober 2011 zu Mrs McCartney machte.

Einmal war ich morgens bei »Mary's Marvelous«, einem kleinen Deli an der Main Street in Amagansett, wo es einen köstlichen Caffè Latte gibt und frische Bagels, und wartete an der Theke auf meinen Kaffee, als Sir Paul hereinkam. Ich erkannte ihn sofort, an diesen Mundwinkeln, die auch Angela Merkel hat; sie zeigten wie üblich nach Süden. Mc Cartney trug ein weißes Hemd, rote Shorts und braune Birkenstocks. Er hielt sich sein Handy ans Ohr. »Aha«, sagte er. »Yes.« Und wieder: »Aha.« Entweder quatschte ihn da jemand voll – oder er tat nur so, damit er nicht vollgequatscht wurde; falls zufällig gerade der »Beatles-Fanclub East Hampton« bei »Mary's Marvelous« einkaufte. Sir Paul nahm nur einmal kurz das Handy vom Ohr. Als er dran war und »zwei normale Kaffee« bestellte. Dann ging es weiter: »Aha« und »Yes«. Einen ganzen Satz hörte ich nicht von ihm.

Bon Jovi war da offener. Ich sah ihn an einem Tag gleich zweimal, und beide Male musste ich zweimal hingucken: Bon Jovis Haare waren kupferblond gefärbt und standen dermaßen von seinem Kopf ab, dass ich dachte, er sei Alf, der zottelige Außerirdische aus dem Fernsehen, der mit seinem Ufo auf Erden bruchgelandet war. Doch Bon Jovi sagte freundlich »Hi!«, als ich morgens auf einem Parkplatz an ihm vorbeilief. Auch sagte er freundlich »Hi«, als er abends eine Bar betrat, in der ich saß und ein Football-Spiel guckte. Bon Jovi ist nicht besonders groß, solche Leute werden gern gesehen. Und Parkplatz und Bar befanden sich an der Hauptstraße in East Hampton, einem guten Ort zum Gesehenwerden.

Dort geht es zu wie auf der New Yorker Fifth Avenue. Mit Edel-Boutiquen von Elie Tahari oder Tori Burch, aber auch einer Dependance von Lululemon, der Lieblingsmarke der New Yorkerinnen, wenn es um Yogaklamotten geht. In den Sachen von Lululemon können sie prima den »Downward Facing Dog« machen, bei dem sie ihre Hintern in die Höhe strecken und tief durchatmen. »Take a deeeeep breath!« Das machen die New Yorkerinnen gern, um den Alltagsstress hinter sich zu lassen: Man sieht sie ständig mit ihren Matten unter dem Arm zum Yoga laufen. Und was die New Yorkerinnen in der Stadt machen, das machen sie auch in den Hamptons, weshalb es hier eine Menge Yogastudios gibt.

Ich fand das alles sehr lustig zu beobachten. Entspannend auch, denn hier spielte sich das New Yorker Leben in einem anderen Tempo ab.

Sunday war in den Hamptons an einem sogenannten »summer share« beteiligt, das heißt, sie mietete mit mehreren Leuten ein Haus, das man sich von Ende Mai bis Anfang September teilte. Die Saison hier wird von zwei Feiertagen markiert: Memorial Day, dem letzten Montag im Mai, und Labor Day, dem ersten Montag im September. Dazwischen wird es teuer: Menschen, die hier ihre Häuser vermieten, können 1000 Dollar am Tag dafür verlangen. Also 7000 Dollar die Woche. Oder 28 000 Dollar im Monat. Oder mehr. Falls Calvin Klein einen seiner Paläste zum »summer sharing« freigeben würde, wäre ein Tausender vermutlich nicht genug; aber bei Sunday und ihrer Gruppe spielte sich das meist in diesem Rahmen ab.

Es gibt »full« oder »half shares«. »Full« bedeutet, man kann jederzeit in das Haus und hat sein festes Zimmer (wie Sunday, die während der Sommermonate ihren halben Kleiderschrank in die Hamptons verlegte). »Half« meint die Hälfte der Wochenenden. Man kann sich auch für einzelne Wochenenden einmieten, und das machte ich: Ein Wochenende kostete 500 Dollar, bedeutete aber in Wahrheit, dass man von Freitagmittag bis zum darauffolgenden Freitagmorgen dort sein konnte; für sieben Nächte zur »Primetime« in den Hamptons war das sehr günstig. Ich nutzte immer die ganze Zeit, anders als die New Yorker, die Freitagabend ankamen (spät, weil dann alle rausfuhren und der Verkehr sich staute) und Sonntagmittag wieder wegfuhren (früh, um den Rückreiseverkehr am Sonntagabend zu meiden).

Es war jedes Mal interessant, wer gerade so da war: Nie mehr als ein Pärchen, denn Sundays Gruppe setzte sich aus Werbern zusammen, und in den Agenturen New Yorks arbeiteten viele einsame Herzen, die vornehmlich weiblicher Natur waren (oder schwul). Es kam vor, dass sie und ich zusammen in dem Haus waren, dann lagen wir am Pool (Hamptons-Häuser haben alle einen Pool, weshalb die Strände hier verhältnismäßig leer sind). Und abends setzten wir uns ab. Die anderen Mädels klebten den ganzen Tag an ihren Smartphones, weil sie – wie freitags und samstags in Manhattan – versuchten, schnell noch irgendwo einen Tisch zum Dinner zu reservieren; wir sparten uns das, weil die Restaurants eh ausgebucht waren, wir zu zweit aber leicht einen Platz an der Bar bekamen, die ein jedes Restaurant hier hatte.

Die Restaurants in den Hamptons sind in der Regel gut, aber gnadenlos überteuert, weil man für das »people watching« mitbezahlt. Bei »Nick & Toni« zum Beispiel, einem Italiener mit weißem Tischtuch, wo eine Portion Nudeln mit Tomatensauce 23 Dollar kostet, speisen Steven Spielberg, Gwyneth Paltrow oder Hillary & Bill Clinton. Bei den Clintons kann es passieren, dass sie mit Applaus begrüßt werden. So sagt man. Habe ich aber nie erlebt. Ich saß nur einmal bei »Nick & Toni«, als ich jemanden entdeckte, den ich kannte, und das war mein wunderbarer Nachbar Jeff, der über die ganze Terrasse rief: »Ulli, was machst du denn hier?« Daraufhin guckten alle von ihren 23-Dollar-Nudeln auf, was mir ein bisschen peinlich war, denn ich bin nicht Gwyneth Paltrow, und natürlich waren alle enttäuscht, dass jemand wegen einer No-Name-Blondine aus Germany solch einen Lärm machte.

Jeff war mit einer neuen Perle da, mit der er für eine Woche in dem Haus von Freunden abgestiegen war. Ich besuchte die beiden, auch weil das Haus Strandzugang hatte. Wir verbrachten einen Nachmittag am Meer, badeten und spielten Frisbee. Die Tage hier vergingen herrlich langsam, weil man im Grunde nichts zu tun hatte und unter der Woche eh kaum ein Mensch hier war. Ich fuhr mit dem Fahrrad durch die Gegend, was eher ungewöhnlich war. Die New Yorker machten hier alles mit dem Auto – anders als in Manhattan, wo man wegen des irren Verkehrs mit der U-Bahn oder dem Rad oft schneller vorankam. In den Hamptons aber musste man ziemliche Strecken zurücklegen, weil die Häuser weit auseinanderliegen, und diese Strecken waren den New Yorkern mit dem Rad zu lang.

Mir machte das nichts aus. Doch einmal hatte ich einen Unfall, als ich durch Amagansett radelte, ein Typ mich beim Abbiegen übersah und mich mit seinem Pick-up anfuhr. Ich fiel unsanft auf die Straße, was zu bösen Schürfwunden in meinem Gesicht führte. Weil auch mein linkes Auge anschwoll, bestand der Fahrer des Pick-ups darauf, mich ins Krankenhaus zu fahren. »Nicht dass du erblindest.«

Die Sorge hatte ich weniger. Aber der Kerl, der sich als Tom vorstellte und ein New Yorker war, dessen Familie hier ein Häuschen besaß, warf mein Rad auf seinen Pick-up und fuhr mich nach Southampton in das einzige Krankenhaus der Gegend. Es war ein früher Freitagabend, und die Arztpraxen hatten schon geschlossen, darum kam nur noch der »Emergency Room« in Frage, also die Notaufnahme. Mir hatte immer davor gegraut, in einer amerikanischen Notaufnahme zu landen, über die man die schlimmsten Geschichten hörte: 18 Stunden Wartezeit, Versorgung durch unterbezahlte Praktikanten und vieles mehr … Doch im »Emergency Room« in Southampton ging es natürlich zu wie in einer deutschen Privatklinik, schließlich möchten Calvin Klein oder Paul McCartney gut versorgt sein, falls unglücklicherweise am Wochenende ein Stück vom Schornstein abbricht und ihnen auf den berühmten Kopf fällt.

Ich wartete daher keine 18 Sekunden, dann hatte ich ein Clipboard auf dem Schoß, in dem ein paar Papiere klemmten, die ich ausfüllen und unterschreiben musste. Kurz darauf rief mich eine Schwester in den Untersuchungsraum und gab mir eine Tetanusspritze, ehe ein Arzt kam, der mit der Hand vor meinem Gesicht herumfuchtelte und fragte, ob ich seinem Zeigefinger folgen könne. Ich konnte. Er glaubte nicht, dass ich erblinde, gab mir aber ein paar Schmerztabletten mit und eine Salbe, die ich für die Schrammen in meinem Gesicht nehmen sollte. »Meiden Sie zum Schutz der Haut die Sonne«, sagte er noch, aber das fand ich eine ziemlich blöde Idee, schließlich war ich wegen der Sonne hier.

Es war August und das Wetter phantastisch. Ich dachte, Sonnenschutzfaktor 60 täte es auch, den ich am nächsten Tag statt der Salbe auf meine Wunden schmierte. So begab ich mich auf eine Luftmatratze, mit der ich ewig durch den Pool trieb, einen Krimi in der Hand. Als ich abends nach dem Duschen in den Spiegel guckte, signalisierten zwei bordeauxrote Flecken in meinem Gesicht, dass die Haut an den abgeschürften Stellen verbrannt war. Aus dem Bordeauxrot wurde mit der Zeit ein Schokoladenbraun, das aber leider nicht mit meiner restlichen Gesichtsfarbe übereinstimmte.

Zurück in New York City, ging ich deshalb zu einer Hautärztin, die mir zunächst auf die Stirn guckte und fragte: »Haben Sie mal über Botox nachgedacht?«

Diese Frage kam mit einer Selbstverständlichkeit, dass ich für eine Sekunde sprachlos war. Die Dame hätte auch sagen können: Bei Ihren Falten muss man unbedingt was tun! Aber dann fiel mir wieder ein: Muss man gar nicht. »Nein, habe ich nicht«, antwortete ich. »Ich lasse meine Falten wachsen.« So! Aber wahrscheinlich verdienen amerikanische Hautärzte weniger Geld mit medizinischen als mit kosmetischen Eingriffen: Die Ärztin legte mir ein Faltblatt hin, auf dem ihre »Cosmetic and Surgical Services« vermerkt waren – von der Botox-Injektion über das chemische Peeling bis zum Aufspritzen der Lippen hätte ich alles haben können. Doch ich wollte weder eine Kinderstirn noch einen Mund wie Angelina Jolie – ich wollte nur zwei dunkle Flecken auf meinen Wangen loswerden, wie ich der Dame nun erklärte. Dafür empfahl sie eine »Bleaching Creme«, die meine Haut bleichen würde. Ich fragte, ob ich danach aussehen würde wie Michael Jackson – was ich nicht so ernst meinte, wie die Ärztin es nahm: »Nein, Sie bleichen bitte nicht Ihr ganzes Gesicht, sondern nur die Stellen auf Ihren Wangen damit«, erklärte sie. Beruhigt verließ ich die Praxis.

Als ich draußen über die Straße ging, die West 19th Street in Chelsea, rief jemand: »Hey, wir kennen uns doch!« Es war – kein Witz – der Typ, der mich in den Hamptons mit dem Pick-up angefahren hatte: Tom. Ich hatte noch an ihn gedacht, als ich mit meinen Unfallflecken im Wartezimmer der Ärztin saß. Und dann hatte er hier in der Straße einen »Jobtermin«, wie Tom nun erzählte. Es war ein seltsamer Zufall – aber ich hatte mich inzwischen daran gewöhnt: In dieser Stadt passierten ständig seltsame Zufälle.

*

Einmal stand ich am Flughafen und blätterte in »People«, dem führenden Fachmagazin für Prominentenberichterstattung. »People« kürte jedes Jahr den »Sexiest Man Alive«, und nun war es wieder so weit: Auf dem Cover guckte mir der Schauspieler Channing Tatum entgegen. Er trug ein weißes Feinripp-Unterhemd und sah tatsächlich nicht unsexy aus. Trotzdem, fand ich, hätte man auch Ryan Gosling wählen können, den ich sehr mochte – mehr noch seinen Waschbrettbauch. Sein Name wurde ebenfalls auf dem Cover erwähnt, rechts unten, wo »noch mehr sexy Männer« angekündigt waren. Ich schlenderte mit dem Heft zum Gate, als ich von wem überholt wurde? Ryan Gosling! Er flog in der gleichen Maschine nach Austin wie ich. Ich hatte dort ein Interview, Gosling drehte dort einen Film, wie ich in »People« las.

Schön war aber auch, was ich der deutschen »Gala« entnahm, die mir eines Tages im Büro in die Hände fiel. Da ging es um die Frankfurter Buchmesse, und auf einem der Fotos sah ich eine Frau, die ihre Bücher präsentierte und die ich sofort erkannte: Patrice Farameh, eine bildschöne Amerikanerin, die einmal mit Boris Becker zusammen war – 151 Tage lang, wie die Boulevardpresse damals mitzählte. Zehn Jahre war das her, ich hatte Patrice nach der Trennung interviewt. Für den *stern* und eine Titelgeschichte zum Thema Klatsch. Sie erzählte damals, wie das ist, wenn man plötzlich in die Öffentlichkeit katapultiert und jedes Wort, jeder Blick (und in ihrem Fall auch jedes Kleid) seziert wird. »Es war vor allem ein bisschen peinlich: Ob ich im Supermarkt war oder auf der Post – es waren immer Fotografen da.«

Nun aber, so entnahm ich der »Gala«, hatte sie einen Verlag für Coffee Table Books – hier in New York City, wo sie inzwischen verheiratet war. Sie hier, ich hier? So ein Zufall, dachte ich und schrieb ihr eine E-Mail: Hey, ich weiß nicht, ob du dich erinnerst, aber ich finde, wir sollten uns noch mal zu einem Interview treffen.

Patrice schrieb eine halbe Stunde später zurück: Wie lustig! Wann hast du Zeit?

Ich ahnte noch nicht, dass die Begegnung mit ihr über kurz oder lang mein Leben verändern würde.

Alte Bekannte, neue Verbindungen

Sie trug jetzt einen Doppelnamen, Patrice Farameh-Friebel, und hatte eine Tochter: Farah May Friebel. »Ihr Vorname ist eine kleine Hommage an meinen Nachnamen«, erzählte Patrice, als wir uns trafen. Farah war gerade sechs Monate alt und das süßeste braungelockte Wesen, das man sich vorstellen konnte. Sie lachte jeden an, auch mich.

Ich interviewte Patrice für die Rubrik »Was macht eigentlich ...?« des *stern*. Doch wir redeten länger und anders als bei einem normalen Interview. Über die Zeit nach Becker, die für sie keine einfache war, über Deutschland und Amerika und natürlich über ihre kleine Familie. Sie hatte einen langen Weg hinter sich, ehe sie hier angekommen war: in New York City und bei Thomas Friebel, ihrem Mann, einem Finanzmakler aus Castrop-Rauxel, der schon ewig hier lebte. »Ich spürte schnell, dass Thomas der Richtige ist. Ich habe viele Frösche geküsst«, fand Patrice und lachte. Sie hatte sich nicht verändert; ihr schmales Gesicht, ihre braunen Augen, ihre schwarzen Haare – alles strahlte. Ich hatte sie als einen fröhlichen Menschen in Erinnerung, und der schien sie noch immer zu sein. Es war ein Vergnügen, sie wiederzusehen. Anders als bei Boris Becker.

Es war noch nicht lange her, dass ich ihm begegnet war. Beim Tennisturnier der US Open in Flushing

Meadows, im Stadtteil Queens, über die ich jedes Jahr berichtete. Boris Becker reiste dort als Kommentator für einen englischen TV-Sender an. Sein Gesicht war über die Jahre nicht schmaler geworden. Zuletzt war es sehr rot: Er kam daher wie ein Krebs auf Cortison. Becker ging nicht, er stolzierte durch das Pressezentrum, die Nase so hoch, dass man fürchtete, er würde sie sich an der Decke stoßen. Er schien stets zu gucken, ob jemand guckt, wenn er in die Kantine kam, in der andere ehemalige Profis eher unauffällig unterwegs waren. Mats Wilander zum Beispiel, der immerhin auch mal ein paar Grand-Slam-Turniere gewonnen hat und heute für Eurosport arbeitet, saß da zwischen Kameramännern und Kabelträgern, mit denen er fröhlich beim Lunch scherzte. Becker wirkte ziemlich humorlos.

Manchmal teilte er sich uns deutschen Journalisten mit. Dabei schaffte er es stets, das aktuelle Geschehen auf seine einstigen Heldentaten zu drehen. Als die deutschen Tennis-Damen 2011 bis ins Viertelfinale (Andrea Petković) und ins Halbfinale (Angelique Kerber) vorstießen, wusste Becker, warum: Das habe daran gelegen, dass »ich und Eric Jelen« dem deutschen Tennis den Weg geebnet hätten. Ich überlegte, was Becker und der Kollege mit dem Damentennis zu tun gehabt hatten. Und fragte mich: Was macht eigentlich Eric Jelen?

Patrice war da anders, die sprach lieber von heute als von gestern. Natürlich, sagte sie, sei ihr klar, dass ich auch nach Becker fragen müsse. Machte ich auch, alibihalber, aber dass der auch damals schon leicht egozentrisch war, konnte man sich ja vorstellen: Bei Becker drehte sich immer alles um Becker. Oder, wie Patrice es diplomatisch ausdrückte: »In seinem Umfeld war es normal, dass sich alles nach ihm richtete. Er brauchte eine Frau mit einer dicken Haut, die das aushalten und Kompromisse machen konnte.«

Patrice war damals so eine Art Cinderella des Jetsets: Niemand kannte sie, und plötzlich war sie mit Becker auf den dollsten Partys. Der Oscar-Verleihung in Los Angeles, den Laureus-Awards in Monte Carlo, der Hochzeit von Claudia Schiffer in England. Natürlich wird über so eine viel geredet, »und nicht immer nett«, wie Patrice nun erzählte. »Ich hörte Sachen wie ›Eintagsfliege‹. Die Zeit mit Boris hat mich ein bisschen verletzt. Denn in den Jahren danach betrachteten die Leute mich nur als ›die Ex von‹. Aber ich hatte ein Leben vor ihm, ich war eine selbständige Frau, als ich Boris traf. Kein Boxenluder, das berühmt werden wollte.«

Natürlich hatte Patrice auch ein Leben nach ihm, und in dem wollte sie nicht dauernd daran erinnert werden, für was man sie hielt. Patrice verließ Deutschland, obwohl sie dort gern gelebt und in München viele Freunde und einen Job hatte. In einem Kunstbuchverlag, für den sie Bücher gestaltete. Ich fand Patrice für eine Amerikanerin ziemlich deutsch, wie mir mit der Zeit auffiel. Denn unser kleiner Interview-Termin sollte nicht unser letztes Treffen bleiben: Wir freundeten uns an. Ich lernte ihren Mann Thomas kennen, eine Ruhrpottseele, der mit einem Fußballstipendium nach New York gekommen war. Und auch in der Ferne noch mit

Borussia Dortmund mitfieberte: Wenn der BVB ein wichtiges Spiel in der Champions League hatte, die nach unserer Zeit immer mittwochnachmittags gezeigt wurde, ging Thomas aus seinem Büro in den nächsten Irish Pub und guckte Fußball. Nichts, womit Patrice groß etwas anfangen konnte.

Aber sie hatte ein Faible für deutsche Männer: »Ich mag ihre Moral, sie sind rational und bodenständig. Wie Thomas. Wenn er sagt, wir treffen uns um 18 Uhr, dann ist er um 17.58 Uhr da. Ich kann mich auf ihn verlassen.« Ich empfand Patrice ähnlich. Wenn sie sagte: »Wir treffen uns um 12 Uhr zum Lunch«, dann war sie um 11.58 Uhr da. Wenn sie sagte: »Ich melde mich morgen«, dann meldete sie sich morgen. Vergaß sie es, meldete sie sich am nächsten Tag und entschuldigte sich: »Sorry, dass ich mich gestern nicht gemeldet habe!«

Amerikaner waren eigentlich nicht halb, ach was: nicht ein viertel so zuverlässig. Aber vielleicht lag es an ihren Wurzeln. Patrice wurde in Teheran geboren. Nach dem Sturz des Schah-Regimes zogen ihre Eltern 1979 in die USA, wo sie aufwuchs. Patrice studierte in Dallas, machte ihr Examen in Philosophie und Biologie, ehe sie der Liebe wegen nach München ging. Als diese Liebe vorbei war, begegnete sie Boris Becker; es war 2002. Vier Jahre später zog sie nach Los Angeles, wo ihre Familie inzwischen lebte. Doch Los Angeles war nicht ihr Ding: »In L. A. reden alle um das herum, was sie eigentlich sagen wollen. Da ist jeder ein großer Journalist, der einen kleinen Blog schreibt, jeder ein großer Drehbuchautor, der seit zehn Jahren am gleichen Manuskript sitzt. Die ehrliche deutsche Art hat mir dort sehr gefehlt.« Hier in New York sei das anders. »Hier hat man mehr dieses europäische Gefühl. New York ist für mich wie München auf Steroiden«, sagte Patrice und lachte.

Denn die Welt ist hier am Ende auch nur ein Dorf. Aber ein aufregendes!

Patrice und Thomas und Farah wohnten in SoHo, in einem Block unterhalb der Houston Street. Sie gingen immer in den gleichen Coffee-Shop, »Local«, ein Lädchen in ihrer Straße, nicht viel größer als ein Loch in der Wand. »Ich fühle mich nicht, als würde ich in dieser verrückten riesigen Stadt leben«, sagte Patrice – denn in ihrer Straße kannte jeder jeden. Wenn man bei ihr und Thomas vor dem Haus auf den Stufen saß, kamen immer ein paar Nachbarn dazu, und es wurde geplaudert. Einen ihrer Nachbarn kannte ich auch: George, einen Kanadier, der Stylist beim Film war. Er hatte mir eine Zeitlang bei sich zu Hause die Haare geschnitten, was er grundsätzlich dort tat und womit er sich ein bisschen Geld dazuverdiente. Doch George nahm 100 Dollar pro Haarschnitt, das war mir irgendwann zu teuer. Trotzdem war es nett, als ich ihn vor Patrice' Tür wiedertraf. Denn George war das, was Patrice an den New Yorkern mochte: »Sehr echt.«

Die New Yorker sind aber auch sehr begeisterungsfähig. »Ich glaube nicht, dass ich meine eigene Firma hätte, wenn ich noch in München wäre«, erzählte Patrice. »Da hätte es geheißen: Wie, du bist Verlegerin? Hast du das denn studiert? Oder ist dein Vater ein Verleger? Weil die Deutschen nicht glauben, dass es von null auf hundert gehen kann.«

Die Amerikaner schon. Dafür haben sie schließlich ihren American Dream.

Natürlich hatte Patrice zehn Jahre in ihrem Job gearbeitet und vierzig Bücher produziert, ehe sie sich selbständig machte. Aber hier dachte man anders. Anders auch als sie. »Verlegerin zu werden war nicht mein Traum, ich hätte früher auch nicht daran geglaubt. Früher war ich glücklich, meinen kleinen Namen im Impressum eines Buches zu lesen, das ich gemacht hatte.«

Hier aber war es ihr Job, dass sie ihre Ideen bei Verlegern vorschlug. Patrice wollte gern ein Buch über Totenköpfe in der Kunst machen, und als sie dann mit einem Verleger darüber sprach, sagte der: »Passt leider nicht in unser Programm. Aber mach das doch selber!« Sie erschrak, glaubte: Nee, viel zu teuer. Trotzdem, das hatte ich auch schon von einer Hamburger PR-Frau gehört, die hier aus dem Nichts eine Firma aufgebaut hatte. Man lässt sich in New York City leichter anstecken von so einem Gedanken, weil man weiß: Wer es hier schaffen will, der kann es schaffen. Man muss nur immer weitermachen, so sehen es die Amerikaner. Sie können einfach nicht pessimistisch sein, das scheint in ihrer DNA nicht vorhanden.

Patrice überlegte, sah sich das Geschäft genauer an. Sprach mit Thomas, der sie bestärkte. »Ich schrieb einen Businessplan«, erzählte sie. »Besser gesagt: Thomas und ich schrieben einen Businessplan, denn er ist ganz großartig in solchen Sachen. Damit gingen wir zu einer Bank – und ich bekam die Finanzierung dafür.« Heute sind ihre Bücher in Geschäften auf der ganzen Welt zu finden, in Japan, Brasilien, Australien. Und natürlich auch hier: Ich sah sie bei »Pottery & Barn«, einem Einrichtungsgeschäft. Bei »Barney's«, meinem Lieblingskaufhaus. Das Buch über die Totenköpfe in der Kunst fand ich grandios – als Fan des FC St. Pauli, den Freibeutern der Liga, die einen Totenkopf ihr Markenzeichen nennen.

Fast noch lieber aber mochte ich eines, das jetzt demnächst erscheinen sollte: »Secret Society: Modern Speakeasy Style and Design«. Da ging es um das New Yorker Nachtleben, dem ich natürlich schon lange zugetan war. Patrice aber bewegte sich dort in einer Szene, die ich so nicht kannte. Auf Du und Du und komm mal hereinspaziert. Sie stellte mir einen Typen vor, mit dem sie das Buch zusammen gemacht hatte: Christian Alexander. Er kannte sich in der »Secret Society« bestens aus, um die es da ging. Eine kleine und feine Gesellschaft, die ein altes Prinzip wieder hochleben ließ – das der Speakeasys, den Flüsterkneipen aus den Zeiten der Prohibition, als in geheimen Hinterstuben Alkohol verkauft und getrunken und gefeiert wurde. Es gab hier ein paar solcher Läden, die gerade sehr, sehr angesagt waren.

Sie waren von außen nicht zu erkennen, weil sie sich hinter unscheinbaren Barbershops oder stickigen Hot-Dog-Buden befanden. Ein Durchgang, den man kennen musste, führte in verborgene Bars wie »The Blind Barber« oder »Please Don't Tell«. Mit Christian aber, einem Schwarzen Anfang vierzig, der braune Haare hatte und ein buschiges Kinnbärtchen, kam man in jedes Versteck hinein. Auch in ein neues, das noch nicht einmal eröffnet hatte. Wie eines Abends, als ich mit ihm ausging.

*

Er holte mich ab, und wir fuhren mit dem Taxi nach SoHo. Zu einem Restaurant in der Broome Street, das noch keinen Namen hatte. Die hohen Fenster waren mit Packpapier abgeklebt. Es war 23 Uhr, ein Freitagabend, als wir vor dem Laden ausstiegen. Christian, schwarze Jeans, graue Jacke, schwarze Wollmütze, machte sich noch schnell eine Zigarette an. Drei, vier hastige Züge, dann warf er sie weg, und wir gingen hinein: Er war zu einem kleinen Treffen geladen, das hinter den Packpapierfenstern stattfand, von draußen unsichtbar.

Das Restaurant hieß einmal »L'Orange Bleu«, dann wurde es verkauft und renoviert. Jetzt war es fast fertig, mit Sitzecken aus senffarbenem Leder. Doch Christian ging an ihnen vorbei. Es zog ihn zu einer Treppe am Ende des Ladens in den Keller. Ich dackelte hinter ihm her. Vorbei an den WCs und in die Küche des Restaurants, in der noch alles zugehängt war mit transparenter dicker Folie, der Kühlschrank, die Spüle. Dahinter gab es eine Alu-Schwingtür, Christian stieß sie auf, schlängelte sich hindurch und zog mich mit. Dann standen wir in einem Raum, der kaum größer war als ein Partykeller in Münster-Hiltrup. Die Decke war niedrig, nichts für baumlange Basketballprofis. Aber eine Scarlett Johansson konnte ich mir hier gut vorstellen. Oder

Alicia Keys. »Ich muss Alicia herbringen«, sagte Christian.

Er kannte sie alle, die Schönen und Berühmten New Yorks. Und er kannte die Orte, an denen sie ausgingen. Dieser hier sollte *der* neue Hot Spot werden und Christian an diesem Abend sagen, wie er den Laden finde. Er blickte auf rosenrote Samtsofas im Sechziger-Jahre-Stil, die dem jungen Gunter Sachs gefallen hätten, und nickte: »Doch, das wird gut.«

Christian bezeichnete sich als Kurator. »Ich gestalte das New Yorker Nachtleben«, erkläre er mir. Er hatte nie eine eigene Bar, einen eigenen Club besessen, doch er betrieb genug Bars und Clubs, um sich auszukennen: Er schiebt sie an, dann zieht er weiter. Wenn er nicht gerade eine Nacht für Prince arrangiert. Oder David Beckham, dessen Manager einst bei ihm anrief und sprach: David ist in New York und möchte ausgehen, ohne gesehen und fotografiert zu werden. Kannst du etwas für uns tun?

Er konnte. Brachte Beckham ins »La Esquina«, ein mexikanisches Restaurant, in das man durch einen Imbiss gelangt. Der Imbiss sieht aus, als stünde er an einer Ausfallstraße in Tijuana und nicht an der Kenmare Street in SoHo. Mit greller Neonschrift und bunten Sodas. In dem Imbiss gibt es eine Tür, die von einem »Doorman« bewacht wird, der nur Leute mit prominenten Namen oder schicken Reservierungen einlässt. Die spazieren dann eine Treppe hinunter, in einen Raum, der eher einem Verlies denn einem Restaurant ähnelt, mit rauen Wänden und schweren Gitterstäben, die aber ganz weich erscheinen, da überall warmes Kerzenlicht brennt. Hier dinieren junge Menschen, die einer Calvin-Klein-Kampagne entsprungen sein könnten.

Das »La Esquina« wurde 2005 eröffnet und gilt als hübsch diskret, dort aßen schon George Clooney oder Julia Roberts, ohne dass es jemand mitbekommen hat. Es war lange das Promi-Versteck Nummer eins, doch inzwischen gibt es hier viele davon. Sie dienen einer Gesellschaft, die sich absetzen will, die ein Gefühl von Exklusivität sucht, das in unserer globalisierten Welt immer schwieriger zu finden ist. Nachtclubs breiten sich ja heute aus wie H&M: kettenweise. Wie das »STK«, ein Glitzerclub mit Steakhouse-Anschluss, den man in New York, Miami oder London besuchen kann. »Ein Speakeasy ist da ein Rettungsanker«, sagte Christian. »Ein Zufluchtsort.«

Wie der »Electric Room« auf der West 16th Street, den er seine Kirche nennt. Wir gingen in jener Nacht noch dorthin. Trafen Patrice, die mit Freundinnen unterwegs war. Der »Electric Room« befindet sich am Ende einer Tiefgarageneinfahrt, die zu einem Hotel gehört. Usain Bolt könnte die Einfahrt vermutlich in 0,3 Sekunden hinunterrennen: Sie ist keine fünfzehn Meter lang. Ihre Wände sind mit bunten Graffiti-Köpfen besprüht, die schräge Augen haben. Unten geht es links in die Garage und rechts in den »Electric Room«. Wenn man denn an Megan vorbeikommt, der Türsteherin, einer Blondine.

Ich mochte den »Electric Room« schon lange, ging aber an bestimmten Tagen nicht mehr dorthin: Dann war es zu voll, die Gästeliste zu lang, und ich hatte keine Lust, dass es mir ging wie den Herren vor uns: Die sahen nach Geschäftstouristen aus, in Anzügen mit Achtziger-Jahre-Schulterpolstern und Schlackerhosen. Megan schaute die Herren an und schüttelte freundlich den Kopf. Ihr müsst leider draußen bleiben, hieß das. Aber dann kam Christian und drückte sie kurz an sich. Er zeigte auf uns, Megan nickte. Und drinnen waren wir.

Im »Electric Room« geht es zu wie in einem Wohnzimmer von Vivienne Westwood – britisch-punkig. Mit einem Kamin und Ledersofas, deren Rückenlehnen mit dem Union Jack bedruckt sind. An der Wand hängt ein Spiegel, auf den zwei Politessen mit Londoner Bobby-Hüten gemalt sind, knutschend. Ich sah mich um, denn der »Electric Room« ist ein hübscher Ort zum Leutegucken. Einmal war Leonardo DiCaprio hier, den ich aber übersah; vermutlich standen zu viele Frauen um ihn herum. Eine Freundin von Patrice erzählte, dass sie Robert Pattinson hier gesehen hatte, der sich im »Electric Room« ins Twilight trank, als seine Freundin Kristen Stewart einen anderen küsste, und zwar ihren Regisseur. An diesem Abend war ein Topmodel da, die Dänin Rie Rasmussen, die in der VIP-Ecke saß, blond und blauäugig wie aus dem Skandinavien-Katalog. Über ihr hing eine Rauchwolke, denn hier wird das Zigarettenverbot ignoriert.

Der DJ spielte »Get Up, Stand Up« von Bob Marley, als Christian einem großen Kerl auf der Tanzfläche zunickte, den er »einen alten Freund« nannte: Ndaba Mandela, breites Kreuz, schmales Kinnbärtchen – der Enkel des großen Nelson. Sein Job als Vorsitzender der »Nelson Mandela Stiftung« habe ihn nach New York geführt, erzählte der junge Mandela, als

Christian uns miteinander bekannt machte. »Yeah«, rief Ndaba dann – und tanzte weiter. Er streckte die Arme aus und schob das Becken hin und her. Er trug ein schwarzes T-Shirt und eine Kette, an der Afrika baumelte, der Kontinent in Bonsai-Größe. Eine Diskokugel malte helle Lichtflecken in sein Gesicht.

Ich entdeckte Nur Khan, den Besitzer des Ladens, einen Herrn mit Johnny-Depp-Bärtchen und Easy-Rider-Lederweste. Einer wie er zählte zur New Yorker Prominenz: Khan ist Stammgast bei »Page Six«, der Klatschspalte der »New York Post«, die kürzlich berichtet hatte, dass seine afrikanische Riesenkatze Bagheera gestorben und der »Nightlife Guru« sehr traurig sei. Doch so traurig sah Khan an diesem Abend gar nicht aus. Er wurde gerade von einer jungen Blondine umtanzt, als Christian ihn begrüßte, mich an einer Hand haltend: »Nur, darf ich vorstellen, das ist Ulli.« Ein kräftiger Händedruck, ein kurzer Smalltalk, dann wandte Nur sich wieder seiner Blondine zu.

Ich fand es sehr amüsant, mit Christian unterwegs zu sein. Er erinnerte mich an Noogie, den kleinen schwarzen Informanten aus »Miami Vice«: Christian kannte jeden, und jeder kannte ihn. So gut, dass seine Buddys ihm die geheimen Türen öffneten – für das Buch, das er mit Patrice gemacht hatte. »Für mich schließt sich damit ein Kreis«, sagte er. Denn Speakeasys sind seine Welt, seit ihm sein Vater die Geschichte seines Großvaters erzählt hatte.

Christian wuchs in Chicago auf, wo sein Großvater während der Prohibition einen Lastwagen für Al Capone fuhr. »Der Lastwagen war voll mit Schnaps, den mein Großvater in den geheimen Bars der Stadt verteilte«, erzählte er. Mit 15 eröffnete Christian sein eigenes Speakeasy – im Keller seiner Eltern. »Ich hängte rote Lampen auf, nahm zwei Dollar Eintritt und verkaufte Bier für einen Dollar.« Da war sein Vater schon aus dem Haus: Der war ein großer Drogendealer (»Manchmal lag bergeweise Kokain auf unserem Küchentisch«) und musste untertauchen, als ihm die Fahnder zu nahe kamen. Vater Alexander verbrachte zwanzig Jahre in Florida, während der Sohn nach New York zog, wo er Ende der 80er ins Nachtleben eintauchte. Er lernte Serge Becker kennen, »meinen Mentor«, wie Christian sagte. Becker leitete damals mit dem »Area« einen legendären Nachtclub.

Doch New York war zu jener Zeit noch anarchisch und wild, überall wurde geraucht und gekifft und gekokst. Dann kam der Bürgermeister Rudy Giuliani, der wie Rambo durch die Stadt fegte und sie aufräumte. Plötzlich war Rauchen verboten, turnten Gesundheitskontrolleure durch jede Küche. Bald ging es nicht mehr darum, in Nachtclubs Spaß zu haben, sondern mit Nachtclubs Geld zu verdienen. Es gab Riesenläden für die breite Masse, der »Bottle Service« wurde ein Pflichtprogramm für alle: Es war schick, sich Wodkaflaschen für 2000 Dollar an den Tisch zu bestellen, wie P. Diddy es tat, wenn er in einer VIP-Ecke Hof hielt, vor der die Groupies anstanden. Als ich im September 2000 erstmals durch den Meatpacking District zog, wusste ich irgendwann nicht mehr, wo ich war, weil jeder Club gleich aussah: neureich und übertrieben. Überall weißes Leder und dicke Hose.

Doch dann kam Serge Becker, ein gebürtiger Schweizer, und suchte eine Nische im gentrifizierten Nachtleben. Er wurde ein Pionier in Sachen »secret places«, zählte zu den Erfindern des »La Esquina« und später dann der »Box«, beides Läden, in denen Christian sich um den Betrieb kümmerte. Die »Box« verbirgt sich hinter einem schrabbeligen Garagentor, auf dem »No Parking« steht. Sie erinnert an ein altes Varietétheater, mit rotem Plüsch, kristallenen Lüstern und schrägen Figuren auf der Bühne. Ein Herr tritt dort auf, der die Brüste einer Dame hat. Die zeigt dieser Herr gern vor, ebenso wie sein Geschlecht, das er dann umherschleudert, als habe er einen Gartenschlauch in der Hand.

David Beckham, so wurde kolportiert, hielt sich die Augen zu. Ich fragte Christian: Stimmt das? Doch er wollte das weder bestätigen noch dementieren. Er gab sich gern wie ein Arzt, der die Schweigepflicht wahrt. Serge Becker war da weniger verschlossen, der sich inzwischen aus der »Box« ausgeklinkt hatte. Und auch aus der Geheimnistuerei.

Becker, dezente Stimme, zarter Vollbart, eröffnete »Miss Lily's«, keine 100 Meter von Patrice' und Thomas' Wohnung entfernt. Ein jamaikanisches Restaurant, tapeziert mit alten Schallplatten. Man sitzt auf roten Bänken, blauen Stühlen und an gelben Tischen. Zum Restaurant gehören eine Saft-Bar, eine kleine Radiostation, die online sendet, und ein Jamaica-Fanshop, der scharfe Saucen und bunte T-Shirts verkauft. Das Ganze kam mir vor wie eine Kita für Erwachsene. Theoretisch konnte man da den ganzen Tag abhängen, vom ersten Watermelon-Juice bis zum letzten »Red Stipe«. Es fehlte nur ein geheimes Hinterzimmer. Als ich einmal mit Christian da war, fragte ich Serge, warum. Ach, sagte der, es gebe heute genug davon; jeder noch so geheime Laden habe inzwischen eine Website, das sei doch alles »fake«. Serge lächelte. Nichts gegen das Versteckspiel. Er mochte bloß nicht mehr mitmachen.

Ich fand ihn sehr weise, er erinnerte mich ein bisschen an Yoda, den Yedi-Meister aus »Star Wars«. Nicht, dass er ein kleines Männlein mit runzeligem Gesicht war, aber seine Haltung sagte: Macht mal nicht so ein Theater um das Nachtleben hier, es ist schließlich auch nur das Nachtleben.

Und auch das Nachtleben lag lahm, als Sandy kam.

Der Sturm.

Sandy

Es war Montag, der 29. Oktober 2012, als ich verstand, was gemeint ist, wenn von einer Naturgewalt die Rede ist. Eine Gewalt, die man nur schwer beschreiben kann. Mir fehlen bis heute die Worte für die Kraft, die an jenem Montag New York City traf.

Die Kraft von Hurrikan Sandy.

Man konnte sie spüren, am Tag zuvor schon. Etwas war anders als sonst.

Ich hatte mehrere Hurrikane hier erlebt, und alle waren sie vergleichsweise glimpflich ausgegangen. Ja, es waren irre Stürme, die da über die Stadt zogen, und es flogen allerlei Dinge durch die Gegend. Der letzte große Sturm hatte sich Anfang September zugetragen, da war ich gerade beim Tennis. Bei den US Open fanden die Halbfinalspiele der Herren statt, bei denen Wetter-Anarchie herrschte: Es war so windig, dass es auf dem Center Court im »Arthur Ashe Stadium« zuging wie auf der Startbahn des nahe gelegenen »La Guardia Airport«, nur dass hier die Stühle statt der Flieger abhoben. Stühle hoben ab und flogen in die Luft. Sie störten Andy Murray und Tomáš Berdych, die das erste Halbfinale bestritten und denen bei jedem zweiten Aufschlagversuch der Ball wegwehte. Dennoch, Murray gewann in vier Sätzen. Danach traten Novak Djoković und David Ferrer zum zweiten Halbfinale an, das aber nach sieben

Spielen abgebrochen und auf Sonntag vertagt wurde, weil nun ein Gewitter nahte. Ich konnte es sehen, als ich mit dem Bus zurück in die Stadt fuhr: Der blaue Himmel über Manhattan färbte sich schwarz. Kurz darauf regnete es, als gäbe es kein Morgen, dann hagelte es auch noch. Doch nach einer Stunde wurde das Unwetter zu einem gewöhnlichen Regen. Und am nächsten Tag schien wieder die Sonne.

So ging das meistens: Man wusste, was da kommt, präparierte sich und überstand das Ganze. So fing es auch bei Hurrikan Sandy an, nur dass die Vorbereitungen ein bisschen größere Ausmaße hatten. Ich war mir nicht sicher, wie ernst ich die Warnungen nehmen sollte, die es schon am Samstag gab. Zwei Tage, bevor Sandy kam, als es hieß: Kaufen Sie ein! Wasser! Vorräte! Kerzen! Aber Bürgermeister Bloomberg neigte manchmal zu Übertreibungen. Und die Nachrichtensender bliesen ohnehin fast jeden Sturm zu einem »Jahrhundertsturm« auf, um die Quoten hochzujagen.

Bei mir klingelte erst am Sonntag etwas, als ich Brötchen zum Frühstück holen wollte. Es war elf Uhr morgens, und aus jedem Laden, der Lebensmittel verkaufte, quoll eine Schlange. Ich dachte zunächst, das sei nur bei mir in der Straße so, aber dann ging ich um die Ecke. Und um die nächste Ecke. Überall: Schlangen. Ich lief zurück in meine Wohnung und kam mir wahnsinnig schlau vor, als ich bei »Village Farm« anrief – meinem bevorzugten Grocery Store, von dem ich mir regelmäßig Sachen liefern ließ (so was wie Wasserkisten, die ich meinem operierten Rücken nicht zumuten wollte). Also sagte ich auch heute: »Hi, ich hätte gern eine Lieferung.« Normalerweise lautete die Antwort: »Adresse?« – und dann waren die Jungs zehn Minuten später da. Heute aber hörte ich: »Fünf bis sechs Stunden Wartezeit.«

Langsam bekam ich das Gefühl: Die Lage ist doch ernst.

Am Nachmittag hielt der Präsident eine Ansprache. Barack Obama richtete sich an die »people in New Jersey and New York«. Der Sturm, der sich uns nähere, könne Furchtbares anrichten. Das sei kein Scherz, sprach er.

In der Regel zogen die »tropical thunderstorms«, die tropischen Wirbelstürme, die im späten Sommer und frühen Herbst Saison haben, an der amerikanischen Ostküste hoch – und trafen vor allem Florida und die »Carolinas«, wie man North und South Carolina nennt. Kamen sie hier oben bei uns an, hatten sie sich meist schon wieder etwas abgeschwächt. Der Unterschied zu sonst war: Sandy drehte noch einmal ab. Nachdem der Sturm sich in der Karibik gebildet und über Jamaika, Kuba und den Bahamas gewütet hatte, zog er auf das offene Meer hinaus und bewegte sich von der Küste entfernt weiter nach Norden.

Florida und die Carolinas erwischte es nicht so schlimm wie erwartet. Uns erwischte es schlimmer.

Denn draußen auf dem Meer legte Sandy noch einmal ordentlich zu, ehe der Sturm zu einer Linkskurve ausholte – und auf New York und New Jersey zuraste.

Sandy kündigte sich an wie Muhammad Ali: I'm the greatest of all storms. Es war das längste und breiteste Sturmtief, das je im Atlantik gemessen wurde. Mit einem Durchmesser von fast 1800 Kilometern.

Ich ging am Sonntagabend kurz vor Mitternacht einkaufen. Da war bei »Village Farm« noch so viel los wie sonst samstagabends um acht, wenn der Laden voll war mit Studenten, die *Saturday Night Fever* hatten und sich mit Bier eindeckten. Bier war jetzt kaum noch welches da, aber um meine Alkoholvorräte machte ich mir keine Sorgen: Ich hatte noch eine Kiste Rotwein zu Hause. Ich kaufte deshalb Wasser, Brot, Tee, Spaghetti, Tomatensauce, alles in großen Mengen. Sollte der Strom ausfallen, womit zu rechnen war, wäre mein Gasherd immerhin nicht betroffen. Als ich zurücklief, entdeckte ich Schilder, die in so ziemlich allen Geschäften hingen: »Wegen Hurrikan Sandy Montag geschlossen.«

Dann kam der Montag.

Und an dem sollte man zu Hause bleiben. Besonders ab dem späten Nachmittag. Sandy wurde für den Abend erwartet, das Auge des Sturms sollte gegen 20 Uhr die Küste erreichen.

Die Schulen, die Banken, die Kirchen waren geschlossen, man hatte Brücken und Tunnel gesperrt und den U-Bahn- und Fernverkehr eingestellt, als ich gegen 15 Uhr noch einmal rausging. Man konnte sich kaum auf den Beinen halten, so windig war es. Ich schaffte es gerade über die Second Avenue, wo es einen vegetarischen Pizzaladen gab, der noch geöffnet war. Ich ging hinein. Hinter dem Tresen stand ein einsamer Mann, den ich fragte, wann er denn schließen würde. »Gar nicht«, sagte der. »Ich wohne in Queens und komme heute eh nicht mehr nach Hause.« Ich fragte, ob er eine Isomatte brauche. Und einen Schlafsack? Kopfschütteln. »Nein, nein, wird schon gehen.« Ich nahm ein Stück Margherita mit und legte dem armen Kerl fünf Dollar Trinkgeld hin. Dann ging ich heim und ließ meine Badewanne volllaufen. Das sollte man machen, falls es auch kein Wasser mehr geben würde.

Ich hatte den ganzen Tag den Fernseher an – »NY1«, den Lokalsender, doch die Sturmberichterstattung lief natürlich auf allen Kanälen. Die halbe Stadt war evakuiert, alles in Wassernähe verlassen. Dafür sah man Reporter am Hudson, dem East River oder auf dem Pier in Atlantic City, New Jersey, die mit zerzausten Haaren etwas in ihre Mikrophone brüllten, was im Wind aber kaum zu verstehen war. Ich musste eigentlich arbeiten und wollte noch so viel wie möglich schaffen – konnte mich aber nur schwer konzentrieren. Ständig kamen SMS aus Deutschland, wo man Hurrikan Sandy offenbar auch verfolgte: »Bist du okay?«, »Hast du genug Wasser?«

Am späten Nachmittag dachte ich, mir sei schwindelig. Ich stand vom Schreibtisch auf, und plötzlich war es, als würde der Boden unter meinen Füßen schwanken. Das tat er auch. Aber das verstand ich erst, als ich ins Bad ging und bemerkte, dass das Wasser in meiner Wanne leicht auf und ab schwappte. Der Sturm bewegte offenbar unser Haus, obwohl er von Süden kam, wo wir von anderen Häusern geschützt wurden. Ich dachte an Jeff nebenan in dem großen Kasten. Ich schrieb ihm eine SMS: »Wie ist das Leben im 16. Stock?« – »Scary«, schrieb er zurück. Beängstigend. Es wurde langsam dunkel. Ich machte den ersten Rotwein auf. Die Spannung war unerträglich. Ich kann es nicht erklären, aber ich glaube, dass jeder hier an diesem Tag das Gleiche fühlte: dass Sandy etwas sehr Schlimmes anrichten würde.

Der Baum vor meinem Fenster stürmte hin und her wie der Zeiger eines Metronoms. Um kurz nach halb neun am Abend schien es, als würde er jede Sekunde entwurzelt. Draußen war es so furchtbar laut, dass es klang, als würde jemand das Geräusch eines Sturms über einen 500 000-Watt-Lautsprecher abspielen. Im Fernsehen hieß es, Sandys Auge habe die Stadt erreicht. Es fege jetzt über uns hinweg.

Ich saß noch an einem Text, den ich aber besser schnell nach Deutschland schickte. Den Kollegen schrieb ich: »Sorry, ist einen Tick zu lang, aber kürzen müsst ihr bitte. Ich glaube, hier fällt in den nächsten fünf Minuten der Strom aus.« Und so war es: Ich klickte auf »Senden«, dann ging ich kurz auf Toilette. Als ich in mein Wohnzimmer zurückkam, machte es leise »puff« – und dann war alles dunkel.

In den Fenstern gegenüber gingen Kerzen an. Bei mir auch; ich hatte ein Feuerzeug bereitgelegt. Mein Smartphone leuchtete auf. Eine SMS von einer Freundin aus dem West Village traf ein: »Hier Strom weg. Pass auf dich auf!« Jeff textete: »Bist du okay? Komm vorbei!« Aber der Gedanke, mit der Taschenlampe die sechzehn Stockwerke zu ihm hochzulaufen, erschöpfte mich. »Danke, bin okay. Sehen uns hoffentlich morgen!« Ich postete über das Smartphone bei Facebook: »Power's gone.« Damit sich niemand sorgen musste, wenn er mich nicht erreichte.

Wenigstens war der BlackBerry noch voll aufgeladen. Aber dann rief meine Freundin Manu an, die im Norden Manhattans in Harlem lebte. »Hier noch alle Lichter an«, sagte sie. »Hier nicht mehr«, antwortete ich, aber da hörte ich Manu schon sagen: »Hallo …? Ulli …? Du bist irgendwie weg!« Und dann war es auch mit dem Mobilfunknetz vorbei.

Ich setzte mich auf meine Fensterbank und schaute hinaus. Finsternis. Niemand auf der Straße. Nur der Baum; schwer zu erkennen, aber noch immer in gefährlicher Schräglage.

Ich glaube, ich habe mich noch nie in meinem Leben so klein und einsam gefühlt wie in diesem Moment am Fenster. Sandy schrumpfte uns ganz schön zusammen.

*

Am nächsten Morgen war mir schlecht. Ich hatte eine Flasche Rotwein geleert, damit ich schnellstmöglich einschlafen konnte. Keine Ahnung, wann ich ins Bett gefallen war, aber als ich jetzt erwachte, zeigte mein Smartphone 11.26 Uhr an. Immerhin, die Uhr funktionierte noch. Draußen war es seltsam still. Die Ruhe nach dem Sturm.

Kein Regen mehr. Nur grauer Himmel.

Ich guckte kurz durch meine Wohnung. Alle elektronischen Geräte: aus. In der Badewanne: kein Wasser mehr. Die war also nicht dicht (was so ziemlich jeder, den ich kannte, nach dieser Nacht an seiner Wanne erkannte). Doch Wasser lief, natürlich nur kalt. Ich duschte schnell, kochte einen Tee und sah zu, dass ich aus dem Haus kam.

Ich wollte wissen, was Sandy angestellt hatte.

Das Treppenhaus war dunkel, zum ersten Mal, seit ich hier wohnte: Eigentlich brennt 24 Stunden am Tag Licht; dass man einzelne Schalter auf jeder Etage installieren konnte, um Strom zu sparen, war hier noch nicht angekommen.

Ich lief um die Ecke zu meinem alten Haus. Luan, der diensthabende Doorman, stand mit der Taschenlampe da. Er hatte ein batteriebetriebenes Radio, darum konnte er mir berichten: »Sie sagen, wir werden fünf Tage ohne Strom sein. Im E-Werk am East River ist etwas explodiert.« Das war nicht weit von uns entfernt, es stand auf Höhe der 14. Straße am Fluss. Und sonst, gab es Tote, Verletzte? »Das weiß man noch nicht. Aber es wurde viel überschwemmt«, sagte Luan. Ich bat ihn, Jeff einen Gruß auszurichten, dann lief ich Richtung East River. Ich überquerte die First Avenue, dann die Avenues A, B und C – und je weiter östlich ich kam, desto mehr Menschen sah ich, die mit Eimern Wasser aus Kellern schöpften. Der East River war so weit über die Ufer getreten, dass auf den Avenues C und D in der Nacht die Autos weggeschwommen waren – aber davon war jetzt nichts mehr zu erkennen (das sah ich erst später in den Nachrichten). Denn als ich am East River stand, war das Wasser wieder zurückgegangen. Der Fluss wirkte wie nach jedem Sturm. Aufgewühlt, aber nicht bedrohlich.

Plötzlich vibrierte das Smartphone in meiner Jackentasche: Hier am Ufer hatte ich Empfang. Es gingen etwa vierzig SMS ein, alles besorgte Nachfragen, ob ich in Ordnung sei. Ein Scherzkeks aus Hamburg schrieb: »Mit unseren Deichen wäre das nicht passiert.« Ich hörte mich murmeln: »O doch, mein Freund, die hätte Sandy mit links weggepustet.« Offensichtlich war ich noch nicht so weit, dass ich über den Sturm lachen konnte.

Ich überflog die Nachrichten-Mails der »New York Times«: Mächtige Zerstörungen an den Küsten. Zwei Millionen New Yorker nach dem Sturm ohne Strom. Das »NYU Langone Medical Center« (ein Krankenhaus hier in der Nähe) evakuiert.

Es hatte gar nicht so heftig geregnet, doch es war Vollmond, da stand das Wasser besonders hoch. Der Sturm verursachte eine Flut – mit bis zu sieben Meter hohen Wellen, die zu den Überflutungen führten: In New York City traten der East River und der Hudson über die Ufer. U-Bahn-Tunnel standen komplett unter Wasser. In Breezy Point, einem Teil von Queens, brannten achtzig Häuser nieder, als eine heruntergerissene Stromleitung ein Feuer entzündete, das sich angefacht vom starken Wind eilig ausbreitete.

Auf dem Rückweg ging ich bei meinem Stamm-Italiener vorbei: Paolo stand hinter seinem Tresen und zündete Teelichter an. »Wir sind East-Village-Überlebende!«, rief er. »Kommst du heute Abend vorbei? Bei uns gibt es Pasta!« Auch hier: Ein Hoch auf den Gasherd. Ich bekam Hunger, lief aber noch ein wenig herum. Sah umgestürzte Bäume und aufgeregte Menschen, die mit ihren Smartphones Fotos der Bäume machten. Als müssten sie beweisen: Ich war dabei: Sandy im East Village 2012!

Vor »Village Farm«, meinem Lebensmittelhändler, herrschte ein Auflauf wie vor einem überfüllten Nachtclub. Es gab einen Türsteher, der den Verkehr regelte: Kamen zwei Leute aus dem Laden heraus, ließ er zwei andere Kunden hinein. »Cash only«, stand auf einem Schild, denn Kassen und Kreditkarten funktionierten ohne Strom selbstverständlich nicht. Aber Holzöfen: Ich kehrte in einer Pizzeria ein, in der ich ab und zu eine Pizza bestellte. Sie hatte geöffnet und servierte Pizzen bei Kerzenschein. Gemütlich war das schon. Nett auch: Alle am Tresen, an dem ich saß, unterhielten sich miteinander. Da war ein Herr aus meinem alten Haus, der erzählte, dass es ihn wahnsinnig mache, wie seine Bekannten sein Handy mit Nachrichten vollballern würden: »Die schreiben alle: Sorry, du hast wahrscheinlich keinen Strom – anstatt den restlichen Strom zu sparen!«

Nachdem ich eine Pizza gegessen hatte, ging ich nach Hause und packte eine kleine Tasche: Ich hatte am Fluss, wo der Handyempfang funktionierte, kurz mit Manu in Harlem telefoniert. Bei ihr gab es Strom, weshalb sie mich eingeladen hatte, erst einmal zu ihr zu kommen. Ein Angebot, das ich gern annahm. Es dämmerte schon, als ich auf der First Avenue in ein Taxi stieg. Die Ampeln gingen natürlich auch nicht, es hatte etwas sehr Anarchisches, was sich hier abspielte. Trotzdem, der Verkehr regelte sich irgendwie von selbst: Alle fuhren ruhig, langsam und viel aufmerksamer als sonst.

Auf Höhe der 23. Straße war es dann, als knipse jemand das Licht an: Ab hier gab es wieder Strom, leuchteten plötzlich Straßenlaternen und eine rote Ampel, an der wir anhielten. Ich drehte mich um und sah noch einmal in die Finsternis von »SoPo«, wie Manhattan unterhalb der 23. Straße bald genannt wurde: »South of Power«. Denn Downtown war stromlos (bis auf einige wenige Wohnblocks unten im Süden) und New York eine geteilte Stadt.

Ich verbrachte die nächsten vier Tage bei Manu in Harlem, wo es zuging, als habe es Sandy nicht gegeben. Hier und da ein abgefallener Ast, aber sonst?

Am Mittwoch war Halloween, und hier im Norden Manhattans gingen Eltern mit ihren Kindern Süßigkeiten sammeln. Die Kinder, wie üblich verkleidet als Spidermen oder Prinzessinnen, hatten Eimerchen dabei, die sie jedem hinhielten, der auf ihre Frage »Trick or Treat?« eine Antwort hatte – in Bonbonform. Weiter südlich, wo noch immer alles im Dunkeln lag, musste die große Halloween-Parade abgesagt werden, die traditionell am 31. Oktober durch das Greenwich Village führt. Aber wir saßen am Abend im hell erleuchteten »Red Rooster«, wo gefeiert wurde.

Das Restaurant »Red Rooster« gehört Marcus Samuelsson, der hierzulande als Starkoch gilt. Samuelsson wurde in Äthiopien geboren, wuchs bei Adoptiveltern in Schweden auf und wurde in einer amerikanischen Kochshow berühmt. Seit Samuelsson Ende 2010 das »Red Rooster« eröffnet hatte, war Harlem in aller Munde. Selbst Präsident Barack Obama kam auf ein Häppchen vorbei. »Comfort food« nennt der Chef seine Kreationen – und tatsächlich fühlten wir uns jetzt bei seinen »crab cakes« mit

Curry-Aioli und einer Portion von »Helga's meatballs« (Fleischbällchen, benannt nach Samuelssons schwedischer Mutter) wunderbar aufgehoben. Wir saßen an der Bar, da war es gemütlich, und wir konnten gut sehen, was an Partyvolk in der edlen Lounge »Ginny's« im Keller verschwand, wo eine Halloween-Sause stattfand, ganz so, als hätte es nie einen Sturm gegeben. Ein Mann lief an uns vorbei, der eine Maske trug, bei der ich nicht sicher war: Hatte man die Otto Waalkes nachempfunden? Das dünne Haar, die hohe Stirn, die spitze Nase – verblüffende Ähnlichkeit. Manu und ich fanden das irrsinnig komisch, was vermutlich daran lag, dass wir inzwischen die zweite Flasche Rosé geleert hatten. Zur Entstressung. Denn natürlich beschäftigten uns der Sturm und seine Folgen: Manu, ebenfalls Journalistin, und ich schrieben darüber. Wenn wir nicht Decken und Handtücher in Notunterkünfte schleppten, die fast 7000 New Yorker beherbergten, denen es nach Sandy unmöglich war, in ihre zerstörten oder unter Wasser stehenden Häuser zurückzukehren.

Das Ausmaß des Sturms wurde von Tag zu Tag deutlicher. Allein in New York City hatte es dreiundvierzig Tote gegeben. Besonders schlimm war es auf Staten Island, wo die Feuerwehrmänner auch am Freitag noch Leichen aus Kellern bargen. »Wir brauchen unsere Leute für andere Dinge, als eine Strecke abzuriegeln«, schimpften sie, so dass Bürgermeister Bloomberg am Nachmittag den »New York Marathon« absagte, der für den Sonntag geplant war; das hatte es in der Geschichte des berühmten Laufs noch nie gegeben.

Ich sprach mit einem Freund von Manu darüber, der zum Marathon angemeldet, nun aber froh über die Absage war. »Ich wäre unter diesen Umständen nicht gern gelaufen«, sagte er, ein junger Amerikaner. »Auch wenn ich dafür trainiert habe. Aber ich bin fit und kann anpacken.« Sprach's und joggte los, um umgeknickte Bäume im Central Park zu beseitigen.

So sind sie, die New Yorker. Keine Menschen, die lange jammern. »It is what it is«, sagen sie gern. Und das war ein Satz, den ich nach dem Hurrikan häufig hörte. Es ist, wie es ist – und wir müssen jetzt damit umgehen.

Die Hilfsbereitschaft in der Stadt war überwältigend. Meine Freunde, die »South of Power« wohnten, hatten wie ich bei Bekannten Strom-Asyl gefunden. Am späten Freitagnachmittag konnten wir es wieder verlassen – da kam der Strom zurück. Im East Village tanzten sie auf der Straße – zu »People have the Power« von Patti Smith. So wurde es mir jedenfalls erzählt, denn ich konnte leider nicht mittanzen. Ich lag noch bei Manu in Harlem auf dem Sofa – und hatte meinen Hamburger Kardiologen-Freund am Telefon, dem ich erzählte: »Ich glaube, ich hatte gerade einen Schlaganfall.« Er fragte: »Was habt ihr in den letzten Tagen getrunken?« Nun ja … so einiges, musste ich zugeben.

Wir hatten deshalb am Mittag einen langen Spaziergang gemacht, um unsere Köpfe ein bisschen auszulüften. Und waren auf dem Rückweg kurz in einen Drugstore gegangen. Dort flimmerte plötzlich alles vor meinen Augen, und ich spürte ein seltsames

Kribbeln in meinem rechten Arm, als sei der eingeschlafen und würde langsam wieder aufwachen. Aber ich konnte den Arm nicht bewegen, und Luft bekam ich auch nicht mehr. Ich japste wie ein Eichhörnchen nach einem Hundertmeterlauf: »Ma-Ma-Ma-Manu!«

Sie hakte mich unter und brachte mich nach Hause. Legte mich aufs Sofa. Mit einem kalten Lappen auf der Stirn. Dann rief ich meinen Freund an. Der nicht wirklich an einen Schlaganfall glaubte. »Der Stress, der Alkohol – mach dir mal keine Sorgen.« Er meinte, eine kleine Panikattacke zu diagnostizieren: »Normal. Haben doch alle da bei euch in der Stadt.«

Sicher, die in New York üblichen »anxiety attacks«: Fast jeder, den ich hier kannte, hatte dazu etwas zu erzählen. Wer nicht selber welche verspürt hatte, der kannte jemanden, der dagegen Tabletten schluckte. Oder zum »shrink« ging – dem Therapeuten. Es gab hier eine Menge Leute, die waren wie Woody Allen in »Der Stadtneurotiker«. Wobei der Film von 1977 war – und die Neurosen sich mit der Zeit sicher potenziert hatten. Auch bei mir?

Ich legte mich hin, trank Tee, schlief 13 Stunden – dann fühlte ich mich besser. Am nächsten Mittag zog ich in meine vom Stromausfall ausgekühlte Wohnung zurück.

Als ich einkaufen ging, traf ich Jeff. Wir tauschten Sturm-Erlebnisse aus. Er hatte in dunkler Nacht eine Frau kennengelernt und war mit ihr in einem Hotel untergekommen. Er lachte, als ich ihm von meinem Stadtneurotiker-Auftritt erzählte.

»Glückwunsch«, sagte Jeff. »Now you're a real New Yorker.«

*

Jeff hatte die richtige Medizin für mich: »Hey, Ulli, meine Freundin Laurie braucht Unterstützung. Ihr Haus in den Rockaways ist abgesoffen, und die staatliche Hilfe kommt nicht an Land. Hast du Zeit, mit anzupacken?« Und so saßen wir bald darauf in seinem guten alten BMW, dessen Auspuff ziemlich knatterte, und fuhren in die Rockaways; Arbeitshandschuhe dabei. Jeff hatte neun Leute zusammengetrommelt, die an der »Operation Laurie« teilnahmen, wie er unsere Hilfsaktion nannte. Er kannte Laurie seit 25 Jahren, die beiden waren sich begegnet, als Jeff noch ein junger Produzent und Laurie eine junge Tontechnikerin war. Wie er lebte sie früher in Manhattan, doch als Laurie Mutter wurde – alleinerziehend –, gab sie ihr Junggesellinnen-Apartment am Washington Square Park auf. Und zog dorthin zurück, wo sie aufgewachsen war: in das Haus ihrer Familie in den Rockaways.

Die Rockaways, so nennt man »the Rockaway Peninsula«, eine Halbinsel. Sie liegt vor Queens, quer wie eine Schranke, die dem Atlantik sagt: Bis hierher und nicht weiter. Ein schmaler Streifen Land, umgeben von Wasser. Da ist auf der einen Seite die Jamaica Bay, an die der John F. Kennedy Airport grenzt, der hier für Fluglärm sorgt. Und auf der anderen Seite der Ozean, mit einem Strand, an dem im Sommer Surfer-Alarm herrscht.

In den Rockaways leben Künstler, die am Meer

Kreativität schöpfen. Hier stehen aber auch *projects*, Sozialbauten, vor denen das NYPD patrouilliert, weil es dort ziemlich gefährlich zugeht. Doch bei Laurie in der Gegend verhält es sich gutbürgerlich. Da gibt es eine Hauptstraße, den Rockaway Beach Boulevard, mit lauter Querstraßen, die sich von der Seite der Bucht zum Strand ziehen. Entlang der Straßen: hübsche Einfamilienhäuser. Lauries Nachbarn sind Lehrer, Autohausbesitzer oder Nachrichten-Producer.

Der Sturm traf sie alle. Besonders jene, die in der Mitte wohnen: Bei ihnen klatschten die Wassermassen zusammen. Denn Sandy überflutete die Rockaways von beiden Seiten, von der Bucht her und vom Meer. Es gab hier nicht ein Stück Land, das trocken blieb. Keinen Keller, in dem nicht alles schwamm. Doch auch Wohnzimmer liefen voll. Küchen. Garagen.

Der Ozean muss einen Sand-Tsunami an Land gespült haben, denn wo immer wir hinguckten, als wir in den Rockaways ankamen – alles war bedeckt mit hellem Sand. Die Bäume sahen aus wie gezuckerte Mandeln. Die Autos schienen alle gleich gelackt: sandfarben. Der Strandparkplatz, groß wie fünf Fußballfelder: eine Wüste.

Die Hälfte davon war bereits voll mit Schutt, der sich hoch wie drei Autos türmte. Das war der zentrale Abladeplatz, auf dem Bagger und Raupen umherfuhren. Sie zerkleinerten den Schutt und verteilten ihn. Jeff hielt kurz an, schüttelte den Kopf. »Guckt euch das an«, sagte er. »Wahnsinn.« Wenig später war er still: Da versuchte Jeff, seinen kleinen

BMW in Lauries Straße zu lenken, aber das war, als wolle er mit einem Rennrad die »Rallye Dakar« gewinnen. Denn auch Lauries Straße war natürlich eine Sandlandschaft, mit einem riesigen zusammengeschaufelten Haufen in der Mitte. Um den herum konnten Bagger fahren, aber keine BMWs aus den siebziger Jahren: Wir steckten fest. Doch mit uns war ein Range Rover unterwegs, in dem der Rest von »Operation Laurie« saß – Jeffs Kumpel, die nun aus dem Auto sprangen und den kleinen BMW anschoben, so dass er letztlich dort stand, wo vermutlich der Straßenrand war.

Man hatte die Rockaways zu einem »Katastrophengebiet« erklärt. Polizei, Feuerwehr und Militär waren im Aufräumeinsatz. Hubschrauber kreisten über uns, als wir bei Laurie zum Dienst antraten. Sie kam uns entgegen, eine blonde Frau, eingepackt in schwarze Fleece-Klamotten, von denen sie mehrere Lagen übereinandertrug. Sie war seit Tagen ohne Heizung und Warmwasser. Ihr Haus war das viertletzte auf der linken Seite einer Straße, die am Ende in den Strand überging. Es war weiß, hatte romantische Giebel und eine Veranda vor dem Eingang, zu der fünf Stufen hinaufführten: Lauries Haus stand ein wenig erhöht, das war ihr Glück. Dadurch war nur ihr Keller vollgelaufen. Bei ihren Nachbarn, deren Haus keine Veranda hatte und ebenerdig stand, sah man in Höhe der Fenster einen schmutzigen, braunen Streifen – so hoch hatte bei ihnen das Wasser gestanden.

Laurie herzte Jeff, sie hatte ein gerührtes Lächeln im Gesicht, als sie uns alle sah: »Ich weiß nicht, wie ich euch danken soll, dass ihr gekommen seid.« – »Gar nicht«, antwortete Jeff, »wir haben ja noch nichts gemacht.« Doch bevor wir anpacken konnten, schickte Laurie uns an den Strand. »Geht da mal entlang, damit ihr begreift, was hier passiert ist.«

Doch die Zerstörung, die wir dann sahen, war unfassbar.

In der ersten Reihe am Strand: Häuser, die keine Häuser mehr waren. Sondern Trümmerhaufen. Mit Stuhlbeinen, Bücherregalen, Lampenschirmen, was immer diese Häuser einmal wohnlich gemacht hatte. Manche waren einfach zusammengesackt. Anderen war die Fassade weggebrochen, so dass sie nach vorn offen waren und man ihr kaputtes Innenleben sah: Hier waren zwei Etagen seltsam ineinander verkeilt. Dort hing ein Bett auf halb acht. Da war ein Esstisch in die Garage gerutscht – zu einem zerknautschten weißen Porsche, der sich vornübergekippt mit der Schnauze in den Strand bohrte.

Daneben stand ein zartgelbes Zweifamilienhaus, in der Mitte auseinandergebrochen. Die eine Seite neigte sich nach links, die andere nach rechts. Dazwischen ein nach oben breiter werdender Spalt, durch den man die zweite Reihe der Strandhäuser sehen konnte. Auch sie waren zerstört. Die Straßen an manchen Stellen: in einzelne Asphaltplatten zerbröckelt.

Jeff, seine Kumpel, ich: Wir alle hatten Tränen in den Augen, als wir am Strand entlanggingen. Keiner machte einen blöden Spruch, nicht einmal beim Anblick des Porsches, bei dem ich normalerweise einen Satz zur deutschen Wertarbeit kassiert hätte. Es kam aber keiner. Es war zu viel auf einmal, was wir da sahen.

Nicht, dass man solche Bilder aus den Nachrichten nicht kannte: wenn in Haiti, China oder Indonesien die Erde gebebt hatte. Weit weg. Aber das hier war New York City. Weltstadt Nummer eins. Das musste man erst einmal begreifen.

Es dauerte, bis jemand etwas sagte. Ich glaube, es war Jeffs Freund Kevin, der irgendwann das Schweigen brach: »Leute, lasst uns etwas tun.«

Wir brauchten vier Stunden, bis wir Lauries Haus halbwegs in den Griff bekommen hatten. Ein Trupp Jungs nahm sich die Garage vor, die komplett nass war und leer geräumt werden musste: Gartengeräte, Handwerkszeug, Kinderspielsachen – reif für den Sperrmüll. Ich ging mit einer Taschenlampe in den düsteren Keller, wo Laurie und ihre Schwester, die ihr gleich nach dem Sturm zu Hilfe gekommen war, schon begonnen hatten, auszumisten. Es waren aber noch ein paar Dinge übrig, und auch hier musste alles raus.

Es roch schrecklich nach Feuchtigkeit, die in den Sachen steckte. Aus einem Schrank unter der Treppe hievte ich Umzugskisten hervor, die in meinen Händen auseinanderfielen, so aufgeweicht waren sie. Mir kamen Unmengen von Weihnachtsschmuck entgegen, den Laurie in den Kartons verwahrt hatte. Dann, in einem Wandschrank: alte Fotoalben aus Großmutters Zeiten, mit vergilbten Schwarzweißaufnahmen und zerlaufener Füllerschrift. Ich trug eines der Alben zu Laurie. »Was soll ich mit so etwas machen? Das sieht mir sehr persönlich aus, das kann ich nicht einfach in Müllsäcke stecken.« Doch, sagte sie. »Das sind Alben meiner Mutter. Vor ein paar Tagen hätte ich noch geweint bei der Vorstellung, dass die jetzt in die Tonne gehen.« Aber es nütze ja nichts. »It is what it is«, sagte sie.

Als der Keller leer war – Jeff hatte mir beim Schleppen der schwersten Sachen geholfen –, ging ich nach draußen. Vor Lauries Haus hatte sich inzwischen ein Müllberg gebildet, mit den Sachen aus der Garage und dem ganzen Zeug aus dem Keller.

Ich nahm eine Schaufel und begann, den Gehweg von einer zwanzig oder dreißig Zentimeter hohen Sandschicht zu befreien. Ich musste den Sand zunächst weichklopfen, dann konnte ich ihn wegschaufeln – auf den Riesenberg in der Mitte der Straße. Jemand reichte mir eine Schneeschippe, mit der ging es am besten. Als man den Gehweg vor Lauries Haus wieder sehen konnte, nahm ich mir den vorm Haus ihrer Nachbarn vor. Die kamen herausgelaufen: »Oh, danke, das ist wunderbar. Danke. Danke vielmals!«

Jeff trug einen alten gelben Staubsauger auf die Straße, den er auf den großen Sandberg stellte. Dann machte er mit seinem Smartphone ein Foto davon und postete es bei Facebook. »Kann nicht saugen. Brauche Hilfe«, schrieb Jeff dazu. Dann entdeckte er in dem ganzen Müll einen großen Stoffhund und eine braune Bassgitarre. Er arrangierte Hund und Bass so, dass der Hund auf dem Müllhaufen thronte – und den Bass hielt wie mein sehr geschätzter Freund John Taylor von Duran Duran. Alle lachten, als sie das sahen, auch Laurie, die auf die Veranda trat. Als sie registrierte, was wir da alles weggeschafft hatten, fing sie an zu weinen. »Ihr seid die Größten!«, sagte sie, als sie sich wieder gefangen hatte. »Habt ihr Hunger?«, fragte sie dann und lotste uns alle in ihr kaltes Wohnzimmer, wo zwei geblümte Sofas standen und in der Mitte ein großer Tisch. Darauf in all dem Ungemach ein Stapel Teller, Besteck, ein Topf mit Spaghetti und einer mit Tomatensauce.

Laurie und ihre Schwester hatten allen Ernstes für uns gekocht, als hätten sie nichts Besseres zu tun und wir in Manhattan keine Restaurants, in denen wir später essen konnten.

Wir zogen die Arbeitshandschuhe aus und setzten uns um den Tisch herum, als Kevin hereinkam und zwei Flaschen Rotwein präsentierte. »Seht, was ich gefunden habe. In der Garage!« Laurie brachte Styroporbecher, und dann gab es nicht nur Spaghetti, sondern auch einen Becher Wein dazu. Sie nannte es »den schönsten Moment, den ich seit Tagen erlebe«. Draußen nahte die Dämmerung, die Rockaways würden bald »stockdunkel« werden, wie Laurie sagte. Als wir aufgegessen hatten, gingen wir deshalb noch einmal an den Strand, um uns etwas zu bewegen. Und als wir eine halbe Stunde später zurückkamen, waren zwei Bulldozer bei Laurie in der Straße, die den Müllhaufen vor ihrem Haus abtrugen.

Es war ein herrliches Bild, es gab uns das gute Gefühl, etwas geschafft zu haben. Und wie! Was aus Lauries Haus rausmusste, war raus – und auf dem Weg, entsorgt zu werden.

Als wir uns verabschiedeten, weinte sie deshalb noch mal. »Ich weiß nicht, wie ich euch dank…« Jeff unterbrach sie, indem er ihr seine Hand vor den Mund hielt. »Laurie, hör auf, ist doch selbstverständlich.«

*

Ein paar Tage später schrieb sie uns allen eine E-Mail: »Nochmals DANKE! Ihr habt mich aus einem großen Loch geholt!« Jeff hielt mich auf dem Laufenden, wie es bei ihr weiterging. Eine Woche nach uns klopfte die FEMA bei Laurie an die Tür, die »Federal Emergency Management Agency«, die als staatliches Hilfsorgan die ganzen Rockaways abklapperte: Sie garantierte finanzielle Unterstützung. Insgesamt waren es über drei Milliarden Dollar, die das »Nationale Versicherungsprogramm« der FEMA an Leute wie Laurie ausschüttete, die gegen eine Flut versichert waren. Doch es dauerte, bis der Strom zurückkam: Laurie und ihre Nachbarn hatten erst zu Thanksgiving wieder Licht, dreieinhalb Wochen nach der Katastrophe. In anderen Teilen der Rockaways saßen die Anwohner auch Weihnachten noch im Dunkeln. Die New Yorker Medien hörten nicht auf, darüber zu berichten. Ob »NY1« oder die »New York Times« – sie alle erinnerten unermüdlich daran: Da draußen sind Menschen, die unsere Hilfe brauchen.

Sandy blieb lange präsent. Und es war bizarr, dass sechseinhalb Wochen nach dem Sturm eine weitere Katastrophe an der amerikanischen Ostküste geschah, die ebenfalls mit diesem Namen verbunden war: der Amoklauf an der »Sandy Hook Elementary School«, der am Morgen des 14. Dezember in Newtown, Connecticut geschah, etwa 90 Kilometer nordöstlich von New York City. Der Täter, Adam Lanza, 20 Jahre alt, nahm 26 Menschen das Leben, darunter 20 Kinder, alle Erstklässler. Es war ein himmelblauer Tag.

Ich sah die Bilder im Fernsehen, dann sprach ich mit meinem *stern*-Kollegen Martin: Er buchte einen Mietwagen, wenig später fuhren wir nach Newtown. Auch wenn es schwierig war, sich dort zu bewegen. Zwischen Straßensperren und Polizeiautos, der Feuerwehr, dem FBI. Und den Ü-Wagen, die in Newtown waren. Ich glaube, wenn an diesem Tag in New York City das Empire State Building umgefallen wäre, niemand hätte darüber berichten können, weil alle ihre Leute hierhergeschickt hatten. Es waren bestimmt 20 TV-Stationen vor Ort, die entlang der kleinen Main Street ihre Scheinwerfer aufgebaut hatten: Sie verliehen dem Sträßchen ein künstlich-kaltes Licht. Während die Lichterketten, die sich um die Bäume in den vorweihnachtlich geschmückten Gärten zogen, lieblich leuchteten.

Es war eine beklemmende Atmosphäre.

Ich fand es schrecklich, einen Ort wie die Rockaways zu erleben, der von einer Naturgewalt heimgesucht worden war. Aber das hier war noch einmal etwas anderes. Eine Idylle, die von einer Sekunde auf die andere ihre Unschuld verloren hatte.

Newtown, ein Städtchen mit 27 000 Einwohnern, liegt in den sanften Hügeln Neuenglands. Es gibt hier kurvige Straßen. Ein niedliches Rathaus mit Türmchen. Weiße Kirchen mit frisch gemähten Vorgärten. In Wäldern verborgene Kolonialhäuser. Man zog nach Newtown, wenn man Geld hatte und Kinder wohlbehütet aufwachsen sollten.

Das hier war eine friedliche Gegend, der letzte Mord zwanzig Jahre her. Doch nun war Newtown um zwanzig Kinder beraubt worden. Und sechs ihrer Betreuer. »Unsere Herzen sind gebrochen«, sagte Barack Obama. Er spreche »als Vater, nicht als Präsident«.

Am Abend, die Wintersonne war längst untergegangen, gingen die Menschen in die Kirchen des Ortes, wo um 19 Uhr Gedenkgottesdienste stattfanden. »Why?«, fragten sie, warum. Auf dem Altar der »St. Rose of Lima Church« brannten 26 Kerzen. Draußen in der Church Hill Road saß ein Mann im geöffneten Kofferraum seines Kombis und spielte Geige. Jemand hatte Transparente aufgehängt. »Betet für Newton«, stand darauf. »Betet für unsere Kinder.«

In der darauffolgenden Nacht wurde ich schwanger.

Alles noch mal neu

Ich hatte den Vater meines Kindes erst kurz zuvor kennengelernt – bei einer Buchparty von Patrice. Ihr »Secret Society«-Bildband kam auf den Markt, und das wurde gefeiert. Natürlich in einem versteckten Club, im Keller eines neuen und sehr angesagten Hotels in Chelsea. Ich fuhr mit dem Taxi hin und war noch nicht ganz angekommen, als ein Mann mich angrinste und mir freundlicherweise mitteilte, wie ich heiße: »Du bist Ulrike.« Mein Name stand auf der Gästeliste, die er zusammengerollt in der Hand hielt, und für einen Amerikaner sprach er ihn sehr passabel aus. Ich fragte, ob ich die Letzte sei, die er auf seiner Liste noch abhaken müsse, so dass er wusste, wer ich bin. Er schüttelte den Kopf. »Nein. Aber du siehst aus wie Ulrike.«

Er zählte zu den Organisatoren des Abends, wie er mir erzählte, denn wir begannen zu plaudern. Eine gute Stunde lang. Als ich die Party wieder verließ, gab er mir seine Nummer, ich gab ihm meine. Noch in der Nacht bekam ich eine SMS. Die verbuchte ich unter »Das übliche Blabla«, doch als ich am nächsten Tag auf dem Weg nach Newtown war, bekam ich noch eine. Und noch eine und noch eine. Und als ich in der Nacht aus Newtown zurückkam, trafen wir uns. Er kam aus Atlanta, Georgia, lebte seit fünfzehn Jahren in New York City und hatte es gern unkompliziert: Die ganzen Dating-Regeln, das hier übliche Theater – spielte zwischen uns alles keine Rolle. Wir sahen uns in den kommenden Wochen ziemlich häufig und hatten, ganz einfach, Spaß miteinander.

»Und den hast du auf *meiner* Party kennengelernt?«, fragte Patrice und lachte. »Wie gut, dass wir gefeiert haben!« Noch mehr lachte sie, als ich ihr erzählte, dass ich ein Baby erwartete. »Nein! Der Typ von meiner Party?!« Es war eigentlich unmöglich, dass ich schwanger geworden war, aber herrje: Wann kommen Kinder schon wie bestellt? Als ich beim Ultraschall das kleine Herzchen in mir schlagen sah, war ich sehr gerührt. Wenn dieses Kind bei mir bleiben wollte, würde ich es bekommen. Und es wollte. Als ich über die kritischen ersten drei Monate hinaus war, schmiss ich eine kleine Party: Ich wurde 40. Und ging mit meinen Freunden auf die Bowlingbahn. So eine große amerikanische Bahn, wo man diese gruseligen Schuhe anziehen muss, die zu einer Hälfte aus blauem und zur anderen aus rotem Leder bestehen. Es gab Hot Dogs und schaumloses Bier aus einem großen Pitcher. Rob ließ mich ein wenig an seinem Becher nippen, denn Bowling ohne Bier, das ist wie Sommer ohne Sonne. Jeff, der in einer New Yorker Werber-Liga bowlte, bewegte sich auf der Bahn lässiger als der Dude im »Big Lebowski«. Er gewann nicht haus-, sondern Chrysler-Building-hoch.

Natürlich freuten sich alle riesig, als ich erzählte, warum ich mich mit dem Bier zurückhielt. So ging das auch weiter: Ich wurde nur noch angelacht. Die Doormen in meinem alten Haus, die Frau beim Dry

Cleaner gegenüber, die Jungs an der Kasse bei »Village Farm« – alle sprachen sie mich auf meinen Bauch an und strahlten. Wenn ich in die U-Bahn stieg, stand ständig jemand auf und bot mir seinen Platz an. Auch registrierte ich mindestens zwei U-Bahn-Stationen, die Fahrstühle hatten, also behinderten- und kinderwagengerecht waren. Dennoch kaufte ich zunächst einmal ein Tragetuch, in dem ich mein Baby spazieren tragen konnte, das erschien mir hier am sinnvollsten. Auch, weil mein Treppenhaus nur einen Meter breit war und ich in einer Streichholzschachtel mehr Platz gehabt hätte, um eine Karre abzustellen.

Ich musste entscheiden, wo mein Kind zur Welt kommen sollte. Man geht hier in der Regel in das Krankenhaus, in dem die Frauenärztin entbindet, die einen betreut. Meine ist an das »Lower Manhattan Hospital« angedockt, dessen Geburtsstation ich inspizierte: Da gab es regelmäßig Führungen, immer an einem Samstag, und an meinem Samstag war es wie immer in New York – eine buntgemischte Gruppe. Ein indisches Pärchen und ein chinesisches, zwei amerikanische, die Mütter mit langen blonden Haaren und die Väter mit lauten Stimmen: »What if she ...«, »Was ist, wenn sie ...«, erkundigten sie sich für ihre Frauen, die Fragen hatten. Dazu ein schwarzes Paar und ein jüdisches, bei dem die Frau etwas sagen durfte: »Wann und wo kann unser Sohn beschnitten werden?« Und dann ich, eine Deutsche, die spontan verknallt war, als sie aus dem Fenster des Entbindungszimmers blickte: Ich sah die City Hall und kam mir vor wie im Film. Das kann doch alles nicht wahr sein! Ich fragte mich kurz, wie der Bürgermeister hieß: Michael Bloomberg oder Al Pacino? Aber dann fiel mir wieder ein, wo ich war. Das »Lower Manhattan Hospital« liegt unweit des Rathauses. Zwischen Rathaus und Hospital befindet sich die Auffahrt zur Brooklyn Bridge, über die es nach Brooklyn geht. Mein Kind war *made in Brooklyn*, insofern fand ich das sehr passend. Station und Schwestern waren auch sehr nett – das Krankenhaus ging klar.

Auf dem Rückweg bummelte ich ein bisschen durch SoHo und war sehr happy mit meiner Entscheidung. Normalerweise mied ich SoHo an Samstagen, da Shopping-Alarm herrschte und es mir dann zu voll war. Heute aber tangierten mich die Menschenmassen nicht weiter, die sich über den Broadway schoben. In diesem Zustand der hormonellen Seligkeit, der Schwangere umgibt, erlebte ich New York City noch einmal neu: total entspannt. Nicht, dass ich langsamer lief oder an roten Ampeln stehen blieb, aber ich war so was von ausgeglichen, dass ich mich fast schon langweilte. Ich bellte nicht mal mehr die Leute von der »New York Post« an, die nicht aufhörten, mir ihr Blatt am Telefon verkaufen zu wollen. »Hören Sie«, säuselte ich, »ich möchte Ihre Zeitung nicht. Seien Sie doch bitte so nett und löschen Sie meine Nummer aus Ihrem Verteiler. Danke.«

Im Zuge meiner Friedfertigkeit hatte ich natürlich auch nichts gegen eine »baby shower« einzuwenden. Es war zwar noch nicht allzu lange her, da hatte ich mit meinem Freund Paolo die Augen verdreht, als eine solche im Garten seines italienischen Restaurants stattfand. Denn eine »baby shower« – natürlich eine amerikanische Erfindung – bedeutet, dass eine Menge Frauen zusammenkommen, die sich um eine Hochschwangere scharen und deren Baby mit Geschenken duschen. Bei den Baby-Duschen, die ich beobachtet hatte, sah die Hochschwangere meist ziemlich angestrengt aus, weil sie sich kaum noch bewegen konnte, aber stundenlang Präsente auspacken und hochhalten und auch beim 525. Strampelanzug noch rufen musste: »Amaaazing!« Da konnte einem im neunten Monat schon mal die Puste ausgehen. Auch fragte ich mich immer, wie man diese komischen »diaper cakes« nach Hause schleppte, Torten aus zusammengerollten Windeln, die so riesig waren, als habe Donald Trump sie aufeinandergetürmt.

Die Dinger durften bei keiner »baby shower« fehlen – außer bei meiner. Das war meine einzige Bitte: Nicht so viel Bohei! »Und können auch Männer teilnehmen?«, fragte ich Patrice, als sie sagte, sie würde eine »baby shower« für mich veranstalten. Denn das übernimmt in der Regel eine Freundin (oder eine Verwandte), damit die werdende Mutter keine Arbeit damit hat. Ich fand das irre nett von Patrice; ich glaube, sie fühlte sich ein bisschen »in charge«, weil mein Baby eine Folge ihrer Party war.

Ich denke eigentlich, dass man ein Kind nicht feiern sollte, bevor es geboren und auf der Welt ist. Ich bin da ein bisschen abergläubisch. Wir feiern unsere Geburtstage ja auch nicht vor, aber die Amerikaner sind da anders: Wenn die an einem Dienstag ihren Ehrentag haben, laden sie auch mal am Samstag vorher zu einer »birthday party« und lassen sich gratulieren (dann können sie am nächsten Tag ausschlafen und aufräumen). Aber Patrice und auch Naomi redeten mir gut zu: Klar machst du eine Baby-Shower, das gehört sich hier so! Und Patrice hatte eine sehr schöne Idee: »Brunch im SoHo House, ganz ungezwungen, einfach ein nettes Zusammensein.«

»Soho House« klingt nach einem Haus in SoHo, ist aber ein privater Club im Meatpacking District – sehr hübsch mit Pool auf dem Dach und Blick bis nach Lower Manhattan. Man muss Mitglied sein, um dort feiern zu dürfen, wie Patrice, die sich mit Jeff zusammentat, der ebenfalls ein »member« ist. Jedes Mitglied konnte eine bestimmte Anzahl von Leuten einladen, ich weiß nicht, wie viele, aber Patrice nahm acht Freunde auf ihre Kappe und Jeff sechs weitere auf seine, und so war es eine wunderbare Runde, die drei Wochen vor meinem errechneten Geburtstermin im Soho House zusammenkam und an einer langen Tafel im Restaurant des Clubs saß. Nahe der sogenannten »pantry bar«, einer offenen Küche im gemütlich-rustikalen Landhausstil, mit weißgetünchten Holzschränken und einem schweren Holztresen, auf dem ein wunderbares Brunch-Buffet angerichtet war. Rob fehlte, der im Urlaub war, und Naomi, die leider krank wurde. Dafür gab es weiteren Nachwuchs zu vermelden: Patrice, deren Tochter Farah vergnügt um unseren Tisch herumturnte, erwartete ihr zweites Kind. Zwei weitere Freundinnen waren ebenfalls schwanger. Trotzdem tranken wir alle ein Gläschen Champus: »Cheers, auf die Babys!«

Niemand musste etwas mitbringen: Ich hatte online bei einem Babygeschäft eine Geschenkeliste eingerichtet, mit Dingen, die ich noch für mein Kind brauchte; wer mochte, konnte da etwas bestellen, was dann zu mir nach Hause geschickt wurde. Ich wollte niemanden nötigen, meinetwegen zu einem Laden wie »Buy Buy Baby« rennen zu müssen, wo Amerikanerinnen zu ihrer »baby shower« gern einen Wunschzettel auslegen – und die Geschenke dann mit mächtig viel Tüll und Samtschleifen verpackt werden, in Rosa oder Hellblau, je nach Geschlecht des Nachwuchses. Und dazu ein Strauß Ballons.

Wer wollte, konnte sich auch mit einer kleinen Spende an einem Maxi-Cosi beteiligen, den ich kaufen musste: Man darf das Krankenhaus hier mit seinem Baby nämlich nur verlassen, wenn man einen Baby-Autositz dabeihat. So lautet ein »New York State Law«, ein Gesetz, das selbst dann gilt, wenn man gar kein Auto hat und sein Kind zu Fuß heimbringt. Doch als es so weit war, konnte ich an das Ding nicht denken – dafür ging es zu schnell. Es war Freitag, der 13. September 2013, als meine Tochter Lucy zur Welt kam. Im New Yorker Tempo.

*

Am Mittag war ich noch bei meiner Ärztin gewesen, die sich nicht festlegen mochte: »Es kann heute Nacht losgehen, es kann aber auch erst Dienstag losgehen«, sagte sie. Doch am späten Nachmittag bekam ich Wehen, die viertelstündlich stärker wurden. Um 18 Uhr hatte ich noch einen Massage-Termin, den ich wahrnahm, doch danach konnte ich vor Schmerzen kaum nach Hause laufen. Ich rief meine

Ärztin an. »Dann fahr mal los«, sagte sie, »wir treffen uns im Krankenhaus.« Ich schaute auf die Uhr, es war 19.55 Uhr. Und Freitagabend. Eigentlich die schlimmste Zeit, um im vergnügungslustigen East Village ein Taxi zu bekommen. Doch als ich das Haus verließ – gemeinsam mit meiner Mutter, die zur Geburt ihres Enkelkindes nach New York City gekommen war –, hielt erstaunlicherweise ein freies Taxi vor meiner Tür. Wir sprangen hinein, und ich rief dem Fahrer zu: »Lower Manhattan Hospital, aber bitte zackig! Ich bekomme ein Kind!« Der Fahrer guckte mich besorgt an, dann erzählte er, dass er vor zwei Tagen auch Vater geworden sei. »Gratuliere«, ächzte ich, mir den Bauch haltend. »Warst du bei der Geburt dabei?« – »Nein«, sagte der Fahrer, der nach einem Südamerikaner aussah, »ich musste arbeiten.« Eine typisch New Yorker Antwort: Bloß nicht freimachen, man könnte ja seinen Job verlieren.

Ich dirigierte den Fahrer, denn auf der Second Avenue war in Richtung Süden Stau. Nichts bewegte sich. »Nimm die Third Avenue«, stöhnte ich zwischen zwei Wehen. Das tat der Fahrer, doch auch da kamen wir nicht weit: Nach sieben, acht Blocks steckten wir fest. Vor uns, hinter uns – überall Stillstand und rote Bremslichter. Der Fahrer wurde nervös, murmelte etwas von »Ambulanz rufen«. Ich hatte zum Glück einen Krankenwagen gesehen, der – mit Blaulicht und wie bestellt – auf der Great Jones Street stand, einer Straße rechts rein.

Ich weiß nicht mehr, was auf dem Taxameter stand, aber wir drückten dem Fahrer zehn Dollar in die Hand und eilten zu dem Krankenwagen.

Ich klopfte hinten an die Tür, die sich öffnete: »Ja, bitte?« Eine kräftige schwarze Sanitäterin guckte heraus, die sich um einen Herrn mit silbergrauen Haaren kümmerte, der auf der Liege lag, einen weißen Verband um den Kopf und eine Sauerstoffmaske im Gesicht. Ich erklärte kurz die Lage, dann funkte der Fahrer des Krankenwagens einen weiteren Krankenwagen herbei. Doch der antwortete: »Wir haben Probleme mit dem Verkehr. Brauchen noch fünf Minuten, bis wir bei euch sind.« – »Nein, vergiss es«, schätzte der Fahrer die Situation ein, »so lange kann die Frau nicht warten. Wir bringen jetzt beide Patienten ins Hospital.«

Und so kam es, dass meine Mutter und ich hinten in dem Krankenwagen auf der Bank Platz nahmen – gegenüber von dem Mann mit dem Kopfverband. »Bin auf der Straße gefallen. Ohnmächtig geworden«, japste der unter seiner Sauerstoffmaske, die Stimme heiser wie die von Marlon Brando als Pate. »Willst du liegen?«, fragte er dann. »Danke, nein«, ächzte ich. »Ich will nur ins Krankenhaus.«

Wir müssen ein absurdes Bild abgegeben haben, der silbergraue Herr und ich mit meinem Kugelbauch. Der Krankenwagen fuhr los, mit ordentlich Tatütata, und unterwegs japste der Mann auf der Liege beruhigend auf mich ein: »You're doing great, your're doing great!« Für eine Sekunde musste ich an Loriot denken – ihm hätte die Szene gefallen, da war ich mir sicher. Dann kamen wir vor dem Krankenhaus an. Der Fahrer des Krankenwagens organisierte rasch einen Rollstuhl, in den er mich setzte, dann schob er mich im Laufschritt durch die Tür zur

Notaufnahme und weiter zum Fahrstuhl, mit dem es hinauf zur Geburtsstation ging. Dort wartete schon meine Ärztin, die mit sanfter Stimme sagte: »Zimmer 608, bitte.« In dem ging es zu wie in einer Sportsbar: An der Wand hing ein Flachbildschirm, darauf lief ein Spiel der New York Yankees, die an diesem Abend bei ihrem Erzfeind spielten – den Boston Red Sox. Die Yankees lagen 0:4 zurück, als ich an einen Monitor angeschlossen wurde, der die Herztöne meines Kindes überwachen sollte. Es war 20.30 Uhr.

Fünfundzwanzig Minuten später stand es bei den Yankees 4:4 – und ich hielt meine Tochter im Arm. Lucy wog 2810 Gramm, war 47 Zentimeter groß und guckte mich mit munteren braunen Augen an.

Sie ist das größte Geschenk, das diese Stadt mir machen konnte.

Dank

Ich danke Marko Jacob für seine großartige Unterstützung. Und Ronny Müller für die wunderbare Zusammenarbeit. Dank an meine Eltern. Dank auch an meine Hamburger Freunde, die nach New York kommen und durch deren Augen ich die Stadt immer wieder neu betrachten kann. Und an meine New Yorker Freunde, durch die ich hier eine zweite Heimat gefunden habe. Ohne euch wäre dieses Buch nicht möglich gewesen. You rock!

Deutschlands größte Testleser Community
Jede Woche präsentieren wir Bestseller, noch bevor Du sie in der Buchhandlung kaufen kannst.
Finde Dein nächstes Lieblingsbuch
vorablesen.de
Neue Bücher online vorab lesen & rezensieren
Freu Dich auf viele Leseratten in der Community, bewerte und kommentiere die vorgestellten Bücher und gewinne wöchentlich eins von 100 exklusiven Vorab-Exemplaren.
© PIKSEL · istockphoto